직 장 인 이 꼭 알아야할!

필수 산업재해 보상법

편저 : 김종석

- 산업재해보상보험
  가입절차 / 적용범위 / 적용특례

- 업무상 재해 인정기준
  업무상 사고 / 업무상 질병

- 법령과 판례 수록

- 부록 : 산업재해보상보험법

 법문북스

직장인이 꼭 알아야할!

필수 산업재해 보상법

편저 : 김종석

- 산업재해보상보험
  가입절차 / 적용범위 / 적용특례

- 업무상 재해 인정기준
  업무상 사고 / 업무상 질병

- 법령과 판례 수록

- 부록 : 산업재해보상보험법

 법문북스

머리말

현대인은 대부분의 시간을 직장에서 보냅니다. 그런데 이렇게 직장에서 오랜 시간을 지내다 보면 예기치 않은 사고를 당할 때도 많습니다. 이러한 사고에 대한 보상을 해 주는 것이 바로 산업재해보상보험입니다. 산업재해보상보험은 흔히 우리에게 산재보험이라는 말로 익숙해져 있습니다. 이 제도는 1884년 독일의 재해보험법을 효시로 하고 있으며, 현재 많은 나라에서 채택하여 사용하고 있습니다.

우리나라에서는 1963년 산업재해보상보험법이 제정되어 근로기준법의 적용을 받는 사업장의 근로자에게 업무상 재해로 인한 보상을 할 수 있게 하였습니다. 산업재해보상보험은 업무상 재해를 당한 근로자의 보호를 위해 국가가 시행하는 의무보험으로서의 성격을 가지고 있습니다. 즉 업무상 재해로 인해 피해를 받은 근로자는 요양급여, 휴업보상, 장해급여 등을 제공받을 수 있습니다.

그러나 근로자가 산재보상을 청구하기 위해서는 그 재해가 업무상 발생한 것이어야 합니다. 이 때 업무상의 재해 여부는 업무수행성·업무기인성 등을 고려하여 판단하는데, 그 기준으로 노동부예규 업무상 재해인정기준이 1983년부터 시행되고 있습니다.

이 책에서는 산재근로자가 산업재해보상 보험급여를 지급받기 위한 첫 번째 요건인 사업주의 산업재해보상보험 가입 절차와 「산업재해보상보험법」의 적용 범위와 적용 특례에 대해 설명하고, 두 번째 요건인 업무상 재해 인정 기준에 대한 법령과 판례를 업무상 사고와 업무상 질병으로 나누어 자세하게 설명하고자 노력하였습니다. 특히 관련 사례들을 수록하여 어려운 산재보험을 쉽게 이해할 수 있도록 하여 이론뿐만 아니라 실무에도 도움을 받을 수 있도록 노력하였습니다.

아무쪼록 이 책이 일반인이 산업재해보상보험법을 이해하는 데 미력하나마 도움이 되기를 바라며, 이 책이 만들어지기까지 도움을 주신 법문북스 김현호 대표님과 편집진에게 감사의 말씀을 전하고 싶습니다.

편저자

목 차

제1부 업무상 재해

제1장 산업재해보상보험 개관

제1절 산업재해보상보험 개관

제2절 업무상 재해와 산업재해보상 보험급여

제3절 산업재해보상보험 법제 개관

제2장 「산업재해보상보험법」의 적용 범위 등

제1절 「산업재해보상보험법」의 적용 범위

제2절 산업재해보상보험 가입 및 보험료 징수

제3절 「산업재해보상보험법」의 적용 특례

제3장 사고로 인한 업무상 재해

제1절 사고로 인한 업무상 재해의 인정기준

제2절 사고로 인한 업무상 재해의 구체적 인정기준

제4장 질병으로 인한 업무상 재해

제1절 질병으로 인한 업무상 재해의 인정기준

제2절 업무상 질병의 인정기준

제3절 진폐에 대한 업무상 질병 인정기준

제2부 보험급여

제1장 요양급여

제1절 요양급여 개관

제2절 요양급여(산재보험 의료기관에서의 요양)

제3절 요양급여(요양비 등)

제2장 휴업급여·상병보상 연금

제1절 휴업급여

제2절 상병보상연금

제3장 장해급여 · 간병급여

제1절 장해급여 개관

제2절 장해등급 판정

제3절 장해급여

제4절 간병급여

제4장 유족급여 · 장의비

제1절 유족급여

제5장 직업재활급여 및 재활지원

제1절 직업재활급여 및 재활지원 개관

제2절 직업훈련비용 및 직업훈련수당

제3절 그 밖의 재활지원

제6장 보험급여의 적정성 보장

제1절 보험급여의 적정성 보장

제7장 보험급여 결정 등에 대한 불복절차

제1절 심사 청구 및 재심사 청구

제2절 행정소송

제1부 업무상 재해

산업재해보상보험 개관

제1절 산업재해보상보험 개관

1. 산업재해보상보험의 의의와 특성

1-1. 산업재해보상보험의 의의

"산업재해보상보험"이란 근로자의 업무상 재해를 신속하고 공정하게 보상하며, 재해근로자의 재활 및 사회 복귀를 촉진하기 위한 보험시설을 설치·운영하고, 재해 예방과 그 밖에 근로자의 복지 증진을 위한 사업을 시행하기 위한 사회보험입니다.

1-2. 산재보험의 도입 취지

- 「민법」상 손해배상청구 : 다른 사람의 고의 또는 과실로 인한 위법 행위로 손해를 입은 사람은 그 사람에게 손해배상을 청구할 수 있습니다. 따라서, 사업주 등의 고의 또는 과실로 업무상 재해를 당한 근로자는 사업주 등을 상대로 업무상 재해에 대한 손해배상을 청구할 수 있습니다(고의·과실 책임, 실제로 받은 손해액 배상).
- 「근로기준법」에 따른 재해보상 : 그러나, 「민법」상의 손해배상은 사업주 등의 고의 또는 과실을 근로자가 입증해야 하고, 민사재판이 확정되기까지는 비교적 장기간의 기간이 필요하기 때문에, 「근로기준법」은 1953년 제정 당시부터 근로자가 업무상 재해를 당한 경우 사업주로부터 요양보상, 휴업보상, 장해보상 등의 재해보상을 받을 수 있도록 정하여, 사업주의 고의·과실 존재 여부와 상관없이 일정한 재해보상을 하도록 하고 있습니다(무과실 책임, 정액·정률보상).
- 산재보험의 도입 : 1960년대 공업화가 진전되면서 산업재해 발생이 급격히 증가하여 영세한 사업주의 재산만으로는 업무상 재해를 당한 근로자에게 「근로기준법」에 따른 재해보상을 할 수 없는 경우가 많아졌습니다. 이에 따라 「근로기준법」에 따른 재해보상을 받을 권리는 있으나 사업주 등의 무자력(無資力)으로 인해 재해보상을 받지 못하는 근로자를 보호하기 위해 1964년 「산업재해보상보험법」이 제정되어, 국가가 사업주로부터 일정한 보험료를 징수하여 그 보험료

로 마련된 재원으로 업무상 재해를 당한 근로자에게 사업주를 대신하여「근로기준법」에 따른 재해보상 대신 산업재해보상 보험급여를 지급하는 산업재해보상보험 제도가 시행되게 되었습니다(무과실 책임, 정액·정률보상).

1-3. 산재보험의 특성

- 산재보험은 사용자가 근로자의 업무상 재해에 대해 고의 또는 과실이 있는지 여부에 대해 묻지 않고 산업재해보상 보험급여(이하 "보험급여"라 함)를 지급합니다. 그러나 민사상 손해배상은 사용자 등의 고의 또는 과실이 있는 경우에만 지급받을 수 있습니다.

산업재해보상 보험급여와 민사상 손해배상 청구

- 업무상 재해를 당한 근로자는 근로복지공단에「산업재해보상보험법」에 따른 보험급여를 지급받는 외에 사업주 등을 상대로 민사상 손해배상을 청구할 수 있는데, 이 경우 근로자는 사업주의 고의 또는 과실로 업무상 재해를 입은 경우에만 민사상 손해배상을 청구할 수 있으며, 민사상 손해배상액은 근로자가 실제로 받은 손해액입니다.
- 그러나 업무상 재해를 당한 근로자가 민사상 손해배상을 받은 경우 근로복지공단은 손해배상을 받은 금품만큼 보험급여의 금액의 한도 안에서 보험급여를 지급하지 않습니다.
- 따라서 업무상 재해를 당한 근로자는「산업재해보상보험법」에 따른 보험급여를 우선 청구하고, 민사상 손해배상액과 차액이 있으면 민사소송을 제기하는 것이 일반적으로 가장 유리한 방법입니다.

- 업무상 재해를 당한 근로자가「산업재해보상보험법」에 따라 보험급여를 받았거나 받을 수 있으면 보험가입자는 동일한 사유에 대해「근로기준법」에 따른 재해보상 책임이 면제됩니다.
- 산재보험료는 원칙적으로 사업주가 전액 부담합니다.「고용보험법」에 따른 고용보험료는 사업주와 근로자가 반반씩 부담합니다
- 보험급여는 업무상 재해에 대한 손해 전체를 보상하는 것이 아니라 평균임금을 기초로 하여 산정된 일정한 금액을 보상합니다.

2. 「산업재해보상보험법」의 적용 범위

2-1. 적용 범위

「산업재해보상보험법」은 근로자를 사용하는 모든 사업 또는 사업장(이하 "사업"이라 함)에 적용됩니다.

2-2. 적용 제외

- 「공무원 재해보상법」, 「군인 재해보상법」, 「선원법」, 「어선원 및 어선 재해보상보험법」 또는 「사립학교교직원 연금법」에 따라 재해보상이 되는 사업은 「산업재해보상보험법」이 적용되지 않습니다.
- 「공무원 재해보상법」 등이 적용되어 「산업재해보상보험법」이 적용되지 않는 사업의 근로자가 재해를 당한 경우 그 근로자는 「공무원 재해보상법」, 「군인 재해보상법」, 「선원법」, 「어선원 및 어선 재해보상보험법」 또는 「사립학교교직원 연금법」에 따라 재해보상을 받습니다.
- 또한, 가구 내 고용활동, 농업, 임업(벌목업은 제외), 어업 및 수렵업 중 법인이 아닌 자의 사업으로서 상시근로자 수가 5명 미만인 사업도 「산업재해보상보험법」이 적용되지 않습니다.
- 「산업재해보상보험법」이 적용되지 않는 사업의 근로자가 업무상 재해를 당한 경우(「산업재해보상보험법」 적용 제외 사업 중 산재보험에 임의 가입한 사업은 제외) 해당 근로자는 규제「근로기준법」 제78조부터 제92조에 따라 재해보상을 받아야 합니다.

3. 산재보험의 수행체계

3-1. 산재보험 사업의 관장과 수행

① 산재보험 사업의 관장 :「산업재해보상보험법」에 따른 산재보험 사업은 고용노동부장관이 관장합니다.
② 산재보험 사업의 수행 : 근로복지공단은 고용노동부장관의 위탁을 받아 보험급여의 결정과 지급, 업무상 재해를 입은 근로 등의 요양 및 재활, 근로자의 복지 증진을 위한 사업을 수행합니다.

3-2. 산재보험의 가입자(사업주)

① 당연가입 :「산업재해보상보험법」의 적용을 받는 사업의 사업주는 산재보험의 보험가입자가 됩니다.
② 임의가입 :「산업재해보상보험법」의 적용을 받지 않는 사업의 사업주는 근로복지공단의 승인을 받아 산재보험에 가입할 수 있습니다.
③ 의제가입 : 사업주가 산재보험의 당연가입자가 되는 사업이 사업규모의 변동 등으로 인해「산업재해보상보험법」 적용 제외 사업에 해당하게 된 때에는 그 사업주는 그 해당하게 된 날부터 산재보험에 임의가입한 것으로 봅니다. 그러나 당연 가입되거나 임의 가입한 사업주가 그 사업의 운영 중에 근로자를 고용하지 않게 된 경우에는 그 날부터 1년의 범위 안에서 근로자를 사용하지 않은 기간 동안에도 산재보험에 가입한 것으로 봅니다.

3-3. 산재보험의 수급권자(근로자)

- 업무상 재해를 당한 산재보험에 가입된 사업의 근로자는 산재보험의 수급권자가 됩니다.
- "근로자"란 직업의 종류와 관계없이 임금을 목적으로 사업이나 사업장에 근로를 제공하는 사람을 말합니다.
- "근로"란 정신노동과 육체노동을 말합니다. "임금"이란 사용자가 근로의 대가로 근로자에게 임금, 봉급, 그 밖에 어떠한 명칭으로든지 지급하는 모든 금품을 말합니다.

4. 업무상 재해와 산업재해보상 보험급여

4-1. 업무상 재해와 산업재해보상 보험급여

산업재해보상 보험급여(이하 "산재보험"이라 함)는 산재보험에 가입된 사업장의 근로자가 업무상 재해를 당한 경우에 지급됩니다.

4-2. 업무상 재해

업무상 재해의 의의 : "업무상 재해"란 업무상의 사유에 따른 근로자의 부상·질병·장해 또는 사망을 말합니다.

(업무상 재해의 인정기준)

① 근로자가 업무상 사고 또는 업무상 질병으로 부상·질병 또는 장해가 발생하거나 사망하면 업무상 재해로 봅니다.

② 다만, 업무상 사고 또는 업무상 질병으로 부상·질병 또는 장해가 발생하거나 사망하더라도 업무와 재해 사이에 상당인과관계(相當因果關係)가 없는 경우에는 업무상 재해로 보지 않습니다.

③ 위의 업무상 재해 인정기준을 모두 갖춘 경우에도 근로자의 고의·자해행위나 범죄행위 또는 그것이 원인이 되어 발생한 부상·질병·장해 또는 사망은 업무상 재해로 보지 않습니다.

4-3. 보험급여

- 업무상 재해를 당한 근로자는 「산업재해보상보험법」에서 정한 요건에 따라 요양급여, 휴업급여, 장해급여, 간병급여, 유족급여, 상병보상연금, 장의비, 직업재활급여 등의 보험급여를 받습니다.
- 다만, 업무상 사유로 진폐에 걸린 근로자는 요양급여, 간병급여, 장의비, 직업재활급여, 진폐보상연금 및 진폐유족연금을 보험급여로 받습니다.

Q 외국인 근로자가 잉울 하다가 다친 경우에도 산엄재해보상 보험 보험급여를 받을 수 있나요?

A 「산업재해보상보험법」은 원칙적으로 근로자를 사용하는 모든 사업 또는 사업장에 적용됩니다. 여기에서 근로자의 국적은 불문하며, 따라서 외국인 근로자의 경우에도 업무상 재해를 당한 경우 원칙적으로 산업재해보상 보험급여를 받을 수 있습니다.

◇ 「산업재해보상보험법」의 적용범위

① 「산업재해보상보험법」은 원칙적으로 근로자를 사용하는 모든 사업 또는 사업장에 적용됩니다.

② 다만, 「공무원 재해보상법」, 「군인 재해보상법」, 「선원법」, 「어선원 및 어선 재해보상보험법」또는 「사립학교교직원 연금법」에 따라 재해보상이 되는 사업은 「산업재해보상보험법」이 적용되지 않습니다.

③ 또한, 가구 내 고용활동, 농업, 임업(벌목업은 제외), 어업 및 수렵업 중 법인이 아닌 자의 사업으로서 상시근로자 수가 5명 미만인 사업도 「산업재해보상보험법」이 적용되지 않습니다.

Q 「산업재해보상보험법」상 보험가입자 등 보험관계의 당사자 또는 그 변경이 근로복지공단에 대한 신고에 의하여 결정되나요?

A 「산업재해보상보험법」 제5조, 제7조, 제10조는 「산업재해보상보험법 시행령」이 정하는 예외적인 경우를 제외하고는 모든 사업의 사업주는 당연히 산업재해보상보험의 보험가입자가 되고, 그 사업이 개시한 날 또는 사업주가 당연가입자가 되는 사업에 해당되게 된 날에 산업재해보상보험관계가 성립한다고 규정하고 있으므로, 이러한 경우 보험가입자 등 보험관계의 당사자 또는 그 변경은 근로복지공단에 대한 신고에 의하여 신고내용대로 결정되는 것이 아니라 신고와는 관계없이 해당 사실의 실질에 의하여 결정된다고 봄이 상당하다.

제2절 업무상 재해와 산업재해보상 보험급여

1. 업무상 재해

1-1. 업무상 재해의 의의
- "업무상 재해"란 업무상의 사유에 따른 근로자의 부상·질병·장해 또는 사망을 말합니다.
- "업무"란 사업주의 지배관리 하에 근로계약을 기초로 형성되는 근로자가 본래 해야 할 담당업무와 근로자의 담당업무에 부수되는 행위 등을 말합니다.

▣ 업무의 범위

【관련판례】
근로자가 어떠한 행위를 하다가 사망한 경우에 그 사망이 업무상 재해로 인정되기 위해서는 그 행위가 해당 근로자의 본래의 업무행위 또는 그 업무의 준비행위 또는 정리행위, 상회통념상 그에 수반되는 것으로 인정되는 생리적 행위 또는 합리적·필요적 행위이거나, 사업주의 지시나 주최에 의해 이루어지는 행사 또는 취업규칙, 단체협약 그 밖의 관행에 의해 개최되는 행사에 참가하는 행위라는 등 그 행위과정이 사업주의 지배·관리 아래에 있다고 볼 수 있는 경우이어야 한다 (대법원 1999.4.9. 선고 99두189 판결).

1-2. 업무상 재해 인정기준

1-2-1. 업무상 사고 또는 업무상 질병으로 재해가 발생할 것
- 근로자가 다음의 어느 하나에 해당하는 업무상 사고로 부상·질병 또는 장해가 발생하거나 사망하면 업무상 재해로 봅니다.
  ① 근로자가 근로계약에 따른 업무나 그에 따르는 행위를 하던 중 발생한 사고
  ② 사업주가 제공한 시설물 등을 이용하던 중 그 시설물 등의 결함이나 관리소홀로 발생한 사고
  ③ 사업주가 주관하거나 사업주의 지시에 따라 참여한 행사나 행사 준비 중에 발생한 사고

④ 휴게시간 중 사업주의 지배관리 하에 있다고 볼 수 있는 행위로
   발생한 사고
⑤ 그 밖에 업무와 관련하여 발생한 사고
- 근로자가 다음의 어느 하나에 해당하는 질병에 걸리거나 다음의 어
  느 하나에 해당하는 질병으로 장해가 발생하거나 사망하면 업무상
  재해로 봅니다.
  ① 업무수행 과정에서 물리적 인자(因子), 화학물질, 분진, 병원체,
     신체에 부담을 주는 업무 등 근로자의 건강에 장해를 일으킬 수
     있는 요인을 취급하거나 그에 노출되어 발생한 질병
  ② 업무상 부상이 원인이 되어 발생한 질병
  ③ 직장 내 괴롭힘, 고객의 폭언 등으로 인한 업무상 정신적 스트레
     스가 원인이 되어 발생한 질병
  ④ 그 밖에 업무와 관련하여 발생한 질병
- 근로자가 다음의 어느 하나에 해당하는 사유로 부상·질병 또는 장해
  가 발생하거나 사망하면 업무상의 재해로 봅니다.
  ① 사업주가 제공한 교통수단이나 그에 준하는 교통수단을 이용하
     는 등 사업주의 지배관리하에서 출퇴근하는 중 발생한 사고
  ② 그 밖에 통상적인 경로와 방법으로 출퇴근하는 중 발생한 사고

1-2-2. 업무와 재해 사이에 상당인과관계가 있을 것

업무상 사고 또는 업무상 질병으로 재해가 발생하더라도 업무와 재해
사이에 상당인과관계(相當因果關係)가 없는 경우에는 업무상 재해로
보지 않습니다.
① 상당인과관계의 의의 : "상당인과관계"란 일반적인 경험과 지식에
   비추어 그러한 사고가 있으면 그러한 재해가 발생할 것이라고 인정
   되는 범위에서 인과관계를 인정해야 한다는 것을 말합니다.
② 인과관계의 입증책임 : 인과관계의 존재에 대한 입증책임은 보험급
   여를 받으려는 자(근로자 또는 유족)가 부담합니다(대법원 2005.11.10.
   선고 2005두8009 판결).

▣ 유족급여및장의비부지급처분취소 [대법원 2005.11.10., 선고, 2005두8009, 판결]

【관련판례 1】

(판결요지)

[1] 산업재해보상보험법 제4조 제1호 소정의 업무상 재해라 함은 근로자가 업무 수행 중 그 업무에 기인하여 발생한 재해를 말하므로 업무와 재해 사이에 상당인과관계가 있어야 하고, 이 경우 근로자의 업무와 재해 사이의 인과관계에 관하여는 이를 주장하는 측에서 입증하여야 할 것이나, 업무와 재해 사이의 상당인과관계의 유무는 보통 평균인이 아니라 당해 근로자의 건강과 신체조건을 기준으로 하여 판단하여야 하고, 또한 인과관계의 입증 정도에 관하여도 반드시 의학적·자연과학적으로 명백히 입증하여야 하는 것은 아니고 제반 사정을 고려할 때 업무와 재해 사이에 상당인과관계가 있다고 추단되는 경우에도 그 입증이 있다고 할 것이다.

[2] 발암물질로 알려진 석면과 유리규산에 노출된 작업환경에서 8년 이상 근무하다가 폐암으로 사망한 경우, 망인의 사망원인인 폐암에 이르게 된 의학적 경로가 정확하게 밝혀지지 아니하였다고 하더라도 망인은 암 발생과 관련이 있는 유해물질에 장기간 노출된 상태에서 과도한 업무를 계속하느라 면역기능이 약화되어 폐암이 발병하였거나 발생한 폐암이 조기에 발견되어 치료되지 못한 채 자연적인 진행경과 이상으로 급속히 악화된 후에야 발견됨으로써 그 치료에 불구하고 사망에 이르렀다고 인정함이 상당하므로 망인의 사망이 업무상 재해에 해당한다고 한 원심의 판단을 수긍한 사례.

✓ 인과관계의 판단기준 : 업무와 재해사이의 인과관계의 상당인과관계는 보통평균인이 아니라 해당 근로자의 건강과 신체조건을 기준으로 해서 판단해야 합니다(대법원 2008.1.31. 선고 2006두8204 판결, 대법원 2005.11.10. 선고 2005두8009 판결).

■ 요양불승인처분취소등 [대법원 2008.1.31., 선고, 2006두8204, 판결]

【관련판례 2】

구 산업재해보상보험법(2007.4.11. 법률 제8373호로 전문 개정되기 전의 것) 제4조 제1호에서 말하는 '업무상의 재해'라 함은 근로자가 업무수행 중 그 업무에 기인하여 발생한 근로자의 부상·질병·신체장애 또는 사망을 뜻하는 것이므로 업무와 재해발생 사이에 인과관계가 있어야 하고 이를 주장하는 측에서 입증하여야 하는바, 그 입증의 방법 및 정도는 반드시 직접증거에 의하여 의학적·자연과학적으로 명백히 증명되어야 하는 것은 아니고 당해 근로자의 건강과 신체조건을 기준으로 하여 취업 당시의 건강상태, 기존 질병의 유무, 종사한 업무의 성질 및 근무환경, 같은 작업장에서 근무한 다른 근로자의 동종 질병에의 이환 여부 등의 간접사실에 의하여 업무와 재해 사이의 상당인과관계가 추단될 정도로 입증되면 족하지만, 이 정도에 이르지 못한 채 막연히 과로나 스트레스가 일반적으로 질병의 발생·악화에 한 원인이 될 수 있고 업무수행과정에서 과로를 하고 스트레스를 받았다고 하여 현대의학상 그 발병 및 악화의 원인 등이 밝혀지지 아니한 질병에까지 곧바로 그 인과관계가 있다고 추단하기는 어렵다고 할 것이다

✓ 인과관계의 입증 정도 : 인과관계는 반드시 의학적, 과학적으로 명백하게 입증되어야 하는 것은 아니고, 근로자의 취업 당시의 건강상태, 발병 경위, 질병의 내용, 치료의 경과 등 제반 사정을 고려할 때 업무와 질병 사이에 상당인과관계가 있다고 추단되는 경우에도 인정됩니다.(대법원 2007.4.12. 선고 2006두4912 판결).

■ 요양불승인처분취소 [대법원 2007.4.12., 선고, 2006두4912, 판결]

【관련판례 3】

(판결요지)

[1] 구 산업재해보상보험법 제4조 제1호(2007.4.11. 법률 제8373호로 전문 개정되기 전의 것)의 업무상 재해라고 함은 근로자의 업무수행중 그 업무에 기인하여 발생한 질병을 의미하는 것이므로 업무와 질병 사이에 상당인과관계가 있어야 하고, 이 경우 근로자의 업무와 질병 사이의 인과관계에 관하여는 이를 주장하는 측에서 입증하여야 하지만, 질병의 주된 발생원인이 업무수행과 직접적인 관계가 없더라도 적어도 업무상의 과로나 스트레스가 질병의 주된 발생원인에 겹쳐서 질병을 유발 또는 악화시켰다면 그 사이에 인과관계가 있다고 보아야 할 것이고, 그 인과관계는 반드시 의학적·자연과학

적으로 명백히 입증되어야 하는 것은 아니며 제반 사정을 고려할 때 업무와 질병 사이에 상당인과관계가 있다고 추단되는 경우에도 입증이 되었다고 보아야 하고, 또한 평소에 정상적인 근무가 가능한 기초질병이나 기존질병이 직무의 과중 등이 원인이 되어 자연적인 진행속도 이상으로 급격하게 악화된 때에도 그 입증이 된 경우에 포함되는 것이며, 업무와 질병과의 인과관계의 유무는 보통평균인이 아니라 당해 근로자의 건강과 신체조건을 기준으로 판단하여야 한다.

[2] 근로자가 헤르페스 바이러스에 기인한 급성망막괴사증이나 뇌염 등의 질병이 발생하기 직전에 업무로 인하여 극도로 과로하였거나 스트레스를 받은 사실이 인정되는 경우, 업무상 재해에 해당한다고 한 사례.

1-2-3. 근로자의 고의·자해행위 또는 범죄행위로 인한 재해가 아닐 것

- 근로자의 고의·자해행위나 범죄행위 또는 그것이 원인이 되어 발생한 재해(부상·질병·장해 또는 사망)는 업무상 재해로 보지 않습니다.
- 다만, 그 재해(부상·질병·장해 또는 사망)가 정상적인 인식능력 등이 뚜렷하게 낮아진 상태에서 한 행위로 발생한 경우로서 다음 어느 하나에 해당하는 사유가 있으면 업무상 재해로 봅니다.
  ① 업무상의 사유로 발생한 정신질환으로 치료를 받았거나 받고 있는 사람이 정신적 이상 상태에서 자해행위를 한 경우
  ② 업무상 재해로 요양 중인 사람이 그 업무상 재해로 인한 정신적 이상 상태에서 자해행위를 한 경우
  ③ 그 밖에 업무상의 사유로 인한 정신적 이상 상태에서 자해행위를 하였다는 상당인과관계가 인정되는 경우

Q 업무상 재해를 당한 근로자는 산업재해보상 보험급여를 받을 수 있다고 하는데, 업무상 재해로 인정받으려면 어떤 요건을 갖추어야 하나요?

A 「업무상 재해란 업무상의 사유에 따른 근로자의 부상·질병·장해 또는 사망을 말합니다.
근로자가 업무상 사고 또는 업무상 질병(직장내 괴롭힘, 고객의 폭언 등으로 인한 정신적 스트레스가 원인이 되어 발생한 질병 포함)에 해당하는 사유로 부상·질병 또는 장해가 발생하거나 사망하면 업무상 재해로 봅니다. 다만, 업무와 재해 사이에 상당인과관계가 없는 경우에는 업무상 재해로 보지 않습니다.

◇ 업무상 재해의 인정 기준

① 업무상 사고 또는 업무상 질병(직장내 괴롭힘, 고객의 폭언 등으로 인한 정신적 스트레스가 원인이 되어 발생한 질병 포함)으로 재해(부상·질병·장해 또는 사망)가 발생하여야 합니다. 업무상 사고 또는 업무상 질병에 해당하는 지 여부에 대해서는 구체적인 사정을 고려하여 판단합니다.

② 업무상 사고 또는 업무상 질병으로 재해가 발생하더라도 업무와 재해 사이에 상당인과관계가 없는 경우에는 업무상 재해로 보지 않습니다.

③ 근로자의 고의·자해행위나 범죄행위 또는 그것이 원인이 되어 발생한 재해(부상·질병·장해 또는 사망)는 업무상 재해로 보지 않습니다. 다만, 그 재해가 정상적인 인식능력 등이 뚜렷하게 낮아진 상태에서 한 행위로 발생한 경우로서 일정한 사유가 있으면 업무상 재해로 봅니다.

■ 유족보상일시금 및 장의비부지급처분취소 (대법원 1999.4.9. 선고 99두189 판결)

【관련판례 1】

[1] 근로자가 어떠한 행위를 하다가 사망한 경우에 그 사망이 업무상 재해로 인정되기 위하여는 그 행위가 당해 근로자의 본래의 업무행위 또는 그 업무의 준비행위 내지는 정리행위, 사회통념상 그에 수반되는 것으로 인정되는 생리적 행위 또는 합리적·필요적 행위이거나, 사업주의 지시나 주최에 의하여 이루어지는 행사 또는 취업규칙, 단체협약 기타 관행에 의하여 개최되는 행사에 참가하는 행위라는 등 그 행위 과정이 사업주의 지배·관리 하에 있다고 볼 수 있는 경우이어야 한다.

[2] 자동차종합수리 서비스업을 목적으로 하는 사업장의 근로자가 퇴근 후 위 사업장의 근무자로부터 연락을 받고 같은 장소에서 같은 사업주가 경영하는 특수화물자동차 운수업을 목적으로 하는 다른 사업장의 견인차를 운행하여 고장 차량을 견인하러 가던 중 교통사고로 사망한 경우, 위 자동차종합수리 서비스업을 목적으로 하는 사업장에서의 업무수행성을 인정한 사례.

[3] 「산업재해보상보험법」 제7조제1항, 제10조의 각 규정에 의하면, 사업의 사업주는 같은 법 제5조 단서, 「산업재해보상보험법 시행령」 제3조의 사업이 아닌 한 당연히 「산업재해보상보험법」의 보험가입자가 되어 당해 사업개시일에 보험관계가 성립하는 것으로 규정하고 있으므로, 위와 같이 당연 가입하는 사업주가 사업을 개시한 후에 그 사업에 소속한 근로자가 업무상 재해를 입은 때에는 그는 당연히 위 법 소정의 보험급여의 지급을 청구할 수 있다고 할 것이고, 사업주가 보험관계 성립의 신고를 하거나 보험료를 납부하는 등의 절차를 밟은 후에 발생한 업무상 재해에 한하여 보험급여의 지급을 청구할 수 있는 것은 아니라고 할 것이며, 이는 사업주가 그 사업종류별 위험률에 상응한 보험료를 납부하지 아니하였다 하여 달리 볼 것은 아니다.

2. 산업재해보상 보험급여

2-1. 산업재해보상 보험급여 종류

산업재해보상 보험급여(이하 "보험급여"라 함)의 종류는 다음과 같습니다.

① 요양급여 : 요양급여는 근로자가 업무상의 사유로 부상을 당하거나 질병에 걸린 경우에 그 근로자에게 지급합니다. 그리고 요양급여는 「산업재해보상보험법」 제43조제1항에 따른 산재보험 의료기관에서 요양을 하게 합니다. 또한 업무상 부상 또는 질병이 3일 이내의 요양으로 치유될 수 있으면 요양급여를 지급하지 않습니다.

② 휴업급여 : 휴업급여는 업무상 사유로 부상을 당하거나 질병에 걸린 근로자에게 요양으로 취업하지 못한 기간에 대하여 지급하되, 1일당 지급액은 평균임금의 100분의 70에 상당하는 금액으로 합니다. 다만, 취업하지 못한 기간이 3일 이내이면 지급하지 않습니다.

③ 장해급여 : 장해급여는 근로자가 업무상의 사유로 부상을 당하거나 질병에 걸려 치유된 후 신체 등에 장해가 있는 경우에 그 근로자에게 지급합니다. 장해급여는 수급권자의 선택에 따라 장해보상연금 또는 장해보상일시금으로 지급합니다. 다만, 장해등급 제1급부터 제3급까지의 근로자에게는 장해보상연금을 지급하고, 장해급여 청구사유 발생 당시 대한민국 국민이 아닌 사람으로서 외국에서 거주하고 있는 근로자에게는 장해보상일시금을 지급합니다.

④ 간병급여 : 간병급여는 요양급여를 받은 사람 중 치유 후 의학적으로 상시 또는 수시로 간병이 필요하여 실제로 간병을 받는 사람에게 지급합니다.

⑤ 유족급여 : 유족급여는 근로자가 업무상의 사유로 사망한 경우에 유족에게 지급합니다. 유족급여는 유족보상연금이나 유족보상일시금으로 하되, 유족보상일시금은 근로자가 사망할 당시 유족보상연금을 받을 수 있는 자격이 있는 사람이 없는 경우에 지급합니다.

⑥ 상병(傷病)보상연금 : 요양급여를 받는 근로자가 요양을 시작한 지 2년이 지난 날 이후에 다음 각 호의 요건 모두에 해당하는 상태가 계속되면 휴업급여 대신 상병보상연금을 그 근로자에게 지급합니다.

　　Ⓐ 그 부상이나 질병이 치유되지 않은 상태일 것
　　Ⓑ 그 부상이나 질병에 따른 중증요양상태등급이 1급에서 3급까지 일 것
　　Ⓒ 요양으로 인하여 취업하지 못하였을 것

⑦ 장의비(葬儀費) : 장의비는 근로자가 업무상의 사유로 사망한 경우에 지급하되, 평균임금의 120일분에 상당하는 금액을 그 장제(葬祭)를 지낸 유족에게 지급합니다. 다만, 장제를 지낼 유족이 없거나 그 밖에 부득이한 사유로 유족이 아닌 사람이 장제를 지낸 경우에는 평균임금의 120일분에 상당하는 금액의 범위에서 실제 드는 비용을 그 장제를 지낸 사람에게 지급합니다.
⑧ 직업재활급여 : 직업재활급여의 종류는 다음과 같습니다.
   ⓐ 장해급여 또는 진폐보상연금을 받은 사람이나 장해급여를 받을 것이 명백한 사람으로서「산업재해보상보험법 시행령」제68조제1항에서 정하는 사람 중 취업을 위하여 직업훈련이 필요한 사람에 대하여 실시하는 직업훈련에 드는 비용 및 직업훈련수당
   ⓑ 업무상 재해가 발생할 당시의 사업에 복귀한 장해급여자에 대하여 사업주가 고용을 유지하거나 직장적응훈련 또는 재활운동을 실시하는 경우(직장적응훈련의 경우에는 직장 복귀 전에 실시한 경우도 포함)에 각각 지급하는 직장복귀지원금, 직장적응훈련비 및 재활운동비

장해특별급여와 유족특별급여

① 장해특별급여 : 보험가입자의 고의 또는 과실로 발생한 업무상 재해로 근로자가 장해등급 제1급부터 제3급까지 또는 진폐장해등급 제1급부터 제3급까지에 해당하는 장해를 입은 경우 수급권자가 「민법」에 따른 손해배상청구를 대신하여 장해특별급여를 청구하면 장해급여 또는 진폐보상연금 외에 장해특별급여를 지급할 수 있습니다. 다만, 근로자와 보험가입자 사이에 장해특별급여에 관하여 합의가 이루어진 경우에 한정합니다.
② 유족특별급여 : 보험가입자의 고의 또는 과실로 발생한 업무상 재해로 근로자가 사망한 경우에 수급권자가 「민법」에 따른 손해배상청구를 대신하여 유족특별급여를 청구하면 유족급여 또는 진폐유족연금 외에 유족특별급여를 지급할 수 있습니다. 다만, 근로자와 보험가입자 사이에 유족특별급여에 관하여 합의가 이루어진 경우에 한합니다. 수급권자가 장해특별급여, 유족특별급여를 받으면 동일한 사유에 대하여 보험가입자에게 「민법」이나 그 밖의 법령에 따른 손해배상을 청구할 수 없습니다. 근로복지공단이 장해특별급여, 유족특별급여를 지급하면 그 급여액 모두를 보험가입자로부터 징수합니다.

2-2. 진폐 보상연금

진폐에 따른 보험급여의 종류는 요양급여, 간병급여, 장의비, 직업재활급여, 진폐보상연금 및 진폐유족연금으로 합니다.

① 진폐보상연금 : 진폐보상연금은 업무상 질병인 진폐에 걸린 근로자에게 지급합니다. 진폐보상연금은 평균임금을 기준으로 하여 「산업재해보상보험법」 별표 6에 따라 산정하는 진폐장해등급별 진폐장해연금과 기초연금을 합산한 금액으로 합니다. 이 경우 기초연금은 최저임금액의 100분의 60에 365를 곱하여 산정한 금액으로 합니다.

② 진폐유족연금 : 진폐유족연금은 진폐근로자가 진폐로 사망한 경우에 유족에게 지급합니다. 진폐유족연금은 사망 당시 진폐근로자에게 지급하고 있거나 지급하기로 결정된 진폐보상연금과 같은 금액으로 합니다. 이 경우 진폐유족연금은「산업재해보상보험법」 제62조제2항 및 별표 3에 따라 산정한 유족보상연금을 초과할 수 없습니다.

2-3. 보험급여의 지급 청구

2-3-1. 보험급여의 지급 청구

보험급여는 수급권자의 청구에 따라 지급합니다. "수급권자"란 요양급여, 휴업급여, 장해급여, 간병급여, 유족급여, 상병보상연금, 장의비, 직업재활급여, 진폐보상연금 및 진폐유족연금을 받을 수 있는 자를 말합니다.

2-3-2. 요양급여의 신청 등

- 요양급여의 신청 : 요양급여(진폐에 따른 요양급여는 제외)를 받으려는 사람은 소속 사업장, 재해발생 경위, 그 재해에 대한 의학적 소견, 그 밖에 고용노동부령으로 정하는 사항을 적은 서류를 첨부하여 근로복지공단에 요양급여의 신청을 해야 합니다. 근로자를 진료한 산재보험 의료기관은 그 근로자의 재해가 업무상 재해로 판단되면 그 근로자의 동의를 받아 요양급여의 신청을 대행할 수 있습니다.
- 진폐근로자의 요양급여의 신청 : 분진작업에 종사하고 있거나 종사하였던 근로자가 업무상 질병인 진폐로 요양급여를 받으려면 다음의

서류를 첨부하여 근로복지공단에 청구해야 합니다.
  ① 사업주가 증명하는 분진작업 종사경력 확인서(최초로 요양급여 신청을 하는 경우만 해당)
  ② 사업의 휴업이나 폐업 등으로 사업주의 증명을 받을 수 없는 경우에는 근로복지공단이 정하는 서류(최초로 요양급여 신청을 하는 경우만 해당)
  ③ 진폐에 관한 의학적 소견서 또는 진단서
- 요양비의 청구 : 요양비를 받으려는 사람은 근로복지공단에 청구해야 합니다.

2-3-3. 요양급여 외의 보험급여의 청구

다음의 어느 하나에 해당하는 보험급여를 받으려는 사람은 근로복지공단에 각각의 보험급여에 대해 신청하거나 청구해야 합니다.
① 휴업급여
② 장해보상일시금 또는 장해보상연금
③ 간병급여
④ 유족보상일시금 또는 유족보상연금[유족보상차액일시금
⑤ 상병보상연금
⑥ 장의비
⑦ 직업재활급여
⑧ 진폐보상연금
⑨ 진폐유족 연금

2-3-4. 사업주의 조력

- 보험급여를 받을 사람이 사고로 보험급여의 청구 등의 절차를 행하기 곤란하면 사업주는 이를 도와야 합니다.
- 사업주는 보험급여를 받을 사람이 보험급여를 받는 데에 필요한 증명을 요구하면 그 증명을 해야 합니다.
- 업무상 재해를 당한 근로자가 요양급여를 받으려면 요양급여신청서에 요양급여신청소견서를 첨부하여 첨부하여 근로복지공단에 요양급여의 신청[신청 대상이 되는 상병이 뇌혈관 심장질병이면 업무상질

병 전문소견서(뇌심혈관계질병), 허리부위 및 어깨부위 근골격계질병이면 업무상질병 전문소견서(근골격계질병)를 첨부]을 해야 하는데, 이 경우 사업주는 요양급여신청서에 서명이나 날인을 하는 방법으로 재해발생 경위를 확인해줘야 합니다다만, 요양급여신청소견서를 제출할 수 없는 사정이 있는 경우에는 신청 대상이 되는 상병과 치료기간 등이 명시된 진단(소견)서를 첨부하여 신청해야 합니다.
- 사업주의 행방불명, 그 밖의 부득이한 사유로 위의 증명이 불가능하면 그 증명을 생략할 수 있습니다.

Q 작업장에서 근무중 허리를 다쳤고 회사에 정상적으로 출근하지 못하게 되었습니다. 의료비에 대한 부담과 월급을 지급받지못한 저는 산재치료를 회사에 요청하였으나 회사가 이를 거부시 어떻게 처리해야 하나요?

A ① 사업주가 산재처리에 협조를 해주지 않거나 기피할 경우에는 현실적으로 산재신청을 하기가 쉽지가 않은 바, - 이러한 경우에 대비하여 현행 법령에서는 사업주의 확인이 없더라도 산재신청을 하여 산재보상을 받을 수 있는 제도를 마련해놓고 있습니다.
② 즉, 산재보험 의료기관의 진단서를 첨부하여 직접 또는 그 의료기관이 대행하게 하여 사업장 관할 근로복지공단 지사에 요양신청서를 제출하시면, - 근로복지공단에서 재해조사 등을 통하여 업무상의 재해 여부를 판정하게 됨을 알려드립니다.

제3절 산업재해보상보험 법제 개관

1. 「산업재해보상보험법」

1-1. 「산업재해보상보험법」의 목적

「산업재해보상보험법」은 산업재해보상보험 사업을 시행하여 근로자의 업무상 재해를 신속하고 공정하게 보상하며, 재해근로자의 재활 및 사회 복귀를 촉진하기 위하여 이에 필요한 보험시설을 설치·운영하고, 재해 예방과 그 밖에 근로자의 복지 증진을 위한 사업을 시행하여 근로자 보호에 이바지하는 것을 목적으로 합니다.

1-2. 「산업재해보상보험법」의 적용 범위

「산업재해보상보험법」 제6조에서는 근로자를 사용하는 모든 사업 또는 사업장에 원칙적으로 산업재해보상보험이 적용되도록 하여 업무상 재해를 당한 근로자를 폭넓게 보호하고 있습니다.

1-3. 산업재해보상보험의 종류와 산정기준

- 「산업재해보상보험법」제36조제1항 본문에서는 산업재해보상보험의 종료는 요양급여, 휴업급여, 장해급여, 간병급여, 유족급여, 상병(傷病)보상연금, 장의비(葬儀費), 직업재활급여로 정하고 있습니다.
- 「산업재해보상보험법」제36조제1항 단서에서는 진폐에 의한 산업재해보상 보험급여의 종류를 요양급여, 간병급여, 장의비, 직업재활급여, 진폐보상연금, 진폐유족연금으로 정하고 있습니다.

1-4. 업무상 재해의 인정기준

- 근로자의 부상·질병·장해 또는 사망이 업무상 재해로 인정되기 위해서는 규제「산업재해보상보험법」제37조에 따른 업무상 사고 인정기준 또는 업무상 질병 인정기준에 해당해야 하고 또한 업무와 재해 사이에 상당인과관계(相當因果關係)가 인정되어야 합니다.
- 그러나 근로자의 부상·질병·장해 또는 사망이 업무상 재해 인정기준

에 해당하더라도 근로자의 부상·질병·장해 또는 사망이 근로자의 고의·자해행위나 범죄행위로 인한 것인 경우에는 업무상 재해로 보지 않습니다.

1-5. 산업재해보상 보험급여 신청 등에 대한 구체적 내용

① 「산업재해보상보험법」 제40조부터 제51조까지는 업무상의 사유로 부상을 당하거나 질병에 걸린 경우에 그 근로자요양급여에 대해서 정하고 있습니다.

② 「산업재해보상보험법」 제52조부터 제56조까지는 업무상 사유로 부상을 당하거나 질병에 걸린 근로자에게 요양으로 취업하지 못한 기간에 대해 지급되는 휴업급여에 대해서 정하고 있습니다.

③ 「산업재해보상보험법」 제57조부터 제60조까지는 업무상 사유로 부상을 당하거나 질병에 걸려 치유된 후 신체 등에 장해가 있는 근로자에게 지급되는 장해급여에 대해서 정하고 있습니다.

④ 「산업재해보상보험법」 제61조는 요양급여를 받은 사람 중 치유 후 의학적으로 상시 또는 수시로 간병이 필요한 사람에게 지급되는 간병급여에 대해서 정하고 있습니다.

⑤ 「산업재해보상보험법」 제62조부터 제65조까지는 업무상 사유로 사망한 근로자의 유족에게 지급되는 유족급여에 대해서 정하고 있습니다.

⑥ 「산업재해보상보험법」 제66조부터 제69조까지는 요양을 받은 근로자가 요양을 시작한 지 2년이 지난날 이후에도 그 부상이나 질병이 치유되지 않은 폐질등급이 1급에서 3급까지인 근로자에게 지급되는 상병보상연금에 대해서 정하고 있습니다.

⑦ 「산업재해보상보험법」 제71조는 업무상 재해로 사망한 근로자의 유족 등에게 지급되는 장의비에 대해서 정하고 있습니다.

⑧ 「산업재해보상보험법」 제72조부터 제75조까지는 직업훈련비용, 직업훈련수당, 직장복귀금, 직장적응지원금, 재활운동비 등 직업재활급여에 대해서 정하고 있습니다.

1-6. 진폐에 따른 산업재해보상 보험급여 특례

「산업재해보상보험법」 제91조의2부터 제91조의제11까지는 진폐에 대한 업무상 재해인정기준, 진폐보상연금, 진폐유족연금, 진폐에 대한 요양급여 청구 방법 등을 정하고 있습니다.

1-7. 심사 청구 및 재심사 청구

「산업재해보상보험법」 제103조부터 제111조까지는 근로복지공단의 보험급여 결정 등에 대한 불복절차인 심사 청구와 재심사 청구의 절차를 정하고 있습니다.

1-8. 적용 특례

- 「산업재해보상보험법」 제121조부터 제122조에서는 「산업재해보상보험법」이 적용되지 않는 국외 사업의 근로자와 해외파견자 보호를 위해 국외 사업 특례와 해외파견자 특례를 두고 있습니다.
- 「산업재해보상보험법」 제123조부터 제126조에서는 근로자가 아니어서 「산업재해보상보험법」이 적용되지 않는 현장실습생, 중·소기업 사업주, 특수형태근로종사자, 국민기초생활보장 수급자를 보호하기 위해 현장실습생에 대한 특례, 중·소기업 사업주에 대한 특례, 특수형태근로종사자에 대한 특례, 「국민기초생활 보장법」상의 수급자에 대한 특례를 두고 있습니다.

2. 「근로기준법」

- 「근로기준법」은 「산업재해보상보험법」 제5조제2호에 따른 근로자, 임금, 평균임금, 통상임금에 대해 정의하고 있습니다.
- 「근로기준법」제78조부터 제92조까지에서는 「공무원연금법」, 「군인연금법」, 「선원법」, 「어선원 및 어선 재해보상보험법」, 「사립학교교직원 연금법」 및 「산업재해보상보험법」에 따라 재해 보상이 되지 않는 근로자에 대한 재해 보상에 대해 규정하고 있습니다.

제2장

「산업재해보상보험법」의 적용 범위 등

제1절 「산업재해보상보험법」의 적용 범위

1. 「산업재해보상보험법」의 적용범위

「산업재해보상보험법」은 근로자를 사용하는 모든 사업 또는 사업장(이하 "사업"이라 함)에 적용됩니다(「산업재해보상보험법」 제6조 본문).

2. 「공무원연금법」 등에 따라 재해보상이 되는 사업

위의 「산업재해보상보험법」적용범위 규정에도 불구하고 다음의 어느 하나에 해당하는 사업에 대해서는 「산업재해보상보험법」이 적용되지 않습니다 (「산업재해보상보험법」 제6조 단서 및「산업재해보상보험법 시행령」 제2조제1항제1호·제2호).

① 「공무원 재해보상법」 또는 「군인 재해보상법」에 따라 재해보상이 되는 사업(다만, 「공무원 재해보상법」 제60조에 따라 순직유족급여 또는 위험직무순직유족급여에 관한 규정을 적용받는 경우는 제외)

    ⓐ 「청원경찰법」에 따라 국가 또는 지방자치단체에 근무하는 청원경찰은 공무원신분은 아니지만 「공무원연금법」의 적용을 받기 때문에 「산업재해보상보험법」의 적용을 받지 않습니다(「공무원연금법」 제3조제1항제1호나목 및 「공무원연금법 시행령」 제2조제1호).

    ⓑ 다만, 국가 또는 지방자치단체가 아닌 공공단체와 그 관리 하에 있는 중요시설 또는 사업장에 근무하는 청원경찰은 「공무원연금법」을 적용받지 않으므로, 「산업재해보상보험법」이 적용됩니다.

② 「선원법」에 따라 재해보상이 되는 사업

    ⓐ "선원"이란 선박에서 근로를 제공하기 위하여 고용된 사람을 말합니다. 다만, 대통령령으로 정하는 사람은 제외합니다(「선원법」 제2조제1호).

    ⓑ 「선박법」에 따른 대한민국 선박(「어선법」에 따른 어선을 포함함), 대한민국 국적을 취득할 것을 조건으로 용선(傭船)한 외국선박 및 국내 항과 국내 항 사이만을 항해하는 외국선박에 승무하는 선원과 그 선박의 선박소유자에 대하여 적용합니다(「선

원법」 제3조제1항 본문).

ⓒ 다만, 다음의 어느 하나에 해당하는 선박에 승무하는 선원과 그 선박의 소유자에 대하여는 「선원법」을 적용하지 않습니다(「선원법」 제3조제1항 단서). (i) 총톤수 5톤 미만의 선박으로서 항해선이 아닌 선박, (ii) 호수, 강 또는 항내(港內)만을 항행하는 선박, (iii) 총톤수 20톤 미만인 어선으로서 해양수산부령으로 정하는 선박, (iv) 「선박법」 제1조의2제1항제3호에 따른 부선(艀船)

③ 「어선원 및 어선 재해보상보험법」에 따라 재해보상이 되는 사업

ⓐ "어선"이란 어선등록을 한 선박을 말합니다(「어선원 및 어선 재해보상보험법」 제2조제1호 및 「어선법」 제2조제1호라목).

ⓑ "어선원"이란 임금을 받을 목적으로 어선에서 근로를 제공하기 위해 고용된 사람을 말합니다(「어선원 및 어선 재해보상보험법」 제2조제2호).

ⓒ 「어선원 및 어선 재해보상보험법」은 모든 어선에 적용하며, 「어선원 및 어선 재해보상보험법」의 적용을 받은 어선에 대해서는 「산업재해보상보험법」을 적용하지 않습니다(「어선원 및 어선 재해보상보험법」 제6조제1항 본문 및 제2항).

ⓓ 다만, 다음의 어느 하나에 해당하는 어선에 대해서는 「어선원 및 어선 재해보상보험법」에 특별한 규정이 있는 경우에만 「어선원 및 어선 재해보상보험법」을 적용합니다(「어선원 및 어선 재해보상보험법」 제6조제1항 단서). (i) 「원양산업발전법」 제6조제1항에 따라 원양어업의 허가를 받은 어선, (ii) 「해운법」 제24조제2항에 따라 수산물 운송에 종사하는 어선, (iii) 그 밖에 어선의 규모·어선원수·위험률·어로(漁撈)장소 등을 고려하여 「어선원 및 어선 재해보상보험법 시행령」 제3조에서 정하는 어선

④ 「사립학교교직원 연금법」에 따라 재해보상이 되는 사업

3. 총 공사금액이 2천만원 미만인 공사 등

위의 「산업재해보상보험법」 적용범위 규정에도 불구하고 다음의 어느 하나에 해당하는 사업에 대해서는 「산업재해보상보험법」이 적용되지 않습니다(「산업재해보상보험법」 제6조 단서 및 「산업재해보상보험법 시

행령」제2조제1항제3호부터 제6호까지).

① 가구 내 고용활동
② 「공무원연금법」 등에 따라 재해보상이 되는 사업과 위 1, 2의 사업 외의 사업으로 상시근로자 수가 1명 미만인 사업
③ 농업, 임업(벌목업은 제외), 어업 및 수렵업 중 법인이 아닌 자의 사업으로서 상시근로자 수가 5명 미만인 사업

적용 제외 사업의 재해보상

- 「공무원연금법」 등에 따라 재해보상이 되는 사업의 경우에는 각 해당 법령에 따라 재해 보상을 받습니다.
- 「산업재해보상보험법」이 적용되는 사업은 산업재해보상보험에 당연 가입됩니다. 따라서 「산업재해보상보험법」이 적용되는 사업의 근로자가 업무상 재해를 당한 경우 근로복지공단으로부터 산업재해보상 보험급여를 받을 수 있습니다.
- 총 공사금액이 2천만원 미만인 공사 등 「산업재해보상보험법」이 적용되지 않는 사업의 사업주는 산업재해보상보험에 임의 가입할 수 있습니다. 따라서 사업주가 임의 가입한 사업의 근로자가 업무상 재해를 당한 경우 근로복지공단으로부터 산업재해보상 보험급여를 받을 수 있습니다.
- 총 공사금액이 2천만원 미만인 공사 등 「산업재해보상보험법」이 적용되지 않는 사업의 사업주가 산업재해보상보험에 임의가입하지 않은 경우 업무상 재해를 당한 근로자는 근로복지공단에 산업재해보상 보험급여를 받을 수는 없고, 규제「근로기준법」 제72조부터 제92조까지에 따라 사업주로부터 업무상 재해 보상을 받아야 합니다.
- 사업주의 고의 또는 과실로 업무상 재해를 당한 근로자는 「산업재해보상보험법」에 따른 보험급여 또는 「근로기준법」에 따른 업무상 재해 보상과 별도로 사용자 등을 상대로 민사상 손해배상을 청구할 수도 있습니다(「민법」 제750조 및 제751조).
- 다만, 업무상 재해를 당한 근로자가 산업재해보상 보험급여를 받으면 그 사업주는 그 한도에도 손해배상 책임을 면하고, 업무상 재해를 당한 근로자가 민사상 손해배상을 받으면 그 손해배상을 받은 한도 안에서 산업재해보상 보험급여를 지급받지 못합니다(「산업재해보상보험법」 제80조제2항 전단·제3항).

Q 조그마한 사업체를 운영하는 사람입니다. 회사 경영이 많이 힘든데, 산업재해보상보험에 반드시 가입해야 하는 건가요? 가입하지 않을 수는 없나요?

A 「산업재해보상보험법」의 적용을 받는 사업의 사업주는 당연히 산업재해보상보험에 가입자가 됩니다(당연가입). 따라서, 근로자 1인 이상을 고용하고 있는 사업장은 의무적으로 가입해야 합니다. 한편「산업재해보상보험법」의 적용 제외 대상 사업의 사업주는 근로복지공단의 승인을 받아 산재보험에 가입할 수 있습니다(임의가입).

◇「산업재해보상보험법」의 적용범위

① 「산업재해보상보험법」은 원칙적으로 근로자를 사용하는 모든 사업 또는 사업장에 적용됩니다.

② 다만,「공무원 재해보상법」,「군인 재해보상법」,「선원법」,「어선원 및 어선 재해보상보험법」또는「사립학교교직원 연금법」에 따라 재해보상이 되는 사업은「산업재해보상보험법」이 적용되지 않습니다.

③ 또한, 가구 내 고용활동, 농업, 임업(벌목업은 제외), 어업 및 수렵업 중 법인이 아닌 자의 사업으로서 상시근로자 수가 5명 미만인 사업도 「산업재해보상보험법」이 적용되지 않습니다.

◇ 산업재해보상보험의 당연가입

「산업재해보상보험법」의 적용을 받는 사업의 사업주는 당연히 산업재해보상보험의 보험가입자가 됩니다. 따라서 근로자 1인 이상을 고용하고 있는 사업주는 원칙적으로 당연히 산업재해보상보험의 보험가입자가 됩니다.

◇ 산업재해보상보험의 임의가입

「산업재해보상보험법」의 적용 제외 대상(「산업재해보상보험법」제6조 단서) 사업의 사업주는 근로복지공단의 승인을 받아 산업재해보상보험에 가입할 수 있습니다.

제2절 산업재해보상보험 가입 및 보험료 징수

1. 산업재해보상보험 가입

1-1. 산업재해보상보험의 가입자

1-1-1. 당연가입사업의 사업주

「산업재해보상보험법」의 적용을 받는 사업의 사업주는 당연히 산업재해보상보험(이하 "산재보험"이라 함)의 보험가입자가 됩니다

- 보험관계 신고 의무

  당연히 산재보험의 가입자가 된 사업주는 그 보험관계가 성립한 날부터 14일 이내에, 사업의 폐지·종료 등으로 인해 보험관계가 소멸한 경우에는 그 보험관계가 소멸한 날부터 14일 이내에 근로복지공단에 보험관계의 성립 또는 소멸의 신고를 해야 합니다. 다만, 다음에 해당하는 사업의 경우에는 그 구분에 따라 보험관계 성립신고를 하여야 합니다.

  ① 보험관계가 성립한 날부터 14일 이내에 종료되는 사업: 사업이 종료되는 날의 전날까지

  ② 「산업재해보상보험법」 제6조 단서에 따른「산업재해보상보험법 시행령」 제2조로 정하는 사업 중 사업을 시작할 때에 같은 법의 적용 대상 여부가 명확하지 아니하여 「산업재해보상보험법 시행령」 제2조의2로 정하는 바에 따라 해당 사업에서 일정 기간 사용한 상시근로자 수를 바탕으로 하여 같은 법의 적용 대상 여부가 정하여지는 사업: 그 일정 기간의 종료일부터 14일 이내

- 보험관계의 성립신고 절차

  보험관계의 성립을 신고하려는 사업주는 보험관계 성립신고서[건설업 및 벌목업(일괄적용 대상 사업인 경우는 제외)의 경우에는 건설업 및 벌목업 보험관계 성립신고서]에 다음의 서류를 첨부하여 근로복지공단에 제출해야 합니다.

  ① 도급계약서(공사비명세서를 포함) 및 건축 또는 용도변경 등에 관한 허가서 또는 신고확인증 사본(건설업인 경우만 해당)

  ② 통장 사본(보험료의 자동이체를 신청하는 경우만 해당)

- 보험관계의 소멸신고 절차

  보험관계의 소멸을 신고하려는 사업주는 보험관계 소멸신고서(건설업 및 벌목업의 경우에는 건설업 및 벌목업 보험관계 소멸신고서)를 근로복지공단에 제출해야 합니다.

산재보험에 가입하지 않은 사업장에서의 재해

- 사업주가 산재보험에 가입하지 않은 상태(산재보험 가입신고를 하여야 할 기한이 만료된 다음날부터 보험가입 신고를 하기 전 기간)에서 재해가 발생하더라도 해당 사업이 당연 가입 대상이면 업무상 재해를 당한 근로자는 산업재해보상 보험급여를 받을 수 있습니다.
- 또한 산재보험 가입자인 사업주가 보험료를 납부하지 않은 경우에도 근로자는 산업재해보상 보험급여를 받을 수 있습니다.

산재보험은 근로자를 사용(고용)하는 모든 사업 또는 사업장에 적용됩니다.

2018.7.1. 「산재보험법」의 적용 제외 사업으로 규정하고 있던 「산재보험법 시행령」 제2조가 개정·시행되면서 산재보험의 가입대상이 근로자를 사용하는 모든 사업으로 확대됐습니다.따라서 사업의 종류·영리성 여부 등에 관계없이 근로자를 사용(고용)하는 모든 사업 또는 사업장은 원칙적으로 가입대상 사업입니다.

1-1-2. 임의가입사업의 사업주

「산업재해보상보험법」의 적용 제외 대상(「산업재해보상보험법」 제6조 단서) 사업의 사업주는 근로복지공단의 승인을 받아 산재보험에 가입할 수 있습니다.

- 임의가입사업의 산재보험 가입절차

  산재보험에 임의 가입하려는 사업주는 보험가입신청서[건설업 및 벌목업(일괄적용 대상 사업인 경우는 제외)의 경우에는 건설사 및 벌목업 보험가입신청서]에 다음의 서류를 첨부하여 근로복지공단에 제출해야 합니다.

  ① 도급계약서(공사비명세서를 포함) 및 건축 또는 용도변경 등에 관한 허가서 또는 신고확인증 사본(건설업인 경우만 해당)
  ② 근로자 과반수의 동의를 받은 사실을 증명하는 서류(고용보험에 임의로 가입하려는 경우만 해당)
  ③ 통장 사본(보험료의 자동이체를 신청하는 경우만 해당함)

- 임의가입 산재보험의 해지

  근로복지공단의 승인을 받아 산재보험에 임의 가입한 사업주가 보험계약을 해지하려는 경우에는 다음의 서류를 근로복지공단에 제출하여 승인을 받아야 합니다. ① 보험관계 해지신청서, ② 근로자 과반수의 동의를 받은 사실을 증명하는 서류

  이 경우 근로복지공단은 「전자정부법」 제36조제2항에 따른 행정정보의 공동이용을 통하여 휴업·폐업사실 증명원(휴업·폐업한 경우만 해당) 및 법인 등기사항증명서(신청인이 법인인 경우만 해당)를 확인해야 하며, 신고인이 휴업·폐업사실 증명원의 확인에 동의하지 않는 경우에는 해당 서류를 첨부하도록 해야 합니다.

  보험계약의 해지는 그 보험계약이 성립한 보험연도가 종료된 이후에 해야 합니다

1-1-3. 산재보험의 의제가입

- 사업주가 산재보험의 당연가입자가 되는 사업이 사업규모의 변동 등으로 인해 「산업재해보상보험법」 적용 제외 사업에 해당하게 된 때에는 그 사업주는 그 해당하게 된 날부터 산재보험에 임의가입한 것으로 봅니다.

- 산재보험에 의제가입된 사업주가 그 사업의 운영 중에 근로자를 고용하지 않게 된 경우에는 그 날부터 1년의 범위 안에서 근로자를 사용하지 않은 기간 동안에도 보험에 가입한 것으로 봅니다.
- 의제가입 산재보험의 해지

  산재보험에 의제가입된 사업주가 보험계약을 해지하려는 경우에는 보험관계 해지신청서(건설업 및 벌목업의 경우에는 건설업 및 벌목업 보험관계 해지신청서)에 근로자 과반수의 동의를 받은 사실을 증명하는 서류를 첨부하여 근로복지공단에 제출해야 합니다. 보험계약의 해지는 그 보험계약이 성립한 보험연도가 종료된 이후에 해야 합니다.

2. 동일 사업주의 사업에 대한 일괄적용 등

2-1. 동일 사업주의 사업에 대한 일괄적용

2-1-1. 당연 일괄적용 되는 경우

- 산업재해보상보험(이하 "산재보험"이라 함)의 당연가입자인 사업주가 운영하는 각각의 사업이 다음의 요건에 해당하는 경우에는 「고용보험 및 산업재해보상보험의 보험료징수 등에 관한 법률」의 적용을 할 때 그 사업 전부를 하나의 사업으로 봅니다.
  ① 사업주가 동일인일 것
  ② 각각의 사업은 기간이 정하여져 있는 사업일 것
  ③ 한국표준산업분류표의 대분류에 따른 건설업에 해당할 것
- 당연 일괄적용을 받는 사업의 사업주는 처음 행하는 사업의 시작일부터 14일 이내에, 일괄적용을 받고 있는 사업이 사업의 폐지·종료 등으로 일괄적용관계가 소멸한 경우에는 소멸한 날부터 14일 이내에 근로복지공단에 일괄적용관계의 성립 또는 소멸의 신고를 해야 합니다.
- 당연 일괄적용을 받는 사업주는 그 각각의 사업(위에 따라 처음 행하는 사업의 시작일부터 14일 이내에 신고된 사업은 제외함)의 개시일로부터 각각 14일 이내에 일괄적용 사업개시신고서에 도급계약서 사본(건설공사 사업개시신고의 경우에만 해당함) 또는 벌목작업 허가서 사본(벌목작업 개시신고의 경우만 해당함)을 첨부하여 근로복지공단에 제출해야 합니다.

2-1-2. 임의로 일괄적용 적용되는 경우

- 위의 당연 일괄적용을 받는 사업이 아닌 사업 중 사업주가 동일인인 사업(산재보험의 경우에는 고용노동부장관이 정하는 사업종류가 같은 경우만 해당함)의 전부를 하나의 사업으로 보아「고용보험 및 산업재해보상보험의 보험료징수 등에 관한 법률」의 적용 받으려면 사업주가 일괄적용 승인신청서를 근로복지공단에 제출하여 근로복지공단의 승인을 받아야 합니다.
- 근로복지공단의 일괄적용 승인을 받은 사업주는 근로복지공단이 일괄적용관계 승인신청서를 접수받은 날의 다음 날부터 일괄적용을 받습니다. 사업주가 일괄적용 승인신청을 한 경우에는 일괄적용관계가 근로복지공단의 승인을 받아 해지되지 않는 한 그 사업주는 그 보험연도 이후의 보험연도에도 계속하여 그 사업 전부에 대하여 일괄적용을 받습니다.
- 근로복지공단의 일괄적용 승인을 받아 일괄적용을 받고 있는 사업주가 그 일괄적용관계를 해지하려는 경우에는 다음 보험연도 개시 7일 전까지 일괄적용 해지신청서를 근로복지공단에 제출하여 근로복지공단의 승인을 받아야 합니다. 이 경우 일괄적용관계의 해지는 다음 보험연도의 보험관계부터 그 효력을 발생합니다.

2-1-3. 일괄적용 승인 의제 등

일괄적용을 받는 사업주가 위 3.의 한국표준산업분류표의 대분류에 따른 건설업에 해당하지 않게 된 경우에는 일괄적용승인을 받은 것으로 보아「고용보험 및 산업재해보상보험의 보험료징수 등에 관한 법률」을 적용하며, 사업주가 그 일괄적용관계를 해지려는 경우에는 다음 보험연도 개시 7일 전까지 일괄적용 해지신청서를 근로복지공단에 제출하여 근로복지공단의 승인을 받아야 합니다.

2-2. 도급에서의 사업주
2-2-1. 원칙적으로 원수급인
건설업이 여러 차례의 도급에 의하여 행해지는 경우에는 그 원수급인을 「고용보험 및 산업재해보상보험의 보험료징수 등에 관한 법률」의 적용을 받는 사업주로 봅니다.

2-2-2. 예외적으로 하수급인

- 다만, 하수급인이 다음의 하나에 해당하는 사업의 사업주인 경우로서 하수급인이 근로복지공단의 사업주승인을 받은 경우에는 하수급인을 「고용보험 및 산업재해보상보험의 보험료징수 등에 관한 법률」의 적용을 받는 사업주로 봅니다.

　① 「건설산업기본법」 제2조제7호에 따른 건설업자

　② 「주택법」 제4조에 따른 주택건설사업자

　③ 「전기공사업법」 제2조제3호에 따른 공사업자

　④ 「정보통신공사업법」 제2조제4호에 따른 정보통신공사업자

　⑤ 「소방시설공사업법」 제2조제1항제2호에 따른 소방시설업자

　⑥ 「문화재수리 등에 관한 법률」 제2조제5호에 따른 문화재수리업자

- (하수급인이 근로복지공단의 사업주승인을 받으려는 경우 원수급인은 하수급인과 보험료 납부의 인수에 관한 서면계약을 체결하고 하도급공사의 착공일부터 30일 이내에 하수급인 사업주 보험가입 승인신청서에 다음의 서류를 첨부하여 근로복지공단에 제출해야 합니다.)

　① 도급계약서 사본

　② 보험료 납부인수에 관한 서면계약서 사본

- (근로복지공단이 하수급인사업주승인신청서를 접수한 경우에는 접수일부터 5일 이내에 그 승인여부를 하수급인 사업주 보험가입 승인(불승인)통지서로 원수급인과 하수급인에게 각각 통지해야 합니다.)

2-2-3. 외국의 사업주로부터 하도급을 받은 경우의 사업주

건설업이 국내에 영업소를 두지 않는 외국의 사업주로부터 하도급을 받아 행하여지는 경우에는 그 최초 하수급인을 「고용보험 및 산업재해보상보험의 보험료징수 등에 관한 법률」의 적용을 받는 사업주로 봅니다.

3. 산업재해보상보험료 징수

3-1. 산업재해보상보험료 징수

근로복지공단은 보험사업에 드는 비용에 충당하기 위해 보험가입자(사업주)로부터 산업재해보상보험료(이하 "산재보험료"라 함)를 징수합니다.

3-2. 산재보험료

3-2-1. 사업주가 부담하는 산재보험료

사업주가 부담해야 하는 산재보험료는 그 사업주가 경영하는 사업의 임금총액에 다음에 따른 산재보험료율을 곱한 금액을 합한 금액으로 합니다.

① 「고용보험 및 산업재해보상보험의 보험료징수 등에 관한 법률」 제14조제3항부터 제6항까지에 따라 같은 종류의 사업에 적용되는 산재보험료율

② 「고용보험 및 산업재해보상보험의 보험료징수 등에 관한 법률」제14조제7항에 따른 산재보험료율 (다만,「산업재해보상보험법」 제37조제4항에 해당하는 경우에는 위의 1.에 따른 산재보험료율만을 곱하여 산정합니다.)

3-2-2. 산재보험료 산정에 기초가 되는 임금총액

"임금총액"이란 사업주가 보험 연도(건설기간) 중에 「근로기준법」 제2조제5호에 따른 임금을 지급 또는 지급하기로 결정한 액의 총액을 말합니다.

3-2-3. 산재보험료율

산재보험료율은 「2020년도 사업종류별 산재보험료율」(고용노동부 고시 제2019-73호, 2019.12.25. 발령, 2020.1.1. 시행) 별지에서 확인할 수 있습니다.

사업종류의 사업세목과 내용예시 및 총칙을 규정한 사업종류 예시표는 ① 고용노동부 홈페이지(www.moel.go.kr) 법령마당의 훈령·예규·고시란과 ② 근로복지공단 홈페이지(www.kcomwel.or.kr) 자료실을 참조하시면 됩니다.

3-2-4. 산재보험료율의 적용

하나의 장소(동일사업주인 경우만 해당함)에서 사업의 종류가 다른 사업이 둘 이상 행해지는 경우에는 그 중 근로자수 및 임금총액 등의 비중이 큰 주된 사업(이하 "주된 사업"이라 함)에 적용되는 산재보험료율을 해당 장소 안의 모든 사업에 적용합니다.

주된 사업의 결정은 다음의 순서에 따라 합니다.

① 근로자의 수가 많은 사업
② 근로자의 수가 동일하거나 그 수를 파악할 수 없는 경우에는 임금총액이 많은 사업
③ ① 및 ②에 따라 주된 사업을 결정할 수 없는 경우에는 매출액이 많은 제품을 제조하거나 서비스를 제공하는 사업

3-3. 산재보험료율의 특례

3-3-1. 산재보험 보험관계 성립 후 3년이 지난 사업에 대한 특례

다음의 어느 하나에 해당하는 사업으로서 매년 6월 30일 현재 산재보험의 보험관계가 성립한 후 3년이 지난 사업에 있어서 그 해 6월 30일 이전 3년 동안의 산재보험료(「고용보험 및 산업재해보상보험의 보험료징수 등에 관한 법률」제13조제5항제2호에 따른 산재보험료율을 곱한 금액은 제외)에 대한 산재보험급여의 금액(「산업재해보상보험법」제37조제1항제3호나목에 따른 업무상의 재해를 이유로 지급된 보험급여는 제외)의 비율(보험수지율)이 100분의 85를 넘거나 100분의 75 이하인 경우에 해당하는 경우에는 그 사업에 적용되는 산재보험료율을 다음의 표에 따라 인상 또는 인하하여 그 사업에 대한 다음 보험연도의 산재보험료율로 할 수 있습니다.

① 건설업 중 사업의 일괄적용을 받는 사업으로서 매년 해당 보험연도의 2년 전 보험연도의 총공사금액이 60억원 이상인 사업 : 이 경우 총공사금액은「고용보험 및 산업재해보상보험의 보험료징수 등에 관한 법률」제11조제1항 및 제3항에 따라 각각 신고한 공사금액에서 「고용보험 및 산업재해보상보험의 보험료징수 등에 관한 법률」제9조제1항 단서에 따라 공단의 승인을 받은 하수급인이 시행하는 공사금액을 제외한 금액으로 합니다.

② 건설업 및 벌목업을 제외한 사업으로서 상시근로자수가 30명 이상
인 사업: 이 경우 상시근로자수는「고용보험 및 산업재해보상보험의
보험료징수 등에 관한 법률」제16조의10제3항부터 제5항까지 및
제7항에 따른 신고와「산업재해보상보험법」제125조제3항 및 제4항
에 따른 신고 및 신청을 기준으로 하여「고용보험 및 산업재해보상
보험의 보험료징수 등에 관한 법률 시행령」제2조제1항제3호가목
에 따라 산정하되, 그 산정기간은 기준보험연도의 전년도 7월 1일부
터 기준보험연도 6월 30일까지로 합니다.

산재보험료에 대한 산재보험급여 금액의 백분율(보험수지율)	사업 규모별 산재보험료율에 대한 증감비율
5%까지의 것	20.0%를 인하함
5%를 넘어 10%까지의 것	18.4%를 인하함
10%를 넘어 20%까지의 것	16.1%를 인하함
20%를 넘어 30%까지의 것	13.8%를 인하함
30%를 넘어 40%까지의 것	11.5%를 인하함
40%를 넘어 50%까지의 것	9.2%를 인하함
50%를 넘어 60%까지의 것	6.9%를 인하함
60%를 넘어 70%까지의 것	4.6%를 인하함
70%를 넘어 75%까지의 것	2.3%를 인하함
75%를 넘어 85%까지의 것	0
85%를 넘어 90%까지의 것	2.3%를 인상함
90%를 넘어 100%까지의 것	4.6%를 인상함
100%를 넘어 110%까지의 것	6.9%를 인상함
110%를 넘어 120%까지의 것	9.2%를 인상함
120%를 넘어 130%까지의 것	11.5%를 인상함
130%를 넘어 140%까지의 것	13.8%를 인상함

140%를 넘어 150%까지의 것	16.1%를 인상함
150%를 넘어 160%까지의 것	18.4%를 인상함
160%를 넘는 것	20.0%를 인상함

근로복지공단은 산재보험료율의 인상 또는 인하를 결정한 때에는 지체 없이 그 인상 또는 인하한 산재보험료율을 해당 사업주에게 통지해야 합니다.

3-3-2. 재해예방활동에 대한 특례

- 상시근로자수가 50명 미만으로서 제조업, 임업, 「고용보험 및 산업 재해보상보험의 보험료징수 등에 관한 법률」 제14조제3항 전단에 따라 정하는 산재보험료율의 사업의 종류 중 위생 및 유사서비스업 중에서 어느 하나에 해당하는 사업으로서 산재보험의 보험관계가 성립한 사업의 사업주가 해당 사업 근로자의 안전보건을 위해 다음의 어느 하나에 해당하는 재해예방활동을 실시하고 이에 대해 고용노동 부장관의 인정을 받은 때에는 그 사업에 대하여 적용되는 「고용보험 및 산업재해보상보험의 보험료징수 등에 관한 법률」 제13조제5항제 1호에 따른 산재보험료율의 100분의 30의 범위에서 인하된 비율을 「고용보험 및 산업재해보상보험의 보험료징수 등에 관한 법률」 제 13조제5항제2호에 따른 산재보험료율과 합하여 그 사업에 대한 다음 보험연도의 산재보험료율(이하 '산재예방요율'이라 함)로 할 수 있습니다.
  ① 사업주가 「산업안전보건법」 제36조제1항에 따라 건설물, 기계·기구·설비, 원재료, 가스, 증기, 분진, 근로자의 작업행동 또는 그 밖의 업무로 인한 유해·위험요인에 관한 위험성평가의 실시
  ② 사업주가 고용노동부장관이 정하여 고시하는 재해예방 관련 교육을 이수하고 사업장에서 재해를 예방하기 위한 산재예방계획의 수립
  ③ 사업주가 고용노동부장관이 정하는 기준에 따라 1주간 근로시간을 52시간 이하로 단축하여 실시
- 상시근로자수 산정 시 적용하는 해당 보험연도는 산재예방활동을 인정받은 보험연도로 합니다.
- 재해예방활동별 산재보험료율 인하율 및 인정기간은 다음과 같습니다.

재해예방활동	산재보험료율 인하율	인정기간
위험성평가 실시	(20 × 전년도 재해예방활동의 인정일수) / (100 × 365) (소수점 이하 넷째 자리에서 반올림)	재해예방활동의 인정을 받은 날부터 3년
산재예방계획 수립	(10 × 전년도 재해예방활동의 인정일수) / (100 × 365) (소수점 이하 넷째 자리에서 반올림)	재해예방활동의 인정을 받은 날부터 1년
근로시간 단축	(10 × 전년도 재해예방활동의 인정일수) / (100 × 365) (소수점 이하 넷째 자리에서 반올림)	재해예방활동의 인정을 받은 날부터 2021년 6월 30일까지

- 산재예방요율의 적용기간은 재해예방활동의 인정을 받은 날이 속한 연도의 다음 보험연도부터 재해예방활동의 인정이 종료되거나 취소(거짓이나 그 밖의 부정한 방법으로 재해예방활동의 인정을 받아 취소된 경우는 제외)된 날이 속한 연도의 다음 보험연도까지로 합니다.
- 재해예방활동 인정의 취소
  고용노동부장관은 산재예방요율을 적용받는 사업이 다음의 어느 하나에 해당하는 경우에는 재해예방활동의 인정을 취소해야 합니다.
  ① 거짓이나 그 밖의 부정한 방법으로 재해예방활동의 인정을 받은 경우
  ② 재해예방활동의 인정기간 중 중대재해가 발생한 경우. 다만, 사업주의 의무와 직접적으로 관련이 없는 재해로서 다음의 어느 하나에 해당하는 경우에는 재해예방활동의 인정이 취소되지 않습니다. (i)사업장 밖에서 발생한 교통사고로 인한 재해, (ii)행사 중의 사고로 인한 재해, (iii)특수한 장소에서의 사고로 인한 재해, (iv)요양 중의 사고로 인한 재해, (v)제3자의 행위에 따른 사고로 인한 재해, (vi)그 밖에 사업주의 의무와 직접적으로 관련이 없는 재해로서 고용노동부장관이 정하여 고시하는 재해

③ 재해예방활동의 인정기간 중 산업재해 발생건수, 재해율 또는 그 순위 등이 공표된 사업장으로서「산업안전보건법 시행령」제10조의 어느 하나에 해당하는 경우

④ 위험성평가에 따른 조치가 고용노동부장관이 정하여 고시하는 기준을 충족하지 못한 경우

⑤ 노동시간 단축 조치가 고용노동부 장관이 정하는 기준을 충족하지 못한 경우

- 재해예방활동의 인정이 취소된 사업의 경우에는 산재예방요율의 적용을 취소하고, 산재예방요율을 적용받은 기간에 대한 산재보험료가 다시 산정되어 부과됩니다.

Q 산업재해보상보험은 사용자가 보험료 전액을 부담하고 근로자는 별도의 보험료를 부담하지 않는다고 하는 데 사실인가요?

A 사회보험 중 국민연금, 건강보험, 고용보험은 개인이 부담하거나 개인과 사업주가 함께 부담하는 반면, 산업재해보상보험은 사용자가 보험료 전액을 부담합니다.

◇ 산업재해보상보험료 징수

① 근로복지공단은 보험사업에 드는 비용에 충당하기 위해 보험가입자(사업주)로부터 산업재해보상보험료를 징수합니다. 즉 산업재해보상보험은 사용자가 보험료 전액을 부담합니다.

② 산업재해보상보험은 재해근로자나 그 유족에 대한 사용자의 보상 또는 배상책임을 국가가 보험방식을 통해 대신 보상하는 제도이기 때문에 다른 사회보험과는 달리 사업주가 보험료 전액을 부담합니다.

제3절 「산업재해보상보험법」의 적용 특례

1. 국외 사업에 대한 특례

1-1. 국외 사업에 대한 「산업재해보상보험법」의 적용 여부

1-1-1. 「산업재해보상보험법」의 적용 범위

「산업재해보상보험법」은 근로자를 사용하는 모든 사업 또는 사업장(이하 '사업'이라 한다)에 적용합니다(「산업재해보상보험법」 제6조 본문). 다만, 위험률·규모 및 장소 등을 고려하여「산업재해보상보험법 시행령」 제2조에서 정하는 사업에 대하여는 「산업재해보상보험법」을 적용하지 않습니다.

1-1-2. 사업 또는 사업장에 국외 사업 포함 여부

국제법 질서 상 각국의 법령은 그 영역 내의 모든 사람에게 적용될 뿐이고 다른 국가의 영역까지 적용, 집행될 수 없다는 소위 속지주의 법리가 일반적으로 승인된 국제법규로 공인되고 있으므로, 이에 따라「산업재해보상보험법」 제6조의 '사업 또는 사업장'이란 대한민국 영역 안에 있거나 행해지는 사업을 말합니다(서울행법 1998.10.29. 선고 98구6561 판결참조).

1-1-3. 국외 사업에 대한 특례의 적용

「산업재해보상보험법」은 원칙적으로 국내의 사업 또는 사업장에만 적용되고 국외 사업에는 적용되지 않기 때문에, 이에 대한 특례를 규정하여 우리나라가 당사국이 된 사회 보장에 관한 조약이나 협정에서 정하는 국가나 지역에서의 사업에 대해서는 고용노동부장관이 금융위원회와 협의하여 지정하는 보험회사가 근로복지공단 대신 산업재해보상보험 사업을 할 수 있게 하여 국외 사업에 종사하는 근로자를 보호하고 있습니다.

1-2. 국외 사업 보험회사의 권한과 의무

1-2-1. 국외 사업 보험회사의 권한

- 국외 근무 기간에 발생한 근로자의 재해를 보상하기 위해 우리나라가 당사국이 된 사회 보장에 관한 조약이나 협정(이하 "사회보장관련조약"이라 함)으로 정하는 국가나 지역에서의 사업에 대해서는 고용노동부장관이 금융위원회와 협의하여 지정하는 자(이하 "보험회사"라 함)에게 「산업재해보상보험법」에 따른 산업재해보상보험 사업을 자기의 계산으로 하게 할 수 있습니다.
- 보험회사는 산업재해보상보험 사업을 할 때 「산업재해보상보험법」에 따른 근로복지공단의 권한을 행사할 수 있습니다.

1-2-2. 국외 사업 보험회사의 의무

- 불이익한 보험급여 지급 금지
  보험회사가 지급하는 보험급여는 「산업재해보상보험법」에 따른 보험급여보다 근로자에게 불이익해서는 안 됩니다.
- 정부가 부담하는 모든 책임의 성실 이행
  국외 사업 보험회사는 「산업재해보상보험법」과 근로자를 위한 사회보장관련조약에서 정부가 부담하는 모든 책임을 성실히 이행해야 합니다.

1-3. 국외 사업에 대한 「산업재해보상보험법」 적용제외 사항

국외 사업과 이를 대상으로 하는 산업재해보상보험 사업에 대해서는 다음의 「산업재해보상보험법」규정은 적용되지 않습니다.
① 보험의 관장과 보험연도
② 국가의 부담 및 지원
③ 적용범위
④ 산업재해보상보험심의위원회
⑤ 보험급여의 지급
⑥ 산업재해보험 및 예방기금
⑦ 심사 청구 및 재심사 청구

Q 해외파견자가 산업재해보상보험법 제105조의2 소정의 승인 없이 같은 법에 의한 보상을 받을 수 있을까요?

A 「산업재해보상보험법」 제105조가 외국에서 취업중인 우리나라 근로자의 국외 근무기간 중 발생한 재해를 보상하기 위하여 특례규정을 두고 있으며, 「산업재해보상보험법」 제105조의2가 국내 사업에 소속된 해외파견자의 경우 공단에 보험가입신청을 하여 승인을 받은 경우에 한하여 산업재해보상보험법의 적용을 받을 수 있도록 규정하고 있는 점에 비추어 「산업재해보상보험법」 제5조의 '사업 또는 사업장'이란 대한민국 영역 내에서 소재하거나 영위되는 것을 의미하므로 국내사업 또는 사업장에 소속되어 있으면서 해외사업장에 일정기간 출장하여 업무를 수행하는 해외출장자를 제외한 이른바 해외파견자는 「산업재해보상보험법」에 의한 보상을 받을 수 없습니다.

Q 해외에서 근로를 제공하는 자가 해외출장자인지 해외파견자인지 여부에 관한 판단 기준은 무엇인가요?

A 해외에서 근로를 제공하는 자가 해외출장자인지 해외파견자인지 여부는 해외에서 제공하는 근로의 형태를 판단 기준으로 하여, 단지 근로제공의 장소가 해외에 있는 것에 불과할 뿐 국내사업장에 소속되어 국내사업장 사용자의 지휘 명령에 따라 업무를 수행하는 경우에는 해외출장자로 볼 것이나, 해외사업장에 소속되어 해외사업장 사용자의 지휘에 따라 업무를 수행하는 경우에는 해외파견자입니다.

2. 해외파견자에 대한 특례

2-1. 해외파견자에 대한 「산업재해보상보험법」의 적용 여부

2-1-1. 「산업재해보상보험법」의 적용 범위

「산업재해보상보험법」은 근로자를 사용하는 모든 사업 또는 사업장(이하 '사업'이라 함)에 적용합니다. 다만, 위험률·규모 및 장소 등을 고려하여「산업재해보상보험법 시행령」제2조에서 정하는 사업에 대하여는 「산업재해보상보험법」을 적용하지 않습니다.

2-1-2. 사업 또는 사업장에 국외 사업 포함 여부

국제법 질서 상 각국의 법령은 그 영역 내의 모든 사람에게 적용될 뿐이고 다른 국가의 영역까지 적용, 집행될 수 없다는 소위 속지주의 법리가 일반적으로 승인된 국제법규로 공인되고 있으므로, 이에 따라「산업재해보상보험법」제6조의 '사업 또는 사업장'이란 대한민국 영역 안에 있거나 행해지는 사업을 말합니다(서울행법 1998.10.29. 선고 98구6561 판결참조).

2-1-3. 해외파견자에 대한 특례의 적용

위와 같이 「산업재해보상보험법」은 원칙적으로 국내의 사업 또는 사업장에만 적용되고 국외 사업에는 적용되지 않기 때문에 「산업재해보상보험법」제122조에서는 해외사업장에 소속되어 해외사업장 사용자의 지휘에 따라 업무를 수행하는 해외파견자도 산업재해보상보험에 임의가입할 수 있도록 하여 해외파견 중 업무상 재해를 당한 근로자를 보호하고 있습니다(서울행법 1998.10.29. 선고 98구6561 판결 참조).

국내 사업 또는 사업장에 소속되어 있으면서 해외 사업장(해외 지점, 공사현장, 현지법인 등)에 일정기간 출장하여 업무를 수행하는 해외출장자는 해외파견자와 달리 '국내의 사업 또는 사업장'의 근로자로 보아「산업재해보상보험법」이 원칙적으로 적용됩니다.

2-2. 해외파견자에 대한 특례

2-2-1. 해외파견자에 대한 특례

당연가입자 및 임의가입자(「고용보험 및 산업재해보상보험의 보험료징수 등에 관한 법률」 제5조제3항 및 제4항)가 대한민국 밖의 지역(「산업재해보상보험법 시행규칙」에서 정하는 지역은 제외함)에서 하는 사업에 근로시키기 위해 파견하는 사람(이하 "해외파견자"라 함)에 대해 근로복지공단에 보험 가입 신청을 하여 승인을 받으면 해외파견자를 그 가입자의 대한민국 영역 안의 사업(2개 이상의 사업이 있는 경우에는 주된 사업을 말함)에 사용하는 근로자로 보아 「산업재해보상보험법」을 적용할 수 있습니다. 현재 해외파견자에 대한 특례 적용 제외에 대해 「산업재해보상보험법 시행규칙」에서 따로 정하는 바는 없습니다.

2-2-2. 해외파견대상자에 대한 산업재해보상 보험급여 산정의 기초 임금

- 해외파견자의 산업재해보상 보험급여의 기초가 되는 임금액은 그 사업에 사용되는 같은 직종 근로자의 임금액 및 그 밖의 사정을 고려하여 고용노동부장관이 정하여 고시하는 금액으로 합니다.
- 해외파견대상자의 보험급여 산정의 기초 임금에 대해서 고용노동부장관이 따로 고시하는 바는 없으며, 해외파견대상자에 대한 보험급여 산정은 일반 근로자와 마찬가지로 보험급여의 기준(「산업재해보상보험법」 제36조제3항부터 제8항까지 및 「산업재해보상보험법 시행령」 제21조부터 제26조까지)에 따라 보험급여를 산정하고 있습니다.

2-3. 해외파견자의 산재보험 가입 등

2-3-1. 산재보험료 산정의 기초 임금 및 산재보험료율 적용

- 해외파견자의 산재보험료 산정의 기초가 되는 임금액은 그 사업에 사용되는 동일직종 근로자의 임금액 그 밖의 사정을 고려하여 고용노동부장관이 정하는 금액으로 하고, 산재보험료율은 해외파견자의 재해율 및 재해보상에 필요한 금액 등을 고려하여 「2020년도 사업종류별 산재보험료율」에서 정한 비율로 합니다.
- 해외파견자의 산재보험료 산정의 기초가 되는 임금액에 대해 고용노

동부장관이 정하는 금액은 없으며, 근로복지공단은「고용보험 및 산업재해보상보험의 보험료징수 등에 관한 법률」제13조제5항에 따라 그 사업주가 경영하는 사업의 임금총액에 다음 각 사항에 따른 산재보험료율을곱한 금액으로 산재보험료를 산정하고 있습니다.

① 「고용보험 및 산업재해보상보험의 보험료징수 등에 관한 법률」 제14조제3항부터 제6항까지에 따라 같은 종류의 사업에 적용되는 산재보험료율

② 「고용보험 및 산업재해보상보험의 보험료징수 등에 관한 법률」 제14조제7항에 따른 산재보험료율

2-3-2. 해외파견자에 대한 산재보험 가입신청

해외파견자에 대한 산재보험 가입을 신청하고자 하는 사업주는 다음의 사항을 기재한 해외파견자 산재보험가입신청서를 근로복지공단에 제출해야 합니다.

① 해외파견자의 명단
② 해외파견사업장의 명칭 및 소재지
③ 해외파견 기간
④ 해외파견자의 업무내용
⑤ 해외파견자의 보수지급 방법 및 지급액

2-3-3. 해외파견자에 대한 산재보험 가입 승인 요건

해외파견자에 대하여 산재보험의 가입을 승인하기 위해서는「직업안정법」제33조제3항제2호에 따른 국외근로자 공급사업이 아니어야 합니다.

2-3-4. 해외파견자에 대한 산재보험 가입자의 보험료 신고 및 납부, 보험료 부과 및 징수 등

① 건설업(건설장비운영업은 제외), 임업 중 벌목업에 해당하는 사업의 해외파견자에 대한 보험료 신고 및 납부의 내용 및 절차에 대해서는 「고용보험 및 산업재해보상보험의 보험료징수 등에 관한 법률」 제17조 및 제19조의 예에 따릅니다.

② 건설업(건설장비운영업은 제외), 임업 중 벌목업에 해당하는 사업 외의 해외파견자에 대한 보험료 신고 및 납부의 내용 및 절차에 대해서는 「고용보험 및 산업재해보상보험의 보험료징수 등에 관한 법률」 제16조의2부터 제16조의11까지의 예에 따릅니다.

③ 그 밖에 해외파견자에 대한 보험료 등 과납액의 충당과 반환, 가산금·연체금·보험급여액의 징수·독촉 및 체납, 보험료 및 징수금의 징수우선순위, 납부기한 전 징수, 납부의무의 승계 및 연대납부의무, 고액·상습 체납자의 인적사항 공개 및 금융거래정보의 제공요청, 「국세기본법」의 준용 및 서류의 송달에 대해서는 「고용보험 및 산업재해보상보험의 보험료징수 등에 관한 법률」 제23조제1항·제3항·제4항, 제24조부터 제26조까지, 제26조의2, 제27조, 제27조의2, 제28조, 제28조의2부터 제28조의7까지, 제29조, 제29조의2, 제29조의3, 제30조 및 제32조의 예에 따릅니다.

2-3-5. 해외파견자에 대한 산재보험 가입 승인, 성립 및 변경사항 신고

- 근로복지공단은 산재보험 가입 신청서에 대해 산재보험 가입승인의 여부를 접수일부터 5일 이내에 해외파견자 산재보험가입 승인(불승인)통지서에 의하여 신청인에게 통지해야 합니다.
- 산재보험 가입의 승인을 받은 경우 해외파견자의 보험관계성립일은 다음과 같습니다.
  ① 파견예정자: 출국일
  ② 파견된 사람: 산재보험가입신청서를 접수한 날의 다음 날
- 산재보험 가입의 승인을 받은 사업주는 승인통지를 받은 후 다음의 사항이 변경된 경우에는 해외파견자 산재보험관계 변경신고서를 지체 없이 근로복지공단에 제출해야 합니다.

① 해외파견자의 명단
② 해외파견사업장의 명칭 및 소재지
③ 해외파견 기간
④ 해외파견자의 업무내용
⑤ 해외파견자의 보수지급 방법 및 지급액

2-3-6. 해외파견자에 대한 산업재해보험관계의 성립일

보험관계는 근로복지공단이 그 사업의 사업주로부터 보험가입승인신청
서를 접수한 날의 다음 날에 성립합니다.

2-3-7. 해외파견자에 대한 산업재해보험관계의 소멸일

해외파견자에 대한 산업재해보험관계는 다음의 어느 하나에 해당하는
날에 소멸합니다.
① 사업이 폐지 또는 종료된 날의 다음 날
② 해외파견자에 대한 산재보험 가입신청을 한 사업주가 근로복지공단
   의 승인을 받아 보험계약을 해지하는 경우에는 그 해지에 관하여
   근로복지공단의 승인을 받은 날의 다음 날
③ 사업의 실체가 없는 등의 사유로 계속하여 보험관계를 유지할 수
   없다고 인정하여 근로복지공단이 보험관계를 소멸시키는 경우에는
   그 소멸의 결정·통지를 한 날의 다음 날
④ 「고용보험 및 산업재해보상보험의 보험료징수 등에 관한 법률」 제
   5조제1항부터 제4항까지의 규정에 따른 사업주가 그 사업을 운영
   하다가 근로자(고용보험의 경우에는「고용보험법」 제10조 및 제10
   조의2에 따른 적용 제외 근로자는 제외함. 이하 같음)를 고용하지
   않게 된 사업주의 경우에는 근로자를 사용하지 아니한 첫날부터 1
   년이 되는 날의 다음 날

2-4. 해외파견자의 산업재해보상 보험급여의 청구 등

2-4-1. 해외파견자의 산업재해보상 보험급여의 청구 등

해외파견자의 산업재해보상 보험급여의 신청·청구 및 결정·통지 등에
관하여는 다음의 규정들을 준용합니다.

2-4-2. 해외파견자의 국민건강보험 요양급여 비용 부담 등

해외파견자의 국민건강보험 요양급여 비용의 본인 일부 부담금의 대부 및 충당에 관하여는 「산업재해보상보험법 시행령」제84조 및 제85조를 준용합니다.

3. 현장실습생에 대한 특례

3-1. 현장실습생에 대한 특례 적용 범위

「직업교육훈련촉진법」제7조에 따라 현장실습을 이수하는 자는 「산업재해보상보험법」제5조제2호에도 불구하고 「산업재해보상보험법」을 적용할 때는 그 사업에 사용되는 근로자로 봅니다.

3-2. 산재보험료 산정의 기초가 되는 임금액과 산재보험료율

현장실습생의 산재보험료 산정의 기초가 되는 임금액은 현장실습생이 지급받는 모든 금품으로 하되, 산재보험료 산정이 어려운 경우에는 고용노동부장관이 정하는 금액으로 할 수 있습니다.

3-3. 현장실습생의 산업재해보상 보험급여 지급 등

3-3-1. 현장실습생의 산업재해보상 보험급여의 종류

현장실습생이 실습과 관련하여 입은 재해는 업무상 재해로 보아 다음의 산업재해보상 보험급여(이하 "보험급여"라 함)를 지급합니다.

① 요양급여
② 휴업급여
③ 장해급여
④ 간병급여
⑤ 유족급여
⑥ 상병(傷病)보상연금
⑦ 장의비(葬儀費)
⑧ 직업재활급여

3-3-2. 보험급여의 기초가 되는 임금액

- 현장실습생에 대한 보험급여의 기초가 되는 임금액은 현장실습생이 지급받는 훈련수당 등 모든 금품으로 하되, 이를 적용하는 것이 현장실습생의 재해보상에 적절하지 않다고 인정되면 고용노동부장관이 정하여 고시하는 금액으로 할 수 있습니다.
- 다만, 위의 규정에 의하여 현장실습생에게 지급하는 훈련수당 등이 「최저임금법」 제5조제1항에 따른 최저임금액에 미달 되는 경우에는 최저임금액을 훈련수당으로 봅니다.

3-3-3. 현장실습생에 대한 보험급여 지급 등

현장실습생에게 보험급여를 지급하는 경우 등에는 다음을 준용합니다.
① 보험급여의 기준(「산업재해보상보험법 시행령」 제21조부터 제26조까지)
② 사망의 추정(「산업재해보상보험법 시행령」 제37조)
③ 요양비의 청구 등(「산업재해보상보험법 시행령」 제38조)
④ 전원요양(「산업재해보상보험법 시행령」 제44조)
⑤ 추가상병(「산업재해보상보험법 시행령」 제45조)
⑥ 재요양 및 요건 및 절차(「산업재해보상보험법 시행령」 제48조)
⑦ 휴업급여(「산업재해보상보험법 시행령」 제49조부터 제52조까지)
⑧ 장해급여(「산업재해보상보험법 시행령」 제53조부터 제58조까지)
⑨ 간병급여(「산업재해보상보험법 시행령」 제59조)
⑩ 유족급여(「산업재해보상보험법 시행령」 제60조부터 제63조까지)
⑪ 상병보상연금(「산업재해보상보험법 시행령」 제64조 및 제65조)
⑫ 장의비(「산업재해보상보험법 시행령」 제66조)
⑬ 직업재활급여(「산업재해보상보험법 시행령」 제67조부터 제71조까지)
⑭ 보험급여의 일시지급 등(「산업재해보상보험법 시행령」 제72조부터 제83조까지)
⑮ 국민건강보험 요양급여 비용의 본인 일부 부담금 대부 및 충당(「산업재해보상보험법 시행령」 제84조부터 제85조까지)
⑯ 심사 청구 및 재심사 청구(「산업재해보상보험법 시행령」 제96조부터 제98조까지, 제101조부터 제105조까지 및 제113조)
⑰ 보칙(「산업재해보상보험법 시행령」 제113조부터 제120조까지)

4. 중소기업 사업주에 대한 특례

4-1. 중소기업 사업주의 범위

4-1-1. 중소기업 사업주의 범위

- 다음의 중소기업 사업주(근로자를 사용하지 않는 자를 포함)는 근로복지공단의 승인을 받아 자기 또는 유족을 산업재해보상 보험급여(이하 "보험급여"라 함)를 받을 수 있는 사람으로 하여 산업재해보상보험(이하, "산재보험"이라 함)에 가입할 수 있습니다. 다만,「산업재해보상보험법」제125조제1항 및 규제「산업재해보상보험법 시행령」제125조에 따른 특수형태근로종사자에 해당하는 사람은 제외합니다.
  ① 보험가입자로서 300명 미만의 근로자를 사용하는 사업주
  ② 근로자를 사용하지 않는 사람
- 중소기업 사업주(근로자를 사용하지 않는 자를 포함)가 산재보험에 가입한 경우「산업재해보상보험법」제5조제2호에도 불구하고 그 사업주는「산업재해보상보험법」을 적용할 때 근로자로 봅니다.
- 보험가입자로서 300명 미만의 근로자를 사용하는 사업주가 300명 이상의 근로자를 사용하게 된 경우에도 중·소기업 사업주 본인이 보험관계를 유지하려고 하는 경우에는 계속하여 300명 미만의 근로자를 사용하는 사업주로 봅니다.
- 위 ②에 따라 보험에 가입한 사람이 300명 미만의 근로자를 사용하게 된 경우에는 보험가입자로서 300명 미만의 근로자를 사용하는 사업주로서 보험에 가입한 것으로 본다.

4-2. 중소기업 사업주의 산재보험의 가입 신청 등

4-2-1. 중소기업 사업주의 산재보험 가입신청 및 승인

- 산재보험에 가입하려는 중소기업 사업주는 다음의 구분에 따른 서류를 근로복지공단에 제출해야 합니다. 사업주가 아래의 특정업무 종사자인 경우에는 건강진단서를,「예술인 복지법」제2조제2호에 따른 예술인인 경우에는 보수를 받을 목적으로 체결된 계약과 관련된 서류를 각각 첨부해야 합니다.

① 보험가입자로서 300명 미만의 근로자를 사용하는 중소기업 사업
주: 중소기업 사업주 산재보험 보험가입신청서(근로자를 사용하
는 사업주)
② 그 외의 중소기업 사업주이면서 근로자를 사용하지 않는 사람
(특수형태근로종사자에 해당하는 사람은 제외): 중소기업 사업주
산재보험 보험가입신청서(근로자를 사용하지 않는 사업주)
- 근로복지공단은 산재보험 가입을 신청한 사업주가 분진·진동·납 및
유기용제 관련 업무(이하 "특정업무"라 함) 종사자인 경우에는 특수
건강진단기관에서 특수건강진단을 받도록 하고 그 결과를 제출하도
록 하여야 하며, 진단결과 해당 사업주의 건강상태가 작업장소 변
경, 작업 전환, 근로시간 단축, 야간근로(오후 10시부터 오전 6시까
지 사이의 근로)의 제한, 작업환경측정, 시설·설비의 설치 또는 개
선, 그 밖에 적절한 조치(「산업안전보건법」 제132조제4항)가 필요한
경우에는 가입승인을 하지 않을 수 있습니다.
- 근로복지공단은 중소기업 사업주 산재보험가입신청서에 대해 보험
가입 승인 여부를 신청인에게 중소기업 사업주 산재보험가입 승인
(불승인)통지서로 통지해야 합니다.

4-2-2. 산재보험료 산정 기초가 되는 임금액 및 산재보험료율

중소기업 사업주에 대한 산재보험료 산정의 기초가 되는 임금액은 다
음의 표에서 정하는 금액으로 하고, 산재보험료율은 그 사업이 적용받
는 산재보험료율로 합니다. 산재보험료율은 「2020년도 사업종류별 산
재보험료율」(고용노동부 고시 제2019-73호, 2019.12.25. 발령, 2020.1.1.
시행)에서 확인할 수 있습니다.

4-3. 중소기업 사업주의 업무상 재해의 인정기준

4-3-1. 중소기업 사업주의 업무상 재해의 인정기준

중소기업 사업주에 대한 업무상 재해의 인정 범위에 관하여는 다음을
준용합니다.
① 업무수행중의 사고

② 시설물 등의 결함 등에 따른 사고
③ 행사 중의 사고
④ 특수한 장소에서의 사고
⑤ 요양 중의 사고
⑥ 제3자의 행위에 따른 사고
⑦ 업무상 질병의 인정기준
⑧ 진폐증에 대한 업무상 질병의 인정기준
⑨ 출퇴근 중의 사고
⑩ 자해행위에 따른 업무상 재해의 인정기준

4-4. 중소기업 사업주에 대한 보험급여

4-4-1. 중소기업 사업주에 대한 보험급여의 산정 기준

중소기업 사업주에 대한 보험급여의 산정 기준이 되는 평균임금은 위의 <중소기업 사업주에 대한 산재보험료 산정의 기초가 되는 임금액 및 평균임금> 표에서 정한 평균임금으로 합니다.

4-4-2. 중소기업 사업주에 대한 보험급여 지급의 제한

중소기업 사업주가 보험료를 체납한 기간 중 발생한 업무상 재해에 대해서는 산업재해보상 보험급여를 지급하지 않습니다. 다만, 체납한 보험료를 보험료 납부기일이 속하는 달의 다음다음 달 10일까지 납부한 경우에는 보험급여를 지급합니다.

4-4-3. 중소기업 사업주의 보험급여의 청구 등

중소기업 사업주의 보험급여의 신청·청구 및 결정·통지 등에 관하여는 다음의 규정들을 적용합니다.
① 보험급여의 청구, 결정 통지(「산업재해보상보험법 시행령」 제21조) : 중소기업 사업주에게는 평균임금의 조정(「산업재해보상보험법 시행령」 제22조부터 제26조까지)을 준용하지 않습니다. 따라서 중소기업 사업주의 업무상 재해에 따른 보험급여를 산정할 때 위의 <중소기업 사업주에 대한 산재보험료 산정의 기초가 되는 임금액 및

평균임금> 표의 평균임금이 변경된 경우에는 그 변경된 금액을 보험급여의 산정 기준이 되는 평균임금으로 합니다.

② 「산업재해보상보험법 시행령」 제37조, 제38조, 제44조, 제45조, 제48조부터 제69조까지, 제76조부터 제81조까지, 제83조, 「산업재해보상보험법 시행규칙」 제2조, 제5조, 제10조부터 제22조까지 및 제31조부터 제64조까지의 규정

중소기업 사업주의 국민건강보험 요양급여 비용의 본인 일부 부담금의 대부 및 충당에 관하여는 「산업재해보상보험법 시행령」 제84조 및 제85조를 준용합니다(「산업재해보상보험법」 제122조제3항 및 「산업재해보상보험법 시행규칙」 제75조제3항).

4-4-4. 중소기업 사업주의 재요양에 따른 휴업급여 등의 지급 기준

중소기업 사업주가 재요양 당시 중소기업 사업주가 아닌 경우에는「산업재해보상보험법」 제56조 및 제69조를 적용할 때 평균임금 산정의 대상이 되는 임금이 없는 경우로 보아 휴업급여 및 상병보상연금을 지급합니다.

Q 산재 사고가 발생할 위험성이 높은 영세사업주의 경우에도 산재보험에 가입하여 혜택을 볼 수 있을까요?

A 상시근로자수 50인 미만을 사용하는 중·소기업의 사업주에 대하여도 근로복지공단의 승인을 받아 자기 또는 유족을 보험급여를 받을 수 있는 자로 하여 산재보험에 가입할 수 있도록 하고 있습니다. 따라서 영세사업주가 산재보험 혜택을 받기 위해서는 업무상의 재해가 발생하기 전에 미리 근로복지공단에 산재보험 가입 신청을 하여 승인을 받으셔야 함을 알려드립니다.

5. 「국민기초생활 보장법」상의 수급자에 대한 특례

5-1. 「국민기초생활 보장법」상의 수급자에 대한 특례

5-1-1. 「국민기초생활 보장법」상의 수급자에 대한 특례

근로자가 아닌 사람으로서 다음의 자활근로사업에 종사하는 사람은 「산업재해보상보험법」 제5조제2호에도 불구하고 「산업재해보상보험법」의 적용을 받는 근로자로 봅니다.

① 주택의 점검 또는 수선을 위한 집수리도우미 사업
② 환경정비사업
③ 재활용품 선별 등 환경관련사업
④ 사회복지시설·학교 등의 시설물 정비사업
⑤ 노인·장애인·아동의 간병·보육·보호 등 사회복지사업
⑥ 숲 가꾸기 등 산림사업
⑦ 그 밖에 보건복지부장관, 특별시장·광역시장·도지사 및 시장·군수·구청장이 정하는 사업

5-1-2. 자활급여

자활급여 수급자의 산재보험료 산정 및 산업재해보상 보험급여의 기초가 되는 임금액은 자활급여 수급자가 자활근로사업에 참여하여 받는 자활급여로 합니다.

6. 특수형태 근로종사자에 대한 특례

6-1. 특수형태 근로종사자의 의의와 범위

6-1-1. 특수형태 근로종사자의 의의

"특수형태근로종사자"란 계약의 형식과 관계없이 근로자와 유사하게 노무를 제공함에도「근로기준법」등이 적용되지 않아 업무상 재해로부터 보호할 필요가 있는 사람으로서 다음의 요건에 모두 해당하는 사람 중 아래의 특수형태 근로종사자의 범위의 어느 하나에 해당하는 직종에 종사하는 사람을 말합니다.

① 주로 하나의 사업에 그 운영에 필요한 노무를 상시적으로 제공하고 보수를 받아 생활할 것

② 노무를 제공할 때 타인을 사용하지 않을 것

6-1-2. 특수형태 근로종사자의 범위

특수형태 근로종사자의 범위는 다음과 같습니다.

① 보험을 모집하는 사람으로서 다음의 어느 하나에 해당하는 자
   ⓐ「보험업법」제83조제1항제1호에 따른 보험설계사
   ⓑ「우체국 예금·보험에 관한 법률」에 따른 우체국보험의 모집을 전업으로 하는 사람

② 「건설기계관리법」제3조제1항에 따라 등록된 건설기계를 직접 운전하는 사람

③ 한국표준직업분류표의 세세분류에 따른 학습지 방문강사, 교육 교구 방문강사 등 회원의 가정 등을 직접 방문하여 아동이나 학생 등을 가르치는 사람

④ 「체육시설의 설치·이용에 관한 법률」제7조에 따라 직장체육시설로 설치된 골프장 또는 제19조에 따라 체육시설업의 등록을 한 골프장에서 골프경기를 보조하는 골프장 캐디

⑤ 한국표준직업분류표의 세분류에 따른 택배원인 사람으로서 택배사업(소화물을 집화·수송 과정을 거쳐 배송하는 사업을 말함)에서 집화 또는 배송 업무를 하는 사람

⑥ 한국표준직업분류표의 세분류에 따른 택배원인 사람으로서 고용노동부장관이 정하는 기준에 따라 주로 하나의 퀵서비스업자로부터

업무를 의뢰받아 배송 업무를 하는 사람
⑦ 「대부업 등의 등록 및 금융이용자 보호에 관한 법률」 제3조제1항 단서에 따른 대출모집인
⑧ 「여신전문금융업법」 제14조의2제1항제2호에 따른 신용카드회원 모집인
⑨ 주로 하나의 대리운전업자(자동차 이용자의 요청에 따라 목적지까지 유상으로 그 자동차를 운전하는 사업의 사업주를 말함)로부터 업무를 의뢰받아 대리운전 업무를 하는 사람
⑩ 「방문판매 등에 관한 법률」 제2조제2호에 따른 방문판매원 또는 같은 조 제8호에 따른 후원방문판매원으로서 고용노동부장관이 정하는 기준에 따라 상시적으로 방문판매업무를 하는 사람(다만, ③ 및 ⑪ 해당하는 사람은 제외함)
⑪ 한국표준직업분류표의 세세분류에 따른 대여 제품 방문점검원
⑫ 한국표준직업분류표의 세분류에 따른 가전제품 설치 및 수리원으로서 가전제품을 배송, 설치 및 시운전하여 작동상태를 확인하는 사람
⑬ 「화물자동차 운수사업법」 제2조제11호에 따른 화물차주로서 다음 어느 하나에 해당하는 사람
　ⓐ 「자동차관리법」 제3조에 따른 특수자동차로 「화물자동차 운수사업법」 제5조의4제2항에 따른 안전운임이 적용되는 수출입 컨테이너를 운송하는 사람
　ⓑ 「자동차관리법」 제3조에 따른 특수자동차로 「화물자동차 운수사업법」 제5조의4제2항에 따른 안전운임이 적용되는 시멘트를 운송하는 사람
　ⓒ 「자동차관리법」 제2조제1호 본문에 따른 피견인자동차 또는 「자동차관리법」 제3조에 따른 일반형 화물자동차로 「화물자동차 운수사업법 시행령」 제4조의7제1항에 따른 안전운송원가가 적용되는 철강재를 운송하는 사람
　ⓓ 「자동차관리법」 제3조에 따른 일반형 화물자동차 또는 특수용도형 화물자동차로 「물류정책기본법」 제29조제1항에 따른 위험물질을 운송하는 사람

6-2. 특수형태 근로종사자에 대한 「산업재해보상보험법」

- 특수형태 근로종사자의 노무(勞務)를 제공받는 사업은「산업재해보상 보험법」 제6조에도 불구하고 「산업재해보상보험법」의 적용을 받는 사업으로 봅니다.
- 특수형태 근로종사자는 「산업재해보상보험법」 제5조제2호에도 불구하고 「산업재해보상보험법」을 적용할 때에는 그 사업의 근로자로 봅니다(「산업재해보상보험법」 제125조제2항 본문).
- 다만, 특수형태 근로종사자가 「산업재해보상보험법」의 적용 제외를 신청한 경우에는 근로자로 보지 않습니다(「산업재해보상보험법」 제125조제2항 단서).

6-3. 특수형태 근로종사자의 노무 제공 신고 및 적용 제외 신청
6-3-1. 특수형태 근로종사자의 노무 제공 신고 등
- 사업주는 특수형태 근로종사자로부터 최초로 노무를 제공받거나 제공받지 않게 된 경우에는 그 사유가 발생한 날이 속하는 달의 다음 달 15일까지 다음의 사항을 근로복지공단에 신고해야 합니다.
  ① 특수형태 근로종사자의 이름·주민등록번호 및 주소
  ② 특수형태 근로종사자에게 최초로 노무를 제공받은 날 및 특수형태 근로종사자의 업무 내용
  ③ 특수형태 근로종사자에게 노무를 제공받지 않게 된 날 및 그 사유
- 근로복지공단은 특수형태 근로종사자의 노무 제공 신고를 받으면 그 내용을 해당 특수형태 근로종사자에게 알려야 합니다.
- 사업주가 다음 어느 하나에 해당하는 경우에는 해당 서류 및 정보를 교부받거나 입력 또는 제출한 날에 위의 사항을 신고한 것으로 봅니다.
  ① 「관세법」 제222조제1항 및 같은 법 시행령 제231조에 따라 세관장에게 보세운송업자 등록신청 서류를 제출하여 등록증을 교부받은 경우
  ② 「물류정책기본법」 제29조의2제5항에 따라 위험물질운송차량의 소유자 정보 및 운전자 정보 등을 위험물질운송안전관리시스템에 입력한 경우
  ③ 「화학물질관리법」제15조제3항에 따라 환경부장관에게 유해화학물질 운반계획서를 제출한 경우

6-3-2. 특수형태 근로종사자의 적용 제외 신청

- 특수형태 근로종사자가 「산업재해보상보험법」의 적용을 원하지 않는 경우에는 특수형태 근로종사자 산재보험 적용제외 신청서를 작성하여 근로복지공단에 제출해야 합니다. 다만, 사업주가 보험료를 전액 부담하는 특수형태 근로종사자의 경우에는 그러하지 않습니다.
- 특수형태 근로자가 「산업재해보상보험법」의 적용 제외를 신청한 경우에는 신청한 날의 다음 날부터 「산업재해보상보험법」을 적용하지 않습니다. 다만, 처음 「산업재해보상보험법」의 적용을 받은 날부터 70일 이내에 「산업재해보상보험법」의 적용 제외를 신청한 경우에는 처음 「산업재해보상보험법」의 적용을 받은 날로 소급하여 「산업재해보상보험법」을 적용하지 않습니다.
- 「산업재해보상보험법」의 적용을 받지 않는 사람이 다시 「산업재해보상보험법」의 적용을 받기 위해 근로복지공단에 신청하는 경우에는 다음 보험연도부터 「산업재해보상보험법」을 적용합니다. 적용 제외를 신청했던 특수형태 근로종사자가 산재보험의 재적용을 신청하려는 경우에는 특수형태 근로종사자 산재보험 재적용 신청서를 작성하여 근로복지공단에 제출해야 합니다.

6-4. 특수형태 근로종사자의 산재보험료

- 산재보험의 적용을 받는 특수형태 근로종사자와 사업주에 대한 산재보험료 산정의 기초가 되는 임금액은 다음의 기준임금액으로 하고, 산재보험료율은 그 사업이 적용받는 사업의 산재보험료율로 합니다. 산재보험료율은 「2020년도 사업종류별 산재보험료율」(고용노동부 고시 제2019-73호, 2019.12.25. 발령, 2020.1.1. 시행)에서 확인할 수 있습니다.
- 산재보험료는 사업주와 특수형태근로종사자가 각각 2분의 1씩 부담합니다.

6-5. 특수형태 근로종사자의 산업재해보상 보험급여

6-5-1. 산업재해보상 보험급여 산정의 기준이 되는 평균임금

특수형태 근로종사자에 대한 산업재해보상 보험급여의 산정 기준이 되는 <기준임금 및 평균임금> 표에서 정하는 평균임금으로 합니다(「산업재해보상보험법」 제125조제8항).

6-5-2. 특수형태 근로자에 대한 업무상 재해의 인정기준

특수형태 근로종사자에 대한 업무상 재해의 인정기준에 관해서는 다음을 준용합니다.
① 업무수행중의 사고
② 시설물 등의 결함 등에 따른 사고
③ 출퇴근 중의 사고
④ 행사 중의 사고
⑤ 특수한 장소에서의 사고
⑥ 요양 중의 사고
⑦ 제3자의 행위에 따른 사고
⑧ 업무상 질병의 인정기준
⑨ 진폐증에 대한 업무상 질병의 인정기준
⑩ 자해행위에 따른 업무상 재해의 인정기준

6-5-3. 특수형태 근로종사자의 재요양에 따른 휴업급여 등의 지급 기준

특수형태 근로종사자가 재요양 당시 업무상 재해를 입을 당시의 직종에 종사하지 않는 경우에는 재요양 중 휴업급여 및 재요양 중의 상병급여를 지급할 때 평균임금 산정의 대상이 되는 임금이 없는 경우로 보아 휴업급여 및 상병보상연금을 지급합니다.

제3장

사고로 인한 업무상 재해

제1절 사고로 인한 업무상 재해의 인정기준

1. 업무상 재해의 의의

"업무상 재해"란 업무상의 사유에 따른 근로자의 부상·질병·장해 또는 사망을 말합니다.

2. 사고로 인한 업무상 재해의 인정기준

2-1. 업무상 사고로 인한 재해가 발생할 것

근로자가 다음의 어느 하나에 해당하는 업무상 사고로 부상 또는 장해가 발생하거나 사망하면 업무상 재해로 봅니다.

① 근로자가 근로계약에 따른 업무나 그에 따르는 행위를 하던 중 발생한 사고

② 사업주가 제공한 시설물 등을 이용하던 중 그 시설물 등의 결함이나 관리소홀로 발생한 사고

③ 사업주가 주관하거나 사업주의 지시에 따라 참여한 행사나 행사준비 중에 발생한 사고

④ 휴게시간 중 사업주의 지배관리 하에 있다고 볼 수 있는 행위로 발생한 사고

⑤ 그 밖에 업무와 관련하여 발생한 사고

2-2. 업무와 사고로 인한 재해 사이에 상당인과관계가 있을 것

위의 업무상 재해 인정기준에도 불구하고 업무와 업무상 사고로 인한 재해(부상·장해·사망) 사이에 상당인과관계(相當因果關係)가 없는 경우에는 업무상 재해로 보지 않습니다.

① 상당인과관계의 의의

"상당인과관계"란 일반적인 경험과 지식에 비추어 그러한 사고가 있으면 그러한 재해가 발생할 것이라고 인정되는 범위에서 인과관계를 인정해야 한다는 것을 말합니다.

② 인과관계의 입증책임

인과관계의 존재에 대한 입증책임은 보험급여를 받으려는 자(근로자 또는 유족)가 부담합니다(대법원 2005.11.10. 선고 2005두8009 판결).

③ 인과관계의 판단기준

업무와 재해사이의 인과관계의 상당인과관계는 보통평균인이 아니라 해당 근로자의 건강과 신체조건을 기준으로 해서 판단해야 합니다(대법원 2008.1.31. 선고 2006두8204 판결, 대법원 2005.11.10. 선고 2005두8009 판결).

④ 인과관계의 입증 정도

인과관계는 반드시 의학적, 과학적으로 명백하게 입증되어야 하는 것은 아니고, 근로자의 취업 당시의 건강상태, 발병 경위, 질병의 내용, 치료의 경과 등 제반 사정을 고려할 때 업무와 재해 사이에 상당인과관계가 있다고 추단되는 경우에도 인정됩니다(대법원 2007.4.12. 선고 2006두4912 판결).

⑤ 사고로 인한 업무상 재해의 판단 방법

사고의 발생이 시간적·장소적으로 특정될 수 있는 '사고로 인한 업무상 재해'의 경우에는 그 사고가 업무수행 및 그에 수반되는 통상적인 활동과정 중에 일어난 재해인가를 먼저 판단하여 업무수행성이 인정되면 그 재해가 업무가 아닌 다른 이유로 특별히 발생된 경우가 아닌 한 업무기인성을 인정하여 업무상 재해로 인정하는 방법이 주로 사용됩니다. 질병의 발병을 시간적·장소적으로 특정하기도 어려운 '질병으로 인한 업무상 재해'의 경우에는 업무수행성을 판단하는 대신 업무기인성만을 판단하여 그 업무로 인해 재해가 발생한 것이 입증되면 업무상 재해로 인정하는 방법이 주로 사용됩니다.

인과관계 판단의 두 기준	
업무수행성과 업무기인성	업무수행성과 업무기인성의 관계
"업무수행성(業務遂行性)"이란 사용자의 지배 또는 관리 하에 이루어지는 해당 근로자의 업무수행 및 그에 수반되는 통상적인 활동과정에서 재해의 원인이 발생한 것을 의미합니다. "업무기인성(業務基因性)"이란 재해가 업무로 인하여 발생하였다고 인정되는 관계를 말합니다.	1981.12.17. 법률 제3467호로 개정되기 전의 구「산업재해보상보험법」제3조제1항은 "업무상의 재해라 함은 근로자가 업무수행 중 그 업무에 기인하여 발생한 재해를 말한다."라고 규정하고 있었고, 판례도 이에 따라 업무수행성과 업무기인성을 모두 요구하는 것이 주류적 판례였습니다. 그러나 1981.12.17. 「산업재해보상보험법」이 법률 제3467호로 개정되면서 "업무상 재해란 업무상의 사유에 따른 근로자의 부상·질병·장해 또는 사망을 말한다."라고 규정하여 '업무수행'과 '업무기인'이라는 용어를 모두 삭제하였고 이에 따라 업무수행 및 그에 수반되는 통상적인 활동과정 중의 재해가 아니라도(업무수행성이 없더라도) 업무로 인하여 재해가 발생하였다면(업무기인성이 있으면) 업무와 재해 사이에 상당인과관계가 인정되어 업무상 재해로 인정될 수 있게 되었습니다.

2-3. 근로자의 고의·자해행위 또는 범죄행위로 인한 재해가 아닐 것

- 근로자의 고의·자해행위나 범죄행위 또는 그것이 원인이 되어 발생한 재해(부상·장해 또는 사망)는 업무상 재해로 보지 않습니다.
- 다만, 그 부상·장해 또는 사망이 정상적인 인식능력 등이 뚜렷하게 낮아진 상태에서 한 행위로 발생한 경우로서 다음 어느 하나에 해당하는 사유가 있으면 업무상 재해로 봅니다.

  ① 업무상의 사유로 발생한 정신질환으로 치료를 받았거나 받고 있는 사람이 정신적 이상 상태에서 자해행위를 한 경우

  ② 업무상 재해로 요양 중인 사람이 그 업무상 재해로 인한 정신적 이상 상태에서 자해행위를 한 경우

  ③ 그 밖에 업무상의 사유로 인한 정신적 이상 상태에서 자해행위를 하였다는 상당인과관계가 인정되는 경우

Q 근로자가 일을 하다가 자신의 실수로 사고가 발생했습니다. 근로자의 실수가 있는 경우에는 산재보상을 받을 수 없나요?

A 산업재해보상보험은 무과실 책임주의로 근로자의 고의·자해행위나 범죄행위 또는 그것이 원인이 되어 발생한 재해(부상·장해 또는 사망)가 아니라면 근로자의 실수로 인한 경우에도 보상을 받을 수 있습니다.

◇ 업무상 재해의 인정 기준

① 업무상 사고 또는 업무상 질병으로 재해(부상·질병·장해 또는 사망)가 발생하여야 합니다. 업무상 사고 또는 업무상 질병에 해당하는 지 여부에 대해서는 구체적인 사정을 고려하여 판단합니다.

② 업무상 사고 또는 업무상 질병으로 재해가 발생하더라도 업무와 재해 사이에 상당인과관계가 없는 경우에는 업무상 재해로 보지 않습니다.

③ 근로자의 고의·자해행위나 범죄행위 또는 그것이 원인이 되어 발생한 재해(부상·질병·장해 또는 사망)는 업무상 재해로 보지 않습니다. 다만, 그 재해가 정상적인 인식능력 등이 뚜렷하게 낮아진 상태에서 한 행위로 발생한 경우로서 일정한 사유가 있으면 업무상 재해로 봅니다.

④ 근로자의 고의·자해행위나 범죄행위 또는 그것이 원인이 되어 발생한 재해가 아니라면 근로자의 실수가 있는 경우에도 보상을 받을 수 있습니다.

Q 요양보상을 신청한 근로자의 '만성 사구체신염 및 신부전'이 업무상재해에 해당하는지요?

A 요양보상을 신청한 근로자의 '만성 사구체신염 및 신부전'은 과로나 심한 스트레스로 인해 기존 질병이 발병하여 악화된 것이 아니라 근로자의 기존 질병인 신장 기능 이상의 자연스런 진행 경과에 따라 발병한 것이므로, 업무상재해에 해당하지 않습니다.

Q 질병의 주된 발생원인이 업무와 직접적인 관계가 없더라도 업무상의 과로나 스트레스가 질병의 주된 발생원인에 겹쳐서 질병을 유발 또는 악화시킨 경우, 구 「산업재해보상보험법」 제4조제1호의 '업무상 재해'에 해당하는지 여부(적극)와 업무와 질병 사이의 상당인과관계를 인정함에 필요한 증명의 정도 및 그 판단 기준은 무엇인가요?

A 구「산업재해보상보험법」제4조제1호(2007.4.11. 법률 제8373호로 전문 개정되기 전의 것)의 업무상 재해라고 함은 근로자의 업무수행 중 그 업무에 기인하여 발생한 질병을 의미하는 것이므로 업무와 질병 사이에 상당인과관계가 있어야 하고, 이 경우 근로자의 업무와 질병 사이의 인과관계에 관하여는 이를 주장하는 측에서 입증하여야 하지만, 질병의 주된 발생원인이 업무수행과 직접적인 관계가 없더라도 적어도 업무상의 과로나 스트레스가 질병의 주된 발생원인에 겹쳐서 질병을 유발 또는 악화시켰다면 그 사이에 인과관계가 있다고 보아야 할 것이고, 그 인과관계는 반드시 의학적·자연과학적으로 명백히 입증되어야 하는 것은 아니며 제반 사정을 고려할 때 업무와 질병 사이에 상당인과관계가 있다고 추단되는 경우에도 입증이 되었다고 보아야 하고, 또한 평소에 정상적인 근무가 가능한 기초질병이나 기존질병이 직무의 과중 등이 원인이 되어 자연적인 진행속도 이상으로 급격하게 악화된 때에도 그 입증이 된 경우에 포함되는 것이며, 업무와 질병과의 인과관계의 유무는 보통평균인이 아니라 당해 근로자의 건강과 신체조건을 기준으로 판단하여야 합니다.

Q 발암물질로 알려진 석면과 유리규산에 노출된 작업환경에서 장기간 근무하다가 폐암으로 사망한 경우, 업무상 재해에 해당할까요?

A 발암물질로 알려진 석면과 유리규산에 노출된 작업환경에서 8년 이상 근무하다가 폐암으로 사망한 경우, 망인의 사망원인인 폐암에 이르게 된 의학적 경로가 정확하게 밝혀지지 아니하였다고 하더라도 망인은 암 발생과 관련이 있는 유해물질에 장기간 노출된 상태에서 과도한 업무를 계속하느라 면역기능이 약화되어 폐암이 발병하였거나 발생한 폐암이 조기에 발견되어 치료되지 못한 채 자연적인 진행경과 이상으로 급속히 악화된 후에야 발견됨으로써 그 치료에 불구하고 사망에 이르렀다고 인정함이 상당하므로 망인의 사망이 업무상 재해에 해당한다고 볼 수 있습니다.

Q 근로자의 사망이 업무상 재해로 인정되기 위한 요건은 어떻게 되나요?

A 근로자가 어떠한 행위를 하다가 사망한 경우에 그 사망이 업무상 재해로 인정되기 위하여는 그 행위가 당해 근로자의 본래의 업무행위 또는 그 업무의 준비행위 내지는 정리행위, 사회통념상 그에 수반되는 것으로 인정되는 생리적 행위 또는 합리적·필요적 행위이거나, 사업주의 지시나 주최에 의하여 이루어지는 행사 또는 취업규칙, 단체협약 기타 관행에 의하여 개최되는 행사에 참가하는 행위라는 등 그 행위 과정이 사업주의 지배·관리 하에 있다고 볼 수 있는 경우이어야 합니다.

Q 산업재해보상보험에 당연 가입하는 사업주의 근로자가 보험급
여의 지급을 청구하기 위한 요건은 어떻게 되나요?

A 「산업재해보상보험법」 제7조제1항, 제10조의 각 규정에 의하면,
사업의 사업주는 같은 법 제5조 단서, 「산업재해보상보험법 시행
령」 제3조의 사업이 아닌 한 당연히 「산업재해보상보험법」의 보험
가입자가 되어 당해 사업개시일에 보험관계가 성립하는 것으로 규
정하고 있으므로, 위와 같이 당연 가입하는 사업주가 사업을 개시
한 후에 그 사업에 소속한 근로자가 업무상 재해를 입은 때에는
그는 당연히 위 법 소정의 보험급여의 지급을 청구할 수 있다고
할 것이고, 사업주가 보험관계 성립의 신고를 하거나 보험료를 납
부하는 등의 절차를 밟은 후에 발생한 업무상 재해에 한하여 보험
급여의 지급을 청구할 수 있는 것은 아니라고 할 것이며, 이는 사
업주가 그 사업종류별 위험률에 상응한 보험료를 납부하지 아니하
였다 하여 달리 볼 것은 아닙니다.

Q 업무상의 질병에 이환될 경우 그 질병과 업무와의 상당인과관계 입증 책임은 누구에게 있나요?

A • 「산업재해보상보험법」제5조 제1호에 따르면, "업무상의 재해"를 "업무상의 사유에 따른 근로자의 부상·질병·장해 또는 사망"으로 정의해놓고, - "업무상의 재해의 인정기준"에 대하여는 같은법 제37조에 규정하고 있습니다.

• 이와 관련하여 같은법 시행령 제34조 제3항 및 제4항에서는 근로자의 업무상의 질병 또는 업무상 질병으로 인한 사망에 대하여 업무상재해 여부를 결정하는 경우에는 『별표3』의 기준에 따르도록 규정하고 있습니다.

• 즉, 우리나라의 업무상 질병의 법제방식은 위 기준에 열거된 질병에 해당될 경우에는 근로자는 당해 질병의 업무기인성의 입증을 면하게 하고, 열거되지 아니한 질병의 경우에는 업무기인성을 입증한 때에 한하여 업무상 질병을 인정하는 방식을 채택하고 있는 바, - 이 방식은 근로자의 입증부담을 경감시키며 새로운 직업병 발생에도 신속하게 대처하고 그 범위를 넓게 파악할 수 있는 장점이 있습니다.

• 그러나, 근로자의 경우 증거자료의 수집능력 부족, 질병원인 규명의 어려움 등으로 인하여 업무와 상병간의 인과관계를 명백히 입증하기 어려운 점이 있으므로, - 자료를 확보할 수 있는데까지 확보하여 근로복지공단에 요양신청서를 제출하시면, 근로복지공단에서 사실관계 확인, 의학적 소견 조회, 역학조사 등 재해조사를 통하여 업무상 질병에의 해당 여부를 판정하게 됨을 알려드립니다.

제2절 사고로 인한 업무상 재해의 구체적 인정기준

1. 사업장 안에서의 사고

1-1. 업무수행 중의 사고

근로자가 다음의 어느 하나에 해당하는 행위를 하던 중에 발생한 사고로 부상 또는 장해가 발생하거나 사망하면 업무상 재해로 봅니다.

① 근로계약에 따른 업무수행 행위

작업 중 추락사고로 인하여 중상을 입고 사망할 때까지 계속하여 입원 및 통원치료를 받던 근로자가 정확한 사인이 밝혀지지 않은 채 사망하였고 사망진단서상 사인과 관계없는 신체상황으로 전신탈진 및 기아로 인한 심폐기능약화로 추정되었으나 사망 전 위 근로자에 대하여 한 일반혈액검사, 간기능검사, 요검사 결과가 정상라고 진단된 경우, 추락사고로 인한 상해와 사망 간에 상당인과관계가 있다(대법원 1994.6.28. 선고 94누2565 판결).

② 업무수행 과정에서 하는 용변 등 생리적 필요 행위

ⓐ 근로자가 10분간의 휴게시간을 이용하여 회사정문 옆 구내매점에 간식(빵)을 사러 가다가 회사의 사업장시설인 제품하치장에서 회사 소속 트럭기사가 운전하는 트럭에 치여 사망한 경우, 근로자가 10분간의 휴게시간 동안에 근로자를 위한 복리후생시설인 구내매점을 이용하여 간식(빵)을 사먹는 행위는 근로자의 본래의 업무행위에 수반되는 생리적 또는 합리적 행위이다(대법원 2000.4.25. 선고 2000다2023 판결).

ⓑ 구내식당이 없는 사업장에 근무하던 근로자가 사업주의 허락 하에 평소와 같이 점심시간에 사업장 인근의 자택에서 점심식사를 한 후 바로 사업장으로 복귀하던 중 일어난 재해도 업무상 재해에 해당 한다(대법원 2004.12.24. 선고 2004두6549 판결).

③ 업무를 준비하거나 마무리하는 행위, 그 밖에 업무에 따르는 필요적 부수행위

ⓐ 근로자가 작업시간 전 회사의 체력단련실에서 역기에 목이 눌린 상태로 발견되어 병원으로 후송되어 요양하던 중 사망한 경우

위 체력단련실은 회사가 근로자들의 요구로 작업 중 발생할 수 있는 근골격계질환 등의 예방을 위하여 회사 내에 설치한 시설인 점에서 사업주의 지배·관리 하에 있는 복리후생시설이고, 근로자가 담당한 작업은 근골격계 질병을 유발할 수 있는 작업으로서 근로자가 체력단련실에 평소 역기 운동을 한 것은 강한 근력 및 지속적인 육체적 활동을 요구하는 업무특성상 업무의 원만한 수행을 위한 체력유지보강활동 가운데 하나로 필요해서 한 것으로 볼 수 있다면, 업무의 준비행위이거나 사회통념상 그에 수반되는 것으로 인정되는 합리적·필요적 행위로 보는 것이 상당하다(대법원 2009.10.15. 선고 2009두10246 판결).

ⓑ 일용직 근로자가 일시적으로 중지된 공사현장에서 몸을 녹이기 위하여 불을 피우다가 불길이 몸에 옮겨 붙어 화상을 입고 사망한 사안에서 겨울철 토목공사 현장에서 공사준비 및 휴식 등을 위하여 불을 피워 몸을 녹이는 것은 작업을 위한 준비행위 내지는 사회통념상 그에 수반되는 것으로 인정되는 합리적·필요적 행위이다(대법원 2009.5.14. 선고 2009두157 판결).

④ 천재지변·화재 등 사업장 내에 발생한 돌발적인 사고에 따른 긴급 피난·구조행위 등 사회통념상 예견되는 행위

1-2. 시설물 등의 결함 등에 따른 사고

- 사업주가 제공한 시설물, 장비 또는 차량 등(이하 "시설물 등"이라 함)의 결함이나 사업주의 관리 소홀로 발생한 사고로 부상 또는 장해가 발생하거나 사망하면 업무상 재해로 봅니다.
- 사업주가 제공한 시설물 등을 사업주의 구체적인 지시를 위반하여 이용한 행위로 발생한 사고와 그 시설물 등의 관리 또는 이용권이 근로자의 전속적 권한에 속하는 경우에 그 관리 또는 이용 중에 발생한 사고로 부상 또는 장해가 발생하거나 사망하면 업무상 재해로 보지 않습니다.

▣ 업무상 과로 또는 스트레스

【관련판례】
측두엽성 간질을 앓고 있는 근로자가 타워크레인에 올라갔다가 추락하여 사망한 것은 근로자의 업무상 과로 또는 스트레스에 의한 간질증상의 발현과 타워크레인의 관리상의 하자가 경합하여 사고의 원인이 되었다는 이유로 업무상 재해에 해당한다(대법원 1999.1.28. 98두1010. 판결).

▣ 작업시간 외에 사고를 당한 경우

【관련판례】
아파트단지 내의 보도블록은 해당 아파트관리사무소가 관리하는 시설물이라고 할 것이고, 혹한기에 결빙되어 빙판이 되어 있는 보도블록에 모래를 뿌리거나 빙판을 제거하는 작업을 하지 않은 것은 위 시설물의 관리를 소홀히 한 것이라고 할 것이므로, 비록 근로자가 작업시간 외에 사고를 당하였더라도 위 사고로 입은 상해는 업무상 재해에 해당한다(서울고등법원 1996.11.19. 선고 96구24264 판결).

1-3. 휴게시간 중의 사고

휴게시간 중에 사업주의 지배관리 하에 있다고 볼 수 있는 행위로 발생한 사고로 부상 또는 장해가 발생하거나 사망하면 업무상 재해로 봅니다.

▣ 친선 축구경기

【관련판례】
점심시간 중에 사업장 내 축구장에서 노동조합 대의원끼리 친선축구경기를 하다가 부상을 당한 경우 위 축구경기가 자유행동이 허용되는 휴게시간 중 이루어진 것인데다가 노동조합 대의원들끼리 친선경기이어서 회사나 그 지원을 받고 있는 서클이 주최한 공식적인 행사가 아님은 물론 그 참가가 강제된 것도 아닌 점 및 그 축구장 시설에 어떤 하자가 있는 것도 아닌 점에 비추어 위 축구경기가 비록 회사가 관리하는 사업장 내 축구장에서 이루어졌다고 하더라도 회사의 지배·관리 하에 있다고 볼 수 없으므로 위 부상이 업무상 재해에 해당하지 않는다(대법원 1996.8.23. 선고 95누14633 판결).

1-4. 천재지변 또는 돌발적인 사태로 발생한 사고

사회통념상 근로자가 사업장 내에서 할 수 있다고 인정되는 행위를 하던 중 태풍·홍수·지진·눈사태 등의 천재지변이나 돌발적인 사태로 발생한 사고(근로자의 사적 행위, 업무 이탈 등 업무와 관계없는 행위를 하던 중에 사고가 발생한 것이 명백한 경우는 제외함)로 부상 또는 장해가 발생하거나 사망하면 업무상 재해로 봅니다.

2. 사업장 밖에서의 사고

2-1. 사업장 밖에서 업무 수행 중 발생한 사고

2-1-1. 사업주의 지시를 받아 사업장 밖에서 업무를 수행하던 중 발생한 사고

- 근로자가 사업주의 지시를 받아 사업장 밖에서 업무를 수행하던 중에 발생한 사고로 부상 또는 장해가 발생하거나 사망하면 업무상 재해로 봅니다.
- 다만, 다음의 어느 하나에 해당하는 사고로 근로자에게 발생한 부상·장해 또는 사망은 업무상 재해로 보지 않습니다.
  ① 사업주의 구체적인 지시를 위반한 행위
  ② 근로자의 사적(私的) 행위
  ③ 정상적인 출장 경로를 벗어났을 때 발생한 사고

◾ 업무상 사고로 인정한 판례

【관련판례 1】
자동차종합수리 서비스업을 목적으로 하는 사업장의 근로자가 같은 장소에서 같은 사업주가 경영하는 특수화물자동차 운수업을 목적으로 하는 다른 사업장의 견인차를 운행하여 고장 차량을 견인하러 가던 중 교통사고로 사망한 경우, 위 자동차종합수리 서비스업을 목적으로 하는 사업장에서의 업무수행성이 인정된다(대법원 1999.4.9. 선고 99두189 판결).

【관련판례 2】
출장명령의 출장업무의 성질, 출장에 제공된 교통수단의 종류 그 밖의 해당 사업에 있어서의 관행 등에 비추어 시인할 수 있는 때에는 출장업무를 마친 후 출장지로부터 사무실을 들르지 않고 곧바로 귀가하는 경우에도 그 귀가 행위까지 출장과정의 일부로 볼 수 있다(대법원 2004.11.11. 선고 2004두6709 판결).

【관련판례 3】
근로자가 현장견학과 실습을 받기 위해 그 실습현장으로 이동하는 행위는 그 현장견학과 실습이라는 업무를 수행하기 위하여 당연히 수반되는 것이고 그 회사 간부의 인솔 아래 교육대상자 전원이 회사에서 제공한 차량을 이용하였다면 그 회사의 지배·관리 하에 있었다고 볼 것이므로 그 이동 중에 교통사고가 발생하여 근로자가 사망하였다면 위 사고는 소외 회사의 업무수행 중 그 업무에 기인하여 발생한 재해에 해당 합니다(대법원 1993.11.9. 선고 93다23107 판결).

【관련판례 4】
출장 중 과음 후 지정된 숙소에서 자다가 물을 마시거나 용변을 보기 위한 목적으로 일어나 다니던 도중에 숙소의 벽이나 바닥에 머리가 부딪혀 두개골골정상을 입어 사망한 것으로 추단되는 경우 술이 많이 취하였다 하더라도 술을 마신 동기와 그 장소, 마신 시간과 그 양, 같이 마신 일행의 구성 등에 비추어 출장에 당연히 또는 통상 수반되는 범위 내의 행위로 봄이 상당하고 순전히 사적인 행위나 자의적인 행위로 볼 것은 아니고 또한 위 두개골 골절상을 입게 된 다른 원인이 밝혀지지 않는 이상 업무상 재해에 해당한다(대법원 1997.9.26. 선고 97누8892 판결).

【관련판례 5】
노동조합의 간부인 근로자가 회사의 차량운행 승인을 공식적으로 받고 조합장을 동승시킨 채 회사 소속 승용차를 운전하여 2일 후 거행될 동료조합원의 결혼식에 참석하여 단체협약에 정해진 회사의 결혼축의금을 전달하기 위하여 가다가 차량 출동사고로 사망한 경우 차량운행 승인을 받은 것이 단체협약에 의하여 사무출장과 동일하게 취급할 수 있는 경우에 해당한다면, 위 사고가 결혼식 2일 전에 결혼장소로 가는 직근 도로가 아닌 곳에서 발생한 것이라도 업무상 재해에 해당한다(대법원 1991.4.9. 선고 90누10483 판결).

■ 업무상 사고로 인정하지 않은 판례

【관련판례 1】
근로자가 출장 중 업무와 관계없이 여자들을 태우고 놀러 다니기 위하여 승용차를 운전하다가 사고를 당한 것은 업무수행을 벗어난 사적인 행위로서 업무상 재해에 해당하지 않는다(대법원 1992.11.24. 선고 92누11046 판결).

【관련판례 2】
근로자가 출장 중 밤늦게 일을 마치고 부근에 동료들과 함께 자정이 지날 때까지 저녁식사 겸 술을 마신 다음 택시로 이동하여 포장마차에서 술을 더 마시고 밖으로 나와 횡단보도를 건너던 중 동료들보다 약 5m 쳐져서 뒤늦게 횡단을 하다가 교통사고를 당한 경우 저녁식사를 한 것까지는 출장과정에 통상 수반하는 범위 내의 행위라고 볼 수 있다고 하더라도, 그 이후 술을 더 마시기 위하여 택시를 타고 이동한 때로부터 숙소로 복귀하기 이전까지의 행위는 출장에 당연히 또는 통상 수반하는 범위 내의 행위라고 말할 수 없고, 이는 업무수행의 범위를 벗어난 자의적이고 사적인 행위이므로 그 사고를 업무상 재해라 할 수 없다(대법원 1998.5.29. 선고 98두2973 판결).

【관련판례 3】
직장의 상사나 애경사를 담당하는 직원의 요청으로 근무시간 중에 직장 상사의 문상을 갔다 하더라도 이는 사람이 사회생활을 하면서 원만한 인간관계를 유지하고 서로 부조하기 위한 사적·의례적 행위이지, 이를 업무 또는 업무에 준하는 행위라고 할 수 없어 위 문상을 가다가 교통사고로 사망한 경우 업무상 재해라고 할 수 없다(대법원 1993.10.12. 선고 93누14806 판결).

▣ 출장의 종료시점

【관련판례 1】

출장의 종료시점은 그 업무수행성 인정의 근거가 되는 사업주의 지배관리의 범위를 벗어나 근로자의 사적 영역 내에 도달하였는지 여부를 가지고 판단해야 한다 (대법원 2004.11.11. 선고 2004두6709 판결).

【관련판례 2】

근로자가 거래처 접대를 마친 후 사업주의 지시대로 대리운전자에게 위 출장업무에 제공된 차량을 운전하도록 하여 거주 아파트 내 지하주차장 입구에 도착한 후 차량을 넘겨받아 직접 지하주차장에 주차시키기까지 하였다면 그 시점에서 위 출장업무와 관련한 사업주의 지배관리로부터 벗어나 근로자의 사적 영역인 거주지 영역 내에 도달하여 출장이 종료된 것으로 보아야 하고, 그 이후에 주차된 차 안에서 시동을 걸어 놓은 채로 잠을 자는 바람에 머플러 과열로 인한 차량 화재로 사망한 경우 업무상 재해에 해당하지 않는다(대법원 2004.11.11. 선고 2004두6709 판결).

【관련판례 3】

사업주로부터 출장명령을 받고 각자 일정한 지점에 집합하여 사업주측이 제공하는 교통수단을 이용하여 업무수행장소로 이동하게 되어 있는 경우 집합장소에 집합한 후 업무수행장소로 갔다가 다시 집합장소로 돌아올 때까지를 출장 중이라고 할 것이고, 각자가 주거지에서 집합장소로 주거지로 이동하는 동안에는 아직 출장이 개시되지 않았거나 출장이 끝난 것으로 보아야 할 것이며, 이는 수인의 근로자가 함께 출장명령을 받고 일정한 장소에 집합하여 그 중 1인의 승용차로 업무수행장소로 이동하는 경우에도 마찬가지로 보아야 한다(대법원 2002.9.4. 선고 2002두5290 판결).

2-2. 출퇴근 중의 사고

근로자가 출퇴근하던 중에 발생한 다음 중 어느 하나에 해당하는사고로 부상·질병 또는 장해가 발생하거나 사망하면 업무상 재해로 봅니다.

① 사업주가 제공한 교통수단이나 그에 준하는 교통수단을 이용하는 등 사업주의 지배관리하에서 출퇴근하는 중 발생한 사고

② 그 밖에 통상적인 경로와 방법으로 출퇴근하는 중 발생한 사고

- 근로자가 출퇴근하던 중에 발생한 사고가 다음의 요건을 모두 충족하면 법 위 ①에 따른 출퇴근 재해로 봅니다. (i) 사업주가 출퇴근용으로 제공한 교통수단이나 사업주가 제공한 것으로 볼 수 있는 교통수단을 이용하던 중에 사고가 발생하였을 것, (ii) 출퇴근용으로 이용한 교통수단의 관리 또는 이용권이 근로자측의 전속적 권한에 속하지 않을 것

- 위 ②의 경우 출퇴근 경로 일탈 또는 중단이 있는 경우에는 해당 일탈 또는 중단 중의 사고 및 그 후의 이동 중의 사고에 대하여는 출퇴근 재해로 보지 않습니다. 다만, 일탈 또는 중단이 일상생활에 필요한 행위로서 다음과 같은 사유가 있는 경우에는 출퇴근 재해로 봅니다.

  (i) 일상생활에 필요한 용품을 구입하는 행위

  (ii) 「고등교육법」 제2조에 따른 학교 또는 「직업교육훈련 촉진법」 제2조에 따른 직업교육훈련기관에서 직업능력 개발향상에 기여할 수 있는 교육이나 훈련 등을 받는 행위

  (iii) 선거권이나 국민투표권의 행사

  (iv) 근로자가 사실상 보호하고 있는 아동 또는 장애인을 보육기관 또는 교육기관에 데려주거나 해당 기관으로부터 데려오는 행위

  (v) 의료기관 또는 보건소에서 질병의 치료나 예방을 목적으로 진료를 받는 행위

  (vi) 근로자의 돌봄이 필요한 가족 중 의료기관 등에서 요양 중인 가족을 돌보는 행위

  (vii) 위의 행위에 준하는 행위로서 고용노동부장관이 일상생활에 필요한 행위라고 인정하는 행위

- 위 ②의 경우 다음의 어느 하나에 해당하는 직종에 종사하는 사람이

본인의 주거지에 업무에 사용하는 자동차 등의 차고지를 보유하고 있는 경우와 같이 출퇴근 경로와 방법이 일정하지 않은 직종의 경우에는 출퇴근 재해로 보지 않습니다.

(i) 「여객자동차 운수사업법」 제3조제1항제3호에 따른 수요응답형 여객자동차운송사업

(ii) 「여객자동차 운수사업법 시행령」 제3조제2호라목에 따른 개인 택시운송사업

(iii) 「산업재해보상보험법 시행령」 제122조제1항제2호에 해당하는 사람 중 「통계법」 제22조에 따라 통계청장이 고시하는 직업에 관한 표준분류의 세분류에 따른 택배원인 사람으로서 퀵서비스업자[소화물의 집화(集貨)·수송 과정 없이 그 배송만을 업무로 하는 사업의 사업주를 말함. 이하 같음]로부터 업무를 의뢰받아 배송 업무를 하는 사람이거나 퀵서비스업자가 수행하는 배송 업무

▣ 출·퇴근 중의 사고를 업무상 사고로 인정한 경우

【관련판례 1】
사업주로부터 월급 외에 추가로 월 20만원을 지급받기로 하고 동료를 동승
시켜 출·퇴근하던 중 사고가 발생한 경우
(대법원 2008.5.9. 선고 2008두1191 판결).

【관련판례 2】
회사에서 타 용도로 운행하는 차량을 근로자들이 사실상 출근 수단으로 이용
하고 있음에도 회사가 이를 묵인하여 온 경우
(대법원 1999.9.3. 선고 99다24744 판결).

【관련판례 3】
일용직 산불감시원이 자기 소유의 오토바이를 타고 출근하다가 산불감시업무
담당구역과 상당히 떨어진 곳에서 중앙선을 침범하여 교통사고로 사망한 경우
(대법원 2005.9.29. 선고 2005두4458 판결).

【관련판례 4】
택시회사 소속 운전자로서의 근무를 마치고 교대근무자가 운전하던 택시에
타고 자기집으로 퇴근하다가 사고를 당한 경우
(대법원 1992.1.21. 선고 90다카25499 판결).

【관련판례 5】
인력업체가 제공한 차량을 운전하고 건설회사의 공사현장으로 출근하던 중
근로자가 교통사고를 당한 경우
(대법원 2010.4.29. 선고 2010두184 판결).

Q 자신의 승용차를 이용하여 출퇴근 중에 사고를 당한 경우에도 산재보상을 받을 수 있나요? 만약 사업주가 제공한 통근버스를 이용한 경우에는 어떤가요?

A ◇ 출퇴근 중의 사고

근로자가 출퇴근하던 중에 발생한 다음의 요건을 모두 충족하는 사고로 부상 또는 장해가 발생하거나 사망하면 업무상 재해로 봅니다.

① 사업주가 제공한 교통수단이나 그에 준하는 교통수단을 이용하는 등 사업주의 지배관리하에서 출퇴근하는 중 발생한 사고

② 그 밖에 통상적인 경로와 방법으로 출퇴근하는 중 발생한 사고(다만, 다음의 어느 하나에 해당하는 직종에 종사하는 사람이 본인의 주거지에 업무에 사용하는 자동차 등의 차고지를 보유하고 있는 경우와 같이 출퇴근 경로와 방법이 일정하지 않은 직종의 경우에는 이를 적용하지 않음)

㉮ 「여객자동차 운수사업법」 제3조제1항제3호에 따른 수요응답형 여객자동차운송사업

㉯ 「여객자동차 운수사업법 시행령」 제3조제2호라목에 따른 개인택시운송사업

㉰ 「산업재해보상보험법 시행령」 제122조제1항제2호에 해당하는 사람 중 「통계법」 제22조에 따라 통계청장이 고시하는 직업에 관한 표준분류의 세분류에 따른 택배원인 사람으로서 다음 어느 하나에 해당하는 사람이 수행하는 배송 업무

A. 퀵서비스업자[소화물의 집화(集貨)·수송 과정 없이 그 배송만을 업무로 하는 사업의 사업주를 말함. 이하 같음]로부터 업무를 의뢰받아 배송 업무를 하는 사람

B. 퀵서비스업자

Q 사업장 밖에서 업무를 수행하던 중에 사고를 당했습니다. 이때도 업무상 재해로 인정을 받을 수 있는 건가요? 아니면 다른 방법을 통해서 구제를 받아야 하는 건가요?

A 근로자가 사업주의 지시를 받아 사업장 밖에서 업무를 수행하던 중에 발생한 사고로 부상 또는 장해가 발생하거나 사망하면 원칙적으로 업무상 재해로 봅니다. 따라서 산재보상을 받을 수 있습니다.

◇ 사업주의 지시를 받아 사업장 밖에서 업무를 수행하던 중 발생한 사고

① 근로자가 사업주의 지시를 받아 사업장 밖에서 업무를 수행하던 중에 발생한 사고로 부상 또는 장해가 발생하거나 사망하면 업무상 재해로 봅니다.

② 다만, 다음의 어느 하나에 해당하는 사고로 근로자에게 발생한 부상·장해 또는 사망은 업무상 재해로 보지 않습니다.

㉮ 사업주의 구체적인 지시를 위반한 행위

㉯ 근로자의 사적 행위

㉰ 정상적인 출장 경로를 벗어났을 때 발생한 사고

◇ 사업장 밖의 업무수행 장소에서 발생한 사고

업무의 성질상 업무수행 장소가 정해져 있지 않은 근로자가 최초로 업무수행 장소에 도착하여 업무를 시작한 때부터 최후로 업무를 완수한 후 퇴근하기 전까지 업무와 관련한 사고로 부상 또는 장해가 발생하거나 사망하면 업무상 재해로 봅니다.

Q 출·퇴근 중에 발생한 재해를 사업주의 지배·관리 아래에 있는 업무상의 사유로 발생한 것으로 볼 수 있을까요?

A 출·퇴근 중에 발생한 재해와 관련하여, 사업주가 제공한 교통수단을 근로자가 이용하거나 또는 사업주가 이에 준하는 교통수단을 이용하도록 하는 경우를 비롯하여, 외형상으로는 출·퇴근의 방법과 그 경로의 선택이 근로자에게 맡겨진 것으로 보이나 출·퇴근 도중에 업무를 행하였다거나 통상적인 출·퇴근시간 이전 혹은 이후에 업무와 관련한 긴급한 사무처리나 그 밖에 업무의 특성이나 근무지의 특수성 등으로 출·퇴근의 방법 등에 선택의 여지가 없어 실제로는 그것이 근로자에게 유보된 것이라고 볼 수 없고 사회통념상 아주 긴밀한 정도로 업무와 밀접·불가분의 관계에 있다고 판단되는 경우에는, 그러한 출·퇴근 중에 발생한 재해와 업무 사이에는 직접적이고도 밀접한 내적 관련성이 존재하여 그 재해는 사업주의 지배·관리 아래 업무상의 사유로 발생한 것이라고 볼 수 있습니다.

Q 인력업체가 제공한 차량을 운전하고 건설회사의 공사현장으로 출근하던 근로자가 교통사고를 당한 사안에서, 사업주인 건설회사의 객관적 지배·관리 아래 있었다고 볼 여지가 있을까요?

A 인력업체가 제공한 차량을 운전하고 건설회사의 공사현장으로 출근하던 근로자가 교통사고를 당한 사안에서 위 차량은 건설회사가 제공한 교통수단에 준하는 것으로 볼 수 있고, 근로자가 건설회사의 공사현장에 매일 출근한 것이 아니라 공사현장을 바꾸어 가며 근무하였다고 하더라도 사고 당일의 출근과정에 대한 건설회사의 지배·관리를 부정할 사유로 보기 어려우며, 근로자로서도 위 차량을 이용한 출근 외에 다른 합리적인 선택의 기대가능성이 없는 점 등의 사정에 비추어, 사고 당시 출근 방법과 경로의 선택이 사실상 근로자에게 유보되었다고 볼 수 없고 사업주인 건설회사의 객관적 지배·관리 아래 있었다고 볼 수 있는 여지가 충분합니다.

Q 근로자가 사업장을 떠나 출장중인 경우, 업무수행성 및 출장의 종료시점에 관한 판단 기준은 무엇인가요?

A 근로자가 사업장을 떠나 출장중인 경우에는 그 용무의 이행 여부나 방법 등에 있어 포괄적으로 사업주에게 책임을 지고 있다 할 것이어서 특별한 사정이 없는 한 출장과정의 전반에 대하여 사업주의 지배 하에 있다고 볼 수 있으므로 출장에 당연 또는 통상 수반하는 범위 내의 행위에 대하여는 일반적으로 그 업무수행성을 인정할 수 있다 할 것이고, 이때 그 출장명령의 내용, 출장업무의 성질, 출장에 제공된 교통수단의 종류 기타 당해 사업에 있어서의 관행 등에 비추어 시인할 수 있는 때에는 출장업무를 마친 후 출장지로부터 사무실을 들르지 않고 곧바로 귀가하는 경우에도 그 귀가행위까지 출장과정의 일부로 볼 수는 있다 할 것이지만, 그 경우 출장의 종료시점은 그 업무수행성 인정의 근거가 되는 사업주의 지배관리의 범위를 벗어나 근로자의 사적 영역 내에 도달하였는지 여부를 가지고 판단하여야 합니다.

Q 수인의 근로자가 함께 출장명령을 받고 각자 주거지로부터 일정한 장소에 집합하여 그 중 1인의 승용차로 업무수행장소로 이동하는 경우, '출장 중'과 '출퇴근 중'의 범위는 무엇인가요?

A 사업주로부터 출장명령을 받고 각자 일정한 지점에 집합하여 사업주측이 제공하는 교통수단을 이용하여 업무수행장소로 이동하게 되어 있는 경우 집합장소에 집합한 후 업무수행장소로 갔다가 다시 집합장소로 돌아올 때까지를 출장 중이라고 할 것이고, 각자가 주거지에서 집합장소로, 그리고 집합장소에서 주거지로 이동하는 동안에는 아직 출장이 개시되지 않았거나 출장이 끝난 것으로 보아야 할 것이며, 이는 수인의 근로자가 함께 출장명령을 받고 일정한 장소에 집합하여 그 중 1인의 승용차로 업무수행장소로 이동하는 경우에도 마찬가지로 보아야 합니다.

Q 근로자의 사망이 업무상 재해로 인정되기 위한 요건은 무엇인가요?

A 근로자가 어떠한 행위를 하다가 사망한 경우에 그 사망이 업무상 재해로 인정되기 위하여는 그 행위가 당해 근로자의 본래의 업무행위 또는 그 업무의 준비행위 내지는 정리행위, 사회통념상 그에 수반되는 것으로 인정되는 생리적 행위 또는 합리적·필요적 행위이거나, 사업주의 지시나 주최에 의하여 이루어지는 행사 또는 취업규칙, 단체협약 기타 관행에 의하여 개최되는 행사에 참가하는 행위라는 등 그 행위 과정이 사업주의 지배·관리 하에 있다고 볼 수 있는 경우이어야 합니다.

Q 산업재해보상보험에 당연 가입하는 사업주의 근로자가 보험급여의 지급을 청구하기 위한 요건은 무엇인가요?

A 「산업재해보상보험법」 제7조제1항, 제10조의 각 규정에 의하면, 사업의 사업주는 「산업재해보상보험법」 제5조 단서, 「산업재해보상보험법 시행령」 제3조의 사업이 아닌 한 당연히 「산업재해보상보험법」의 보험가입자가 되어 당해 사업개시일에 보험관계가 성립하는 것으로 규정하고 있으므로, 위와 같이 당연 가입하는 사업주가 사업을 개시한 후에 그 사업에 소속한 근로자가 업무상 재해를 입은 때에는 그는 당연히 위 법 소정의 보험급여의 지급을 청구할 수 있다고 할 것이고, 사업주가 보험관계 성립의 신고를 하거나 보험료를 납부하는 등의 절차를 밟은 후에 발생한 업무상 재해에 한하여 보험급여의 지급을 청구할 수 있는 것은 아니라고 할 것이며, 이는 사업주가 그 사업종류별 위험률에 상응한 보험료를 납부하지 아니하였다 하여 달리 볼 것은 아닙니다.

3. 그 밖의 행사중의 사고 등

3-1. 행사중의 사고

운동경기·야유회·등산대회 등 각종 행사(이하 "행사"라 함)에 근로자가 참가하는 것이 사회통념상 노무관리 또는 사업운영상 필요하다고 인정되는 경우로서 다음의 어느 하나에 해당하는 경우에 근로자가 그 행사에 참가(행사 참가를 위한 준비·연습을 포함)하여 발생한 사고로 부상 또는 장해가 발생하거나 사망하면 업무상 재해로 봅니다.

① 사업주가 행사에 참가한 근로자에 대해 행사에 참가한 시간을 근무한 시간으로 인정하는 경우

② 사업주가 그 근로자에게 행사에 참가하도록 지시한 경우

③ 사전에 사업주의 승인을 받아 행사에 참가한 경우

④ 그 밖에 ①부터 ③까지에 준하는 경우로서 사업주가 그 근로자의 행사 참가를 통상적·관례적으로 인정한 경우

▣ 행사 중 사고의 업무상 재해 인정기준

【관련판례】
근로자가 근로계약에 의하여 통상 종사할 의무가 있는 업무로 규정되어 있지 아니한 회사 외의 행사나 모임에 참가하던 중 재해를 당한 경우 이를 업무상 재해로 인정하려면, 우선 그 행사나 모임의 주최자, 목적, 내용, 참가인원과 그 강제성 여부, 운영방법, 비용부담 등의 사정들을 비추어, 사회통념상 그 행사나 모임의 전반적인 과정이 사용자의 지배나 관리를 받는 상태에 있어야 한다(대법원 1992.10.9. 선고 92누11107 판결; 대법원 1995.5.26. 선고 94다60509 판결).

▣ 업무상 재해로 인정되는 행사 중의 사고

【관련판례 1】
회사의 적극적인 지원 하에 매년 정기적으로 실시되는 동호인 모임인 낚시회 행사는 비록 참가인은 많지 않았지만 회사의 업무수행의 연장행위로서 사회통념상 그 전반적인 과정이 사용자의 회사의 관리를 받는 상태 하에 있었다면 그 행사에 참가하여 귀가 도중 교통사고로 사망한 것은 업무상 재해에 해당한다(대법원 1997.8.29. 선고 97누7271 판결).

【관련판례 2】

노동조합업무전임자가 근로계약상 본래 담당할 업무를 면하고 노동조합의 업무를 전임하게 된 것이 단체협약 혹은 사용인 회사의 승낙에 의한 것이라면 이러한 전임자가 담당하는 노동조합업무는 그 업무의 성질상 사용자의 사업과는 무관한 상부 또는 연합관계에 있는 노동단체와 관련된 활동이나 불법적인 노동조합활동 또는 사용자와 대립관계로 되는 쟁의단계에 들어간 이후의 활동이 아닌 이상 회사의 노무관리업무와 밀접한 관련을 가지는 것으로서 사용자가 본래의 업무 대신에 이를 담당하도록 하는 것이어서 그 자체를 바로 회사의 업무로 볼 수 있고, 따라서 그 전임자가 노동조합업무를 수행하거나 이에 수반하는 통상적인 활동을 하는 과정에서 그 업무에 기인하여 발생한 재해는 업무상 재해에 해당한다(대법원 2007.3.29. 선고 2005두11418 판결).

▣ 업무상 재해로 인정되지 않은 행사 중의 사고

【관련판례 1】

노동조합의 전임자인 근로자가 임금협상을 앞두고 노동조합 간부들의 단결과시를 위하여 노동조합이 근무시간 종료 후에 개최한 체육대회에 참가하여 경기 도중 부상을 당하였다면, 사회통념상 그 행사의 전반적인 과정이 사업주의 지배, 관리를 받고 있는 상태에 있다고 볼 수 없어 그와 같은 부상은 업무상 재해에 해당하지 않는다(대법원 1997.3.28. 선고 96누16179 판결).

【관련판례 2】

야유회가 회사의 직원들 중 기숙사에서 숙식하는 사람들만이 자기들의 친목을 도모하고자 스스로 비용을 갹출하여 마련한 행사로서 그 참가자격도 원칙적으로 기숙사 숙식직원으로 한정되어 있을뿐더러 그 참가가 강제된 바 없고 근로자가 자의로 이에 참가하였고 회사가 그 경비를 제공한다든가 인솔자를 보내어 참가자들을 통제한 바가 없다면 회사 소유의 통근버스가 참가자들을 위한 교통수단으로 제공되었다는 사정만으로 위 야유회의 전반적인 과정이 회사의 지배나 관리를 받는 상태에 있었다고 보기 어렵고, 위 야유회 중 재해를 당한 것은 업무상 재해에 해당하지 않는다(대법원 1992.10.9. 선고 92누11107 판결).

3-2. 요양 중의 사고

업무상 부상 또는 질병으로 요양을 하고 있는 근로자에게 다음의 어느 하나에 해당하는 사고로 부상·장해 또는 사망이 발생하면 업무상 재해로 봅니다.

① 요양급여와 관련하여 발생한 의료사고
② 요양 중인 산재보험 의료기관(산재보험 의료기관이 아닌 의료기관에서 응급진료 등을 받는 경우에는 그 의료기관) 내에서 업무상 부상 또는 질병의 요양과 관련하여 발생한 사고
③ 업무상 부상 또는 질병의 치료를 위해 거주지 또는 근무지에서 요양 중인 산재보험 의료기관으로 통원하는 과정에서 발생한 사고

【관련판례 1】
근로자의 사망이 업무상 질병으로 요양 중 자살함으로써 이루어진 경우 당초의 업무상 재해인 질병에 기인하여 심신상실 내지 정신착란의 상태에 빠져 그 상태에서 자살이 이루어진 것인 한 사망과 업무와의 사이에 상당인과관계가 있다고 할 것이며, 근로자가 업무상 질병으로 요양 중 자살한 경우에 있어서는 자살자의 질병 내지 후유증상의 정도, 그 질병의 일반적 증상, 요양기간, 회복가능성 유무, 연령, 신체적 심리적 상황, 자살자를 에워싸고 있는 주위상황, 자살에 이르게 된 경위 등을 종합 고려하여 상당인과관계가 있다고 추단할 수 있으면 그 인과관계를 인정하여야 한다(대법원 1993.12.14. 선고 93누9392 판결).

【관련판례 2】
업무상 재해로 인한 상병을 치료하는 과정에서 발생한 요도협착과 이를 치료하기 위한 수술과정에서 발생한 발기부전증이라는 성기능장애도 업무상 재해에 해당한다(대법원 2003.5.30. 선고 2002두13055 판결).

3-3. 제3자의 행위에 의한 사고

사회통념상 제3자의 가해행위를 유발할 수 있는 성질의 업무로 인정되는 업무를 담당하는 근로자가 제3자의 행위에 의한 사고로 발생한 부상·장해, 사망을 업무상 재해로 봅니다.

▣ 제3자의 행위로 인한 사고의 업무상 재해 인정기준(폭력행위)

【관련판례】

근로자가 타인의 폭력에 의하여 재해를 입은 경우 그것이 직장 안의 인간관계 또는 직무에 내재하거나 통상 수반하는 위험의 현실화로서 업무와 상당인과관계가 있으면 업무상 재해로 인정하되, 가해자와 피해자 사이의 사적인 관계에 기인한 경우 또는 피해자가 직무의 한도를 넘어 상대방을 자극하거나 도발한 경우에는 업무기인성을 인정할 수 없어 업무상 재해로 볼 수 없다(대법원 1995.1.24. 선고 94누8587 판결)

▣ 제3자의 행위로 인한 사고를 업무상 재해로 인정한 경우

【관련판례】

직원들의 사기진작과 친목도모를 목적으로 사업주가 개최한 야유회 도중에 직장상사가 부하직원에게 도박 등 사생활과 관련된 충고를 하고 회사운영문제 등을 거론하는 것은 인사관리 업무와 관련이 있어 업무 범위 내에 속하는 것으로 보일 뿐만 아니라 직장 안의 통상적인 인간관계의 일부를 구성하는 행위라 할 것이므로, 그 과정에서 부하직원의 태도가 불손하다고 생각하고 흥분한 직장상사가 쇠파이프로 망인을 때려 사망에 이르게 한 경우에는 망인이 가해자를 자극하거나 도발하였다는 등의 특별한 사정이 없는 한 망인의 사망은 업무수행 중 발생한 재해라고 할 것이다(대법원 2004.11.19. 선고 2004두9166 판결).

▣ 제3자의 행위로 인한 사고를 업무상 재해로 인정하지 않은 경우

【관련판례】

버스회사 운전기사가 그 회사의 정비과 사무실에서 운행업무를 위하여 정비를 요구하고 정비주임이 정비공에게 정비를 지시하는 과정에서 그 버스기사와 정비공 사이에 시비가 붙어 버스기사가 욕설을 하며 손바닥으로 정비공의 목 부위를 1회 때리자 그 정비공이 이에 격분하여 주먹으로 버스기사의 얼굴을 1회 때려 그 충격으로 뒤로 밀리면서 전화선에 발이 걸려 넘어져 상해를 입은 경우, 버스기사의 위 정비요구는 버스기사의 운전업무에 통상 수반되는 행위라고 할 것이나, 버스기사가 정비요구를 둘러싸고 행한 위와 같은 욕설이나 폭력행사는 사회적 상당성을 넘어 부수적인 의미에서도 버스기사의 업무행위라 볼 수 없고, 단지 버스기사의 자의적인 행위에 불과하여 버스기사가 입은 상해는 위와 같은 자의적인 도발에 의하여 촉발된 정비공의 폭행으로 인한 것을 뿐이므로 업무상 재해에 해당하지 않는다(대법원 1995.1.24. 선고 94누8587 판결).

Q 회사에서 주최한 야유회에 참석하였다가 발생한 사고로 부상을 입었습니다. 일을 하다가 다친 것이 아닌데도 산재보상을 받을 수 있나요?

A ◇ 행사 중의 사고
 ① 운동경기·야유회·등산대회 등 각종 행사에 근로자가 참가하는 것이 사회통념상 노무관리 또는 사업운영상 필요하다고 인정되는 경우로서 근로자가 그 행사에 참가(행사 참가를 위한 준비·연습을 포함)하여 발생한 사고로 부상 또는 장해가 발생하거나 사망하면 업무상 재해로 봅니다.
 ② 행사 중의 사고가 업무상 재해로 인정되는 경우는 구체적으로 다음과 같습니다.
  ㉮ 사업주가 행사에 참가한 근로자에 대해 행사에 참가한 시간을 근무한 시간으로 인정하는 경우
  ㉯ 사업주가 그 근로자에게 행사에 참가하도록 지시한 경우
  ㉰ 사전에 사업주의 승인을 받아 행사에 참가한 경우
  ㉱ 그 밖에 1.부터 3.까지에 준하는 경우로서 사업주가 그 근로자의 행사 참가를 통상적·관례적으로 인정한 경우

Q 회사의 승낙에 의한 노조전임자가 노동조합업무 수행 중 입은 재해가 업무상 재해에 해당하나요?

A 노동조합업무 전임자가 근로계약상 본래 담당할 업무를 면하고 노동조합의 업무를 전임하게 된 것이 단체협약 혹은 사용자인 회사의 승낙에 의한 것이라면, 이러한 전임자가 담당하는 노동조합업무는, 그 업무의 성질상 사용자의 사업과는 무관한 상부 또는 연합관계에 있는 노동단체와 관련된 활동이나 불법적인 노동조합활동 또는 사용자와 대립관계로 되는 쟁의단계에 들어간 이후의 활동 등이 아닌 이상, 회사의 노무관리업무와 밀접한 관련을 가지는 것으로서 사용자가 본래의 업무 대신에 이를 담당하도록 하는 것이어서 그 자체를 바로 회사의 업무로 볼 수 있고, 따라서 그 전임자가 노동조합업무를 수행하거나 이에 수반하는 통상적인 활동을 하는 과정에서 그 업무에 기인하여 발생한 재해는 「산업재해보상보험법」 제4조제1호 소정의 업무상 재해에 해당한다. 그리고 산업별 노동조합은 기업별 노동조합과 마찬가지로 동종 산업에 종사하는 근로자들이 직접 가입하고 원칙적으로 소속 단위사업장인 개별 기업에서 단체교섭 및 단체협약체결권과 조정신청 및 쟁의권 등을 갖는 단일조직의 노동조합이라 할 것이므로, 산업별 노조의 노동조합 업무를 사용자의 사업과 무관한 상부 또는 연합관계에 있는 노동단체와 관련된 활동으로 볼 수는 없습니다.

Q 업무상 재해를 인정하기 위한 업무와 재해 사이의 상당인과관계에 대한 입증의 정도 및 업무상 재해로 인한 상병을 치료하는 과정에서 의료과오나 약제 내지 치료방법의 부작용으로 새로운 상병이 발생한 경우, 「산업재해보상보험법」 제4조제1호 소정의 업무상 재해에 해당할까요?

A 「산업재해보상보험법」 제4조제1호 소정의 업무상 재해를 인정하기 위한 업무와 재해 사이의 상당인과관계는 반드시 의학적·자연과학적으로 명백히 입증되어야 하는 것은 아니고, 제반 사정을 고려할 때 업무와 재해 사이에 상당인과관계가 있다고 추단되는 경우에도 그 입증이 있다고 할 것이므로, 재해발생원인에 관한 직접적인 증거가 없는 경우라도 간접적인 사실관계 등에 의거하여 경험법칙상 가장 합리적인 설명이 가능한 추론에 의하여 업무기인성을 추정할 수 있는 경우에는 업무상 재해라고 보아야 할 것이며, 또한 업무상 재해로 인한 상병을 치료하는 과정에서 의료과오가 개입하거나 약제나 치료방법의 부작용으로 인하여 새로운 상병이 발생하였다고 하더라도 상당인과관계가 인정되는 한, 이 또한 업무상 재해에 해당하는 것으로 보아야 하고, 위와 같은 의료과오나 약제 내지 치료방법의 부작용과 새로운 상병의 발생 사이의 상당인과관계 유무를 따질 때에도 앞서 본 바와 같은 법리가 적용됩니다.

Q 회사 내 동호인 모임인 낚시회 행사에 참가하여 귀가 도중 교통사고로 사망한 것이 업무상 재해에 해당하나요?

A 회사의 적극적인 지원하에 매년 정기적으로 실시되는 동호인 모임인 낚시회 행사는 비록 참가인은 많지 않았지만 회사의 업무수행의 연장행위로서 사회통념상 그 전반적인 과정이 사용자의 회사의 관리를 받는 상태하에 있었으므로 그 행사에 참가하여 귀가 도중 교통사고로 사망한 것이 업무상 재해에 해당합니다.

Q 노동조합 전임자가 노동조합이 근무시간 종료 후 개최한 체육대회에 참가하여 경기 도중 부상을 당한 것이 업무상 재해에 해당할까요?

A 노동조합의 전임자인 근로자가 임금협상을 앞두고 노동조합 간부들의 단결과시를 위하여 노동조합이 근무시간 종료 후에 개최한 체육대회에 참가하여 경기 도중 부상을 당한 사안에서, 사회통념상 그 행사의 전반적인 과정이 사업주의 지배, 관리를 받는 상태에 있다고 볼 수 없어 그와 같은 부상은 노동조합업무의 수행 중 그 업무에 기인하여 입은 것이 아니라고 보아 「산업재해보상보험법」 제4조제1호 소정의 업무상 재해에 해당하지 않습니다.

Q 　근로자가 근로계약에 통상 업무로 규정되어 있지 아니한 회사 외의 행사나 모임에 참가하던 중 당한 재해를 업무상 재해로 인정하기 위한 요건은 무엇인가요

A 　근로자가 근로계약에 의하여 통상 종사할 의무가 있는 업무로 규정되어 있지 아니한 회사 외의 행사나 모임에 참가하던 중 재해를 당한 경우, 이를 업무상 재해로 인정하려면, 우선 그 행사나 모임의 주최자, 목적, 내용, 참가인원과 그 강제성 여부, 운영방법, 비용부담 등의 사정들에 비추어, 사회통념상 그 행사나 모임의 전반적인 과정이 사용자의 지배나 관리를 받는 상태에 있어야 하고, 또한 근로자가 그와 같은 행사나 모임의 순리적인 경로를 일탈하지 아니한 상태에 있어야 합니다.

Q 　사용자가 주재하던 정례회식을 마친 다음 근로자들이 다른 곳에 가서 술을 더 마시기 위하여 사용자 소유의 차량을 함께 타고 가다가 발생한 교통사고로 사망하거나 다친 경우, 업무상 재해 해당할까요?

A 　사용자가 주재하던 정례회식을 마치고서 참석 근로자들에게 귀가를 지시한 후 먼저 귀가한 다음에도 근로자들이 다른 곳에 가서 술을 더 마시기 위하여 사용자 소유의 차량을 함께 타고 가다가 발생한 교통사고로 인하여 근로자들이 사망하거나 다친 경우, 피해 근로자들이 임의로 자기들만의 모임을 계속한 것은 그들의 사적인 행위에 해당하는 것으로서 이를 가리켜 사용자의 지배 관리 하의 행사가 계속된 것이라고 볼 수는 없고, 더욱이 피해 근로자들은 당초 행사의 순리적인 경로를 이탈한 것이므로, 그 업무수행성을 인정할 수 없어 「근로기준법」에 따른 재해보상을 받을 수 있는 업무상의 재해에 해당한다고 볼 수 없습니다.

Q 근로자가 타인의 폭력에 의하여 재해를 입은 경우, 업무상 재해 인정 여부의 판단기준은 무엇인가요?

A 「산업재해보상보험법」상의 업무상의 재해라 함은 업무수행 중 그 업무에 기인하여 발생한 재해를 말하는바, 근로자가 타인의 폭력에 의하여 재해를 입은 경우, 그것이 직장 안의 인간관계 또는 직무에 내재하거나 통상 수반하는 위험의 현실화로서 업무와 상당인과관계가 있으면 업무상 재해로 인정하되, 가해자와 피해자 사이의 사적인 관계에 기인한 경우 또는 피해자가 직무의 한도를 넘어 상대방을 자극하거나 도발한 경우에는 업무기인성을 인정할 수 없어 업무상 재해로 볼 수 없습니다.

Q 업무상 질병으로 요양 중 자살한 경우 사망과 업무 사이의 상당인과관계 유무 및 그 입증방법은 무엇인가요?

A 근로자의 사망이 업무상 질병으로 요양 중 자살함으로써 이루어진 경우 당초의 업무상 재해인 질병에 기인하여 심신상실 내지 정신착란의 상태에 빠져 그 상태에서 자살이 이루어진 것인 한 사망과 업무와의 사이에 상당인과관계가 있다고 할 것이며, 이 경우 근로자의 업무와 위 질병 또는 질병에 따르는 사망간의 인과관계에 관하여는 이를 주장하는 측에서 입증하여야 하지만, 그 인과관계는 반드시 의학적, 자연과학적으로 명백히 입증하여야만 하는 것이 아니고 제반 사정을 고려하여 업무와 질병 또는 사망 사이에 상당인과관계가 있다고 추단되는 경우에도 그 입증이 있다고 보아야 할 것이어서, 근로자가 업무상 질병으로 요양 중 자살한 경우에 있어서는 자살자의 질병 내지 후유증상의 정도, 그 질병의 일반적 증상, 요양기간, 회복가능성 유무, 연령, 신체적 · 심리적 상황, 자살자를 에워싸고 있는 주위상황, 자살에 이르게 된 경위 등을 종합 고려하여 상당인과관계가 있다고 추단할 수 있으면 그 인과관계를 인정하여야 합니다.

Q 사전에 사업주의 승인을 받고 노동조합이 주최한 행사에 참가 하였다가 사고를 당한 경우 업무상의 재해에 해당되나요?

A 「산업재해보상보험법」제37조 제1항 제1호 라목에 따르면, 사업주 가 주관하거나 사업주의 지시에 따라 참여한 행사 중에 발생한 사 고로 부상·질병 또는 장해가 발생하거나 사망하면 업무상의 사고 로 보도록 규정하고 있으며, - 이와 관련하여 같은법 시행령 제 30조에서는 그 행사에 근로자가 참가하는 것이 "사회통념상 노무 관리 또는 사업운영상 필요하다고 인정되는 경우"로서 사업주의 근무시간 인정, 지시, 사전 승인 또는 통상적·관례적 등을 세부 요건으로 규정하고 있습니다. 즉, 행사중의 재해와 관련해서는 대 법원은 다수의 판례에서 "행사나 모임의 주최자, 목적, 내용, 참가 인원과 그 강제성 여부, 운영방법, 비용부담 등의 사정에 비추어, 사회통념상 그 행사나 모임의 전반적인 과정이 사용자의 지배나 관리를 받는 상태에 있어야 할 것"이라는 태도를 유지해오고 있으 며(대법원 1997.3.28. 선고, 96누16179 참조), - 근로복지공단도 대법원 판례를 따르고 있습니다. 따라서 행사중의 사고에 관해서는 객관적인 자료를 토대로 행사의 주체, 목적, 경위, 방법, 내용 등 여러 요소를 종합적으로 고려하여 업무상의 재해 여부를 판단해야 할 것입니다.

제4장

질병으로 인한 업무상 재해

제1절 질병으로 인한 업무상 재해의 인정기준

1. 업무상 재해의 의의

"업무상 재해"란 업무상의 사유에 따른 근로자의 부상·질병·장해 또는 사망을 말합니다.

2. 질병으로 인한 업무상 재해의 인정기준

2-1. 업무상 사유로 인한 질병·장해 또는 사망의 발생

근로자가 다음의 어느 하나에 해당하는 질병이 걸리거나 그 질병으로 장해가 발생하거나 사망하면 업무상 재해로 봅니다.

① 업무수행 과정에서 물리적 인자(因子), 화학물질, 분진, 병원체, 신체에 부담을 주는 업무 등 근로자의 건강에 장해를 일으킬 수 있는 요인을 취급하거나 그에 노출되어 발생한 질병

② 업무상 부상이 원인이 되어 발생한 질병

③ 직장 내 괴롭힘, 고객의 폭언 등으로 인한 업무상 정신적 스트레스가 원인이 되어 발생한 질병

④ 그 밖에 업무와 관련하여 발생한 질병

2-2. 업무와 업무상 사유로 인한 질병·장해·사망 사이에 상당인과 관계가 있을 것

위의 업무상 재해 인정기준에도 불구하고 업무와 질병·장해·사망 사이에 상당인과관계(相當因果關係)가 없는 경우에는 업무상 재해로 보지 않습니다.

① 상당인과관계의 의의

"상당인과관계"란 일반적인 경험과 지식에 비추어 그러한 사고가 있으면 그러한 재해가 발생할 것이라고 인정되는 범위에서 인과관계를 인정해야 한다는 것을 말합니다.

② 인과관계의 입증책임

인과관계의 존재에 대한 입증책임은 보험급여를 받으려는 자(근로자 또는 유족)가 부담합니다(대법원 2005.11.10. 선고 2005두8009 판결).

③ 인과관계의 판단기준

업무와 재해사이의 인과관계의 상당인과관계는 보통평균인이 아니라 해당 근로자의 건강과 신체조건을 기준으로 해서 판단해야 합니다(대법원 2008.1.31. 선고 2006두8204 판결, 대법원 2005.11.10. 선고 2005두8009 판결).

④ 인과관계의 입증 정도

인과관계는 반드시 의학적, 과학적으로 명백하게 입증되어야 하는 것은 아니고, 근로자의 취업 당시의 건강상태, 발병 경위, 질병의 내용, 치료의 경과 등 제반 사정을 고려할 때 업무와 질병 사이에 상당인과관계가 있다고 추단되는 경우에도 인정됩니다(대법원 2007.4.2. 선고 2006두4912 판결).

인과관계 판단의 두 기준

①업무수행성과 업무기인성
- "업무수행성(業務遂行性)"이란 사용자의 지배 또는 관리 하에 이루어지는 해당 근로자의 업무수행 및 그에 수반되는 통상적인 활동과정에서 재해의 원인이 발생한 것을 의미합니다.
- "업무기인성(業務基因性)"이란 재해가 업무로 인하여 발생하였다고 인정되는 관계를 말합니다.

②업무수행성과 업무기인성의 관계
- 1981.12.17. 법률 제3467호로 개정되기 전의 구「산업재해보상보험법」제3조제1항은 "업무상의 재해라 함은 근로자가 업무수행 중 그 업무에 기인하여 발생한 재해를 말한다."라고 규정하고 있었고, 판례도 이에 따라 업무수행성과 업무기인성을 모두 요구하는 것이 주류적 판례였습니다.
- 그러나 1981.12.17.「산업재해보상보험법」이 법률 제3467호로 개정되면서 "업무상 재해란 업무상의 사유에 따른 근로자의 부상·질병·장해 또는 사망을 말한다."라고 규정하여 '업무수행'과 '업무기인'이라는 용어를 모두 삭제하였고 이에 따라 업무수행 및 그에 수반되는 통상적인 활동과정 중의 재해가 아니라도(업무수행성이 없더라도) 업무로 인하여 재해가 발생하였다면(업무기인성이 있으면) 업무와 재해 사이에 상당인과관계가 인정되어 업무상 재해로 인정될 수 있게 되었습니다.

- 즉, 업무수행성은 업무기인성을 추정하는 기능을 하며 업무와 재해와의 상당인과관계는 업무기인성에 의해 판단합니다.
③ 질병으로 인한 업무상 재해의 판단 방법
- 사고의 발생이 시간적·장소적으로 특정될 수 있는 '사고로 인한 업무상 재해'의 경우에는 그 사고가 업무수행 및 그에 수반되는 통상적인 활동과정 중에 일어난 재해인가를 먼저 판단하여 업무수행성이 인정되면, 그 재해가 업무가 아닌 다른 이유로 특별히 발생된 경우가 아닌 한 업무기인성을 인정하여 업무상 재해로 인정하는 방법이 주로 사용됩니다.
- 질병의 발병이 시간적·장소적으로 특정되기 어려운 '질병으로 인한 업무상 재해'의 경우에는 업무수행성을 판단하는 대신 업무기인성만을 판단하여 그 업무로 인해 재해가 발생한 것이 입증되면 업무상 재해로 인정하는 방법이 주로 사용됩니다.
- '질병으로 인한 업무상 재해'의 경우에는 근로자가 업무와 질병에 사이의 인과관계를 입증하기 곤란한 경우가 많기 때문에 규제「산업재해보상보험법 시행령」 제34조에서는 업무상 질병의 인정기준을 두어 근로자의 인과관계 입증곤란 문제를 해결하고 있습니다. 이에 대해서는 『업무상 질병의 인정기준』에서 설명합니다.

2-3. 근로자의 고의·자해행위 또는 범죄행위로 인한 질병·장해·사망이 아닐 것

- 근로자의 고의·자해행위나 범죄행위 또는 그것이 원인이 되어 발생한 질병·장해 또는 사망은 업무상 재해로 보지 않습니다.
- 다만, 그 부상·질병·장해 또는 사망이 정상적인 인식능력 등이 뚜렷하게 낮아진 상태에서 한 행위로 발생한 경우로서 다음 어느 하나에 해당하는 사유가 있으면 업무상 재해로 봅니다.
  ① 업무상의 사유로 발생한 정신질환으로 치료를 받았거나 받고 있는 사람이 정신적 이상 상태에서 자해행위를 한 경우
  ② 업무상 재해로 요양 중인 사람이 그 업무상 재해로 인한 정신적 이상 상태에서 자해행위를 한 경우
  ③ 그 밖에 업무상의 사유로 인한 정신적 이상 상태에서 자해행위를 하였다는 상당인과관계가 인정되는 경우

제2절 업무상 질병의 인정기준

1. 업무상 질병의 인정기준

1-1. 업무상 질병의 종류

1-1-1. 업무상 질병의 종류

업무상 재해로 인정되는 업무상 질병의 종류는 다음과 같습니다.

① 재해성 질병: 업무상 부상이 원인이 되어 발생한 질병

② 직업성 질병: 업무수행 과정에서 물리적 인자, 화학물질, 분진, 병원체, 신체에 부담을 주는 업무 등 근로자의 건강에 장해를 일으킬 수 있는 요인을 취급하거나 그에 노출되어 발생한 질병

③ 직장 내 괴롭힘, 고객의 폭언 등으로 인한 업무상 정신적 스트레스가 원인이 되어 발생한 질병

④ 그 밖에 업무와 관련하여 발생한 질병

1-1-2. 직업성 질병과 재해성 질병의 인과관계

업무상 사유로 직업성 질병과 재해성 질병이 발병한 근로자는 의학적·과학적 지식 부족으로 업무와 질병 사이의 인과관계를 입증하기 곤란한 경우가 많기 때문에「산업재해보상보험법 시행령」제34조에서는 업무상 질병의 인정기준을 두어 「산업재해보상보험법 시행령」제34조에서 정한 요건이 있는 경우에 인과관계가 있는 것으로 보아 업무상 질병으로 인정하여 근로자의 인과관계 입증곤란 문제를 해결하고 있습니다.

1-2. 업무상 질병의 인정기준

1-2-1. 직업성 질병의 인정기준

근로자가 「근로기준법 시행령」 별표 5에 따른 업무상 질병의 범위에 속하는 질병에 걸린 경우(임신 중인 근로자가 유산·사산 또는 조산한 경우를 포함) 다음의 요건 모두에 해당하면 업무상 질병(직업성 질병)으로 봅니다.

① 근로자가 업무수행 과정에서 유해·위험요인을 취급하거나 유해·위험요인에 노출된 경력이 있을 것

② 유해·위험요인을 취급하거나 유해·위험요인에 노출되는 업무시간, 그 업무에 종사한 기간 및 업무 환경 등에 비추어 볼 때 근로자의 질병을 유발할 수 있다고 인정될 것
③ 근로자가 유해·위험요인에 노출되거나 유해·위험요인을 취급한 것이 원인이 되어 그 질병이 발생하였다고 의학적으로 인정될 것

1-2-2. 재해성 질병의 인정기준

업무상 부상을 입은 근로자에게 발생한 질병이 다음의 요건 모두에 해당하면 업무상 질병(재해성 질병)으로 봅니다.
① 업무상 부상과 질병 사이의 인과관계가 의학적으로 인정될 것
② 기초질환 또는 기존 질병이 자연발생적으로 나타난 증상이 아닐 것 : "기초질환"이란 현재의 질병에 선행하여 계속적으로 존재하여 현재의 질병발증(疾病發症)의 기초가 되는 병적 상태를 말하며, "기존 질병"이란 이전에 발증(發症)한 질병이 이미 치유되었다든가 또는 요양을 요하지 않을 정도로 회복한 상태를 말합니다(『노동특수이론 및 업무상 재해관련소송』, 사법연수원, 189면).

1-2-3. 업무상 질병의 구체적 인정기준

업무상 질병에 대한 구체적인 인정기준에 대해서는 「산업재해보상보험법 시행령」 별표 3에서 상세하게 정하고 있으며, 구체적인 질병의 유형은 다음과 같습니다.
① 뇌혈관 질병 또는 심장 질병
② 근골격계 질병
③ 호흡기계 질병
④ 신경정신계 질병
⑤ 림프조혈기계 질병
⑥ 피부 질병
⑦ 눈 또는 귀 질병
⑧ 간 질병
⑨ 감염성 질병
⑩ 직업성 암
⑪ 급성 중독 등 화학적 요인에 의한 질병

⑫ 물리적 요인에 의한 질병
⑬ 그 밖에 근로자의 질병과 업무와의 상당인과관계(相當因果關係)가 인정되는 질병

1-3. 업무상 질병 인정 여부 심의

1-3-1. 업무상 질병 판정위원회의 심의
- 근로복지공단은 업무상 질병의 인정 여부를 심의하기 위해 근로복지공단의 분사무소에 업무상질병판정위원회(이하 "판정위원회"라 함)를 둡니다.
- 근로복지공단은 근로자의 업무상 질병 또는 업무상 질병에 따른 사망의 인정 여부를 판정할 때에는 그 근로자의 성별, 연령, 건강 정도 및 체질 등을 고려해야 합니다.

1-3-2. 판정위원회의 심의 제외 질병
다음의 어느 하나에 해당하는 질병은 판정위원회의 심의에서 제외됩니다.
① 진폐
② 이황화탄소 중독증
③ 유해·위험요인에 일시적으로 다량 노출되어 나타나는 급성 중독 증상 또는 소견 등의 질병
④ 그 밖에 업무와 그 질병 사이에 상당인과관계가 있는지를 명백히 알 수 있는 경우로서 근로복지공단이 정하는 질병

1-3-3. 판정위원회의 심의절차
- 근로복지공단 분사무소의 장은 판정위원회의 심의가 필요한 질병에 대해 보험급여의 신청 또는 청구를 받으면 판정위원회에 업무상 질병으로 인정할지에 대한 심의를 의뢰해야 합니다.
- 판정위원회는 심의를 의뢰받은 날부터 20일 이내에 업무상 질병으로 인정되는지를 심의하여 그 결과를 심의를 의뢰한 근로복지공단 분사무소의 장에게 알려야 합니다.
- 다만, 부득이한 사유로 그 기간 내에 심의를 마칠 수 없으면 10일을 넘지 않는 범위에서 한 차례만 그 기간을 연장할 수 있습니다.

2. 뇌혈관질병 또는 심장질환의 업무상 질병 인정기준

2-1. 뇌혈관 질병 또는 심장 질병의 종류

2-1-1. 출혈성 뇌혈관질환(뇌출혈)

- 출혈성 뇌혈관 질환은 크게 뇌실질내출혈과 뇌지주막하출혈로 나눌 수 있지만, 뇌실질내출혈로 인해 뇌지주막하출혈이 발생할 수도 있는 등 두 질환이 전혀 별개의 것이 아닙니다.

- 따라서 사망한 근로자에 대해 부검 등을 실시하지 않는 한 사망 당시의 정황으로 보아 뇌실질내출혈이나 뇌지주막하출혈 중 어느 하나의 질환으로 사망하였을 것으로 추정하고 이를 사망진단서에 기재하는 경우가 많은데, 이 경우 사인을 '뇌출혈'이라고 나타내기도 합니다.

- 뇌실질내출혈

   ① "뇌실질내출혈"은 뇌속의 동맥이 파열되면서 출혈된 피가 뇌질질 속으로 들어가 뇌조직을 파괴하거나 출혈부위의 정상적인 뇌조직을 압박하여 심하면 사망에 이르게 하는 질병입니다.

   ② 출혈의 기전은 고혈압에 의한 혈관벽의 변화에 의해서 또는 고혈압에 자주 동반되는 미세경색에 의해 혈관주위의 지지조직이 약해져서 혈관벽이 쉽게 파괴되어 출혈을 일으키거나 뇌실질 내의 작은 혈관의 분지에 있는 미세 동맥류가 파괴되어 발생하는 등 80% 이상이 고혈압으로 인한 것이며, 종양, 혈액질환, 아밀로이드혈관병변, 혈관종 등이 실질내출혈의 원인이 됩니다.

- 뇌지주막하출혈

   "뇌지주막하출혈"은 지주막하강, 즉 뇌의 표면의 수막강 내에 원발성으로 혈이 일어나는 것인데, 동맥류의 파열이 가장 흔한 원인이고 그 밖에도 뇌내출혈, 동정맥기형의 파괴, 혈액질환, 혈관염, 뇌막염, 종양, 정맥성 뇌혈관질환, 외상 등에 의해 지주막하출혈이 발생합니다.

2-1-2. 허혈성 뇌혈관 질환(뇌경색)

"뇌경색"이란 본래 뇌에 혈액을 공급하는 동맥계의 일부가 동맥경화나 색전증에 의해 혈관내강이 좁아지거나 폐색됨으로써 그 관류역의 뇌 조직이 괴사에 빠지는 것을 말합니다.

2-1-3. 심장질환

① 심근경색

"심근경색"이란 관상동맥의 폐색에 의해서 넓은 범위에 걸친 심근의 허혈성 괴사가 생긴 경우를 말합니다.

■ 급성심근경색으로 사망한 경우

【관련판례】
만 46세 2월의 중년 여성으로서 고도 고혈압 등의 기존 질환을 가진 근로자가 과중한 업무에 종사하다가 퇴근길에 급성 심근 경색으로 사망한 경우, 망인의 고혈압은 업무와 관련이 없다 하더라도 업무의 과중으로 인한 과로와 감원 등으로 인한 스트레스가 고혈압을 자연적인 진행 속도 이상으로 악화시켜 급성 심근 경색증을 유발하거나 기존 질환인 고혈압에 겹쳐 급성 심근 경색증을 유발하여 심장마비로 사망에 이르게 하였을 것으로 추단된다는 이유로 망인의 사망이 업무상 재해에 해당한다(대법원 2004.9.3. 선고 2003두 12912 판결).

② 해리성 대동맥류
   ⓐ. "해리성대동맥류(解離性大動脈瘤)"란 대동맥 내막이 파열됨으로 인하여 대동맥의 진강으로부터 높은 압력의 혈액이 빠져나와서 중막의 내층과 외층을 급속히 해리시키는 질환으로 대동맥 해리 또는 대동맥 박리(大動脈 剝離)하고도 합니다.
   ⓑ. 동맥에서 발생하는 질병 중 가장 무서운 병이라 할 수 있으며, 동맥경화가 가장 흔한 원인이고 고혈압이 중요한 선행요인(90%)으로 생각되고 있습니다.

2-2. 뇌혈관 질병 또는 심장 질병의 업무상 질병 인정기준

2-2-1. 뇌혈관 질병 또는 심장 질병의 업무상 질병 인정기준

근로자가 다음의 어느 하나에 해당하는 원인으로 뇌실질내출혈, 지주
막하출혈, 뇌경색, 심근경색증, 해리성 대동맥자루(대동맥 혈관벽의 중
막이 내층과 외층으로 찢어져 혹을 형성하는 질병)가 발병된 경우에는
업무상 질병으로 봅니다. 다만, 그 질병이 자연발생적으로 악화되어
발병한 경우에는 업무상 질병으로 보지 않습니다.

① 업무와 관련한 돌발적이고 예측 곤란한 정도의 긴장·흥분·공포·놀람
   등과 급격한 업무 환경의 변화로 뚜렷한 생리적 변화가 생긴 경우
   "업무와 관련한 돌발적이고 예측 곤란한 정도의 긴장·흥분·공포·놀
   람 등과 급격한 업무 환경의 변화로 뚜렷한 생리적 변화가 생긴
   경우"란 증상 발생 전 24시간 이내에 업무와 관련된 돌발적이고
   예측 곤란한 사건의 발생과 급격한 업무 환경의 변화로 뇌혈관
   또는 심장혈관의 병변 등이 그 자연경과를 넘어 급격하고 뚜렷하
   게 악화된 경우를 말합니다

② 업무의 양·시간·강도·책임 및 업무 환경의 변화 등으로 발병 전 단
   기간 동안 업무상 부담이 증가하여 뇌혈관 또는 심장혈관의 정상
   적인 기능에 뚜렷한 영향을 줄 수 있는 육체적·정신적인 과로를 유
   발한 경우
   ⓐ "업무의 양·시간·강도·책임 및 업무 환경의 변화 등으로 발병 전
      단기간 동안 업무상 부담이 증가하여 뇌혈관 또는 심장혈관의
      정상적인 기능에 뚜렷한 영향을 줄 수 있는 육체적·정신적인
      과로를 유발한 경우"란 발병 전 1주일 이내의 업무의 양이나
      시간이 이전 12주(발병 전 1주일 제외)간에 1주 평균보다 30퍼
      센트 이상 증가되거나 업무 강도·책임 및 업무 환경 등이 적응
      하기 어려운 정도로 바뀐 경우를 말합니다.
   ⓑ 해당 근로자의 업무가 "단기간 동안 업무상 부담"에 해당하는지
      여부는 업무의 양·시간·강도·책임, 휴일·휴가 등 휴무시간, 근무
      형태·업무환경의 변화 및 적응기간, 그 밖에 그 근로자의 연령,
      성별, 건강상태 등을 종합하여 판단합니다.

③ 업무의 양·시간·강도·책임 및 업무 환경의 변화 등에 따른 만성적인

과중한 업무로 뇌혈관 또는 심장혈관의 정상적인 기능에 뚜렷한 영향을 줄 수 있는 육체적·정신적인 부담을 유발한 경우

ⓐ "업무의 양·시간·강도·책임 및 업무 환경의 변화 등에 따른 만성적인 과중한 업무로 뇌혈관 또는 심장혈관의 정상적인 기능에 뚜렷한 영향을 줄 수 있는 육체적·정신적인 부담을 유발한 경우"란 발병 전 3개월 이상 연속적으로 과중한 육체적·정신적 부담을 발생시켰다고 인정되는 업무적 요인이 객관적으로 확인되는 상태를 말합니다.

ⓑ 이 경우 해당 근로자의 업무가 "만성적인 과중한 업무"에 해당하는지 여부는 업무의 양·시간·강도·책임, 휴일·휴가 등 휴무시간, 교대제 및 야간근로 등 근무형태, 정신적 긴장의 정도, 수면시간, 작업 환경, 그 밖에 그 근로자의 연령, 성별 등을 종합하여 판단하되, 업무시간과 작업 조건에 따른 업무와 질병과의 관련성을 판단할 때에는 다음 사항을 고려합니다.

가. 발병 전 12주 동안 업무시간이 1주 평균 60시간(발병 전 4주 동안 1주 평균 64시간)을 초과하는 경우에는 업무와 질병과의 관련성이 강하다고 평가함

나. 발병 전 12주 동안 1주 평균 업무시간이 52시간을 초과하는 경우에는 업무시간이 길어질수록 업무와 질병과의 관련성이 증가하는 것으로 평가함. 특히, 다음 각 호의 어느 하나에 해당하는 업무를 수행하는 경우(업무부담 가중요인)에는 업무와 질병과의 관련성이 강하다고 평가함
(i)근무일정 예측이 어려운 업무
(ii)교대제 업무
(iii)휴일이 부족한 업무
(iv)유해한 작업환경 (한랭, 온도변화, 소음)에 노출되는 업무
(v)육체적 강도가 높은 업무
(vi)시차가 큰 출장이 잦은 업무
(vii)정신적 긴장이 큰 업무

ⓒ 오후 10시부터 익일 6시 사이의 야간근무의 경우에는 주간근무의 30%를 가산(휴게시간은 제외)하여 업무시간을 산출합니다.

다만, 「근로기준법」제63조제3호에 따라 감시 또는 단속적으로 근로에 종사하는 사람으로서 사용자가 고용노동부장관의 승인을 받은 경우와 이와 유사한 업무에 해당하는 경우는 제외합니다.

2-2-2. 그 외의 뇌혈관 질병 또는 심장 질병

위에 열거되지 않은 뇌혈관 질병또는 심장 질병의 경우에도 그 질병의 유발 또는 악화가 업무와 상당한 인과관계가 있음이 시간적·의학적으로 명백하면 업무상 질병으로 봅니다.

Q 사업장 또는 자택에서 뇌출혈 등으로 쓰러졌을 때 업무상재해 해에 해당할까요?

A • 근로복지공단에서는 뇌혈관계질환에 관한 요양신청서 또는 유족보상청구서가 제출될 경우에는 자문의사의 소견 뿐만아니라 발병 경위, 작업시간, 작업량, 기초질환, 기존 치료경력, 주치의 소견 등을 종합적으로 검토하여 그 신청상병과 업무 사이에 상당인과관계가 있는 경우에 한하여 업무상의 재해로 인정해주고 있습니다.

• 즉, 뇌혈관계질환의 경우 사업장내에서 발병하였다고 하여 반드시 업무상의 재해로 인정되는 것이 아니며, 반대로 자택에서 발병하였더라도 무조건 업무상의 재해가 인정되지 않는 것이 아님을 알려드립니다.

• 따라서 '뇌출혈'이 업무상의 재해로 인정되기 위해서는 발병전 정신적·육체적인 과로, 급격한 작업환경의 변화 등 상병을 유발할 만한 업무상의 사유가 있었음을 입증할 필요가 있으며, 만일 이를 입증하지 못하거나 고혈압, 고지혈증, 당뇨 등 기초질환의 자연적인 경과로 인하여 발병된 것으로 확인될 경우에는 업무상의 재해로 인정되지 아니함을 알려드립니다.

• 「산업재해보상보험법」제5조 제1호에 따르면, "업무상의 재해"를 "업무상의 사유에 따른 근로자의 부상·질병·장해 또는 사망"으로 정의해 놓고, - "업무상의 재해의 인정기준"에 대하여는 같은법 제37조에서 규정하고 있습니다.

• 이와 관련하여 같은법 시행령 제34조 제3항에서는 근로자의 업무상의 질병 또는 업무상 질병으로 인한 사망에 대하여 업무상재해 여부를 결정하는 경우에는 위「별표3」의 기준 외에 당해 근로자의 성별, 연령, 건강정도 및 체질 등을 고려하도록 규정하고 있습니다.

3. 근골격계질병의 업무상 질병 인정기준

3-1. 근골격계 질병의 의의 및 범위

3-1-1. 근골격계 질병의 의의

"근골격계 질병"이란 특정 신체부위에 부담을 주는 업무로 그 업무와 관련이 있는 근육, 인대, 힘줄, 추간판, 연골, 뼈 또는 이와 관련된 신경 및 혈관에 미세한 손상이 누적되어 통증이나 기능 저하가 초래되는 급성 또는 만성질환을 말합니다.

3-1-2. 근골격계 질병의 범위

근골격계 질병은 팔(上肢), 다리(下肢) 및 허리 부분으로 구분합니다.
① "팔 부분(上肢)"은 목, 어깨, 등, 위팔, 아래팔, 팔꿈치, 손목, 손 및 손가락의 부위를 말하며, 대표적 질환으로는 경추염좌, 경추간판탈출증, 회전근개건염, 팔꿈치의 내(외)상과염, 수부의 건염 및 건초염, 수근관증후군 등이 있습니다.
② "다리 부분(下肢)"은 둔부, 대퇴부, 무릎, 다리, 발목, 발 및 발가락의 부위를 말하며, 대표적 질환으로는 무릎의 반월상 연골손상, 슬개대퇴부 통증증후군, 발바닥의 근막염, 발과 발목의 건염 등이 있습니다.
③ "허리 부분"은 요추 및 주변의 조직을 지칭하며 대표적 질환으로는 요부염좌, 요추간판탈출증 등이 있습니다.

3-2. 근골격계 질병의 업무상 질병 인정기준

3-2-1. 근골격계 질병의 업무상 질병 인정기준

업무에 종사한 기간과 시간, 업무의 양과 강도, 업무수행 자세와 속도, 업무수행 장소의 구조 등이 근골격계에 부담을 주는 업무(이하 "신체부담업무"라 함)로서 다음의 어느 하나에 해당하는 업무에 종사한 경력이 있는 근로자의 팔·다리 또는 허리 부분의 근골격계 질병이 발생하거나 악화된 경우에는 업무상 질병으로 봅니다. 다만, 업무와 관련이 없는 다른 원인으로 발병한 경우에는 업무상 질병으로 보지 않습니다.
① 반복 동작이 많은 업무

② 무리한 힘을 가해야 하는 업무

③ 부적절한 자세를 유지하는 업무

④ 진동 작업

⑤ 그 밖에 특정 신체 부위에 부담이 되는 상태에서 하는 업무

- 신체부담업무로 인하여 기존 질병이 악화되었음이 의학적으로 인정되면 업무상 질병으로 봅니다.

- 신체부담업무로 인해 연령 증가에 따른 자연경과적 변화가 더욱 빠르게 진행된 것이 의학적으로 인정되면 업무상 질병으로 봅니다.

- 신체부담업무의 수행 과정에서 발생한 일시적인 급격한 힘의 작용으로 근골격계질환이 발병하면 업무상 질병으로 봅니다. 신체부담업무를 수행한 작업력이 있는 근로자에게 업무수행 중 발생한 사고로 인해 나타나는 근골격계질환은 업무상 질병의 판단 절차에 따릅니다. 다만, 신체에 가해진 외력의 정도와 그에 따른 신체손상(골절, 인대 손상, 연부조직 손상, 열상, 타박상 등)이 그 근로자의 직업력과 관계없이 사고로 발생한 것으로 의학적으로 인정되는 경우에는 업무상 사고의 판단 절차에 따릅니다.

① 위의 "업무수행 중 발생한 사고"란 업무수행 중에 통상의 동작 또는 다른 동작에 의해 관절 부위에 급격한 힘이 돌발적으로 가해져 발생한 경우를 말합니다.

② 이 경우 "급격한 힘이 돌발적으로 가해져 발생한 경우"를 판단할 때에는 신체부담업무에 따른 신체의 영향과 급격한 힘의 작용에 따른 신체의 영향을 종합적으로 고려하여 업무관련성 여부를 판단합니다.

3-2-2. 업무관련성의 판단

- 신체부담업무의 업무관련성을 판단할 때에는 신체부담정도, 직업력, 간헐적 작업 유무, 비고정작업 유무, 종사기간, 질병의 상태 등을 종합적으로 고려하여 판단합니다.

- 위의 신체부담정도는 재해조사 내용을 토대로 인간공학전문가, 산업위생전문가, 산업의학 전문의 등 관련 전문가의 의견을 들어 평가하되, 필요한 경우 관련 전문가와 함께 재해조사를 하여 판단합니다.

4. 호흡기계, 신경정신계, 림프조혈기계 질병의 업무상 질병 인정기준

4-1. 호흡기계 질병의 인정기준

업무상 질병으로 인정되는 호흡기계 질병은 다음과 같습니다.

① 석면에 노출되어 발생한 석면폐증

② 목재 분진, 곡물 분진, 밀가루, 짐승털의 먼지, 항생물질, 크롬 또는 그 화합물, 톨루엔 디이소시아네이트(Toluene Diisocyanate), 메틸렌 디페닐 디이소시아네이트(Methylene Diphenyl Diisocyanate), 핵산메틸렌 디이소시아네이트(Hexamethylene Diisocyanate) 등 디이소시아네이트, 반응성 염료, 니켈, 코발트, 포름알데히드, 알루미늄, 산무수물(acid anhydride) 등에 노출되어 발생한 천식 또는 작업환경으로 인하여 악화된 천식

③ 디이소시아네이트, 염소, 염화수소, 염산 등에 노출되어 발생한 반응성 기도과민증후군

④ 디이소시아네이트, 에폭시수지, 산무수물 등에 노출되어 발생한 과민성 폐렴

⑤ 목재 분진, 짐승털의 먼지, 항생물질 등에 노출되어 발생한 알레르기성 비염

⑥ 아연·구리 등의 금속분진(fume)에 노출되어 발생한 금속열

⑦ 장기간·고농도의 석탄·암석 분진, 카드뮴분진 등에 노출되어 발생한 만성폐쇄성폐질환

⑧ 망간 또는 그 화합물, 크롬 또는 그 화합물, 카드뮴 또는 그 화합물 등에 노출되어 발생한 폐렴

⑨ 크롬 또는 그 화합물에 2년 이상 노출되어 발생한 코사이벽 궤양·천공

⑩ 불소수지·아크릴수지 등 합성수지의 열분해 생성물 또는 아황산가스 등에 노출되어 발생한 기도점막 염증 등 호흡기 질병

⑪ 톨루엔·크실렌·스티렌·시클로헥산·노말헥산·트리클로로에틸렌 등 유기용제에 노출되어 발생한 비염(그 물질에 노출되는 업무에 종사하지 않게 된 후 3개월이 지나지 않은 경우만 해당)

4-2. 신경정신계 질병의 인정기준

업무상 질병으로 인정되는 신경정신계 질병은 다음과 같습니다.

① 톨루엔·크실렌·스티렌·시클로헥산·노말헥산·트리클로로에틸렌 등 유기용제에 노출되어 발생한 중추신경계장해(외상성 뇌손상, 뇌전증, 알코올중독, 약물중독, 동맥경화증 등 다른 원인으로 발생한 질병은 제외)

② 다음 어느 하나에 해당하는 말초신경병증

ⓐ 톨루엔·크실렌·스티렌·시클로헥산·노말헥산·트리클로로에틸렌 및 메틸 n-부틸 케톤 등 유기용제, 아크릴아미드, 비소 등에 노출되어 발생한 말초신경병증(당뇨병, 알코올중독, 척추손상, 신경포착 등 다른 원인으로 발생한 질병은 제외)

ⓑ 트리클로로에틸렌에 노출되어 발생한 세갈래신경마비(그 물질에 노출되는 업무에 종사하지 않게 된 후 3개월이 지나지 않은 경우만 해당하며, 바이러스 감염, 종양 등 다른 원인으로 발생한 질병은 제외)

ⓒ 카드뮴 또는 그 화합물에 2년 이상 노출되어 발생한 후각신경마비

③ 납 또는 그 화합물(유기납은 제외)에 노출되어 발생한 중추신경계장해, 말초신경병증 또는 폄근마비

④ 수은 또는 그 화합물에 노출되어 발생한 중추신경계장해 또는 말초신경병증(전신마비, 알코올중독 등 다른 원인으로 발생한 질병은 제외)

⑤ 망간 또는 그 화합물에 2개월 이상 노출되어 발생한 파킨슨증, 근육긴장이상(dystonia) 또는 망간정신병(뇌혈관장해, 뇌염 또는 그 후유증, 다발성 경화증, 윌슨병, 척수·소뇌 변성증, 뇌매독으로 인한 말초신경염 등 다른 원인으로 발생한 질병은 제외)

⑥ 업무와 관련하여 정신적 충격을 유발할 수 있는 사건에 의해 발생한 외상후스트레스장애

⑦ 업무와 관련하여 고객 등으로부터 폭력 또는 폭언 등 정신적 충격을 유발할 수 있는 사건 또는 이와 직접 관련된 스트레스로 인하여 발생한 적응장애 또는 우울병 에피소드

4-3. 림프조혈기계 질병의 인정기준

업무상 질병으로 인정되는 림프조혈기계 질병은 다음과 같습니다.

① 벤젠에 노출되어 발생한 다음 어느 하나에 해당하는 질병

　ⓐ 빈혈, 백혈구감소증, 혈소판감소증, 범혈구감소증(소화기 질병, 철결핍성 빈혈 등 영양부족, 만성소모성 질병 등 다른 원인으로 발생한 질병은 제외)

　ⓑ 0.5피피엠(ppm) 이상 농도의 벤젠에 노출된 후 6개월 이상 경과하여 발생한 골수형성이상증후군, 무형성(無形成) 빈혈, 골수증식성질환(골수섬유증, 진성적혈구증다증 등)

② 납 또는 그 화합물(유기납은 제외)에 노출되어 발생한 빈혈(철결핍성 빈혈 등 다른 원인으로 발생한 질병은 제외)

5. 피부, 눈 또는 귀 질병의 업무상 질병 인정기준

5-1. 피부 질병의 인정기준

업무상 질병으로 인정되는 피부 질병은 다음과 같습니다.

① 검댕, 광물유, 옻, 시멘트, 타르, 크롬 또는 그 화합물, 벤젠, 디이소시아네이트, 톨루엔·크실렌·스티렌·시클로헥산·노말헥산 트리클로로에틸렌 등 유기용제, 유리섬유·대마 등 피부에 기계적 자극을 주는 물질, 자극성·알레르겐·광독성·광알레르겐 성분을 포함하는 물질, 자외선 등에 노출되어 발생한 접촉피부염(그 물질 또는 자외선에 노출되는 업무에 종사하지 않게 된 후 3개월이 지나지 않은 경우만 해당)

② 페놀류·하이드로퀴논류 물질, 타르에 노출되어 발생한 백반증

③ 트리클로로에틸렌에 노출되어 발생한 다형홍반(多形紅斑), 스티븐스존슨 증후군(그 물질에 노출되는 업무에 종사하지 않게 된 후 3개월이 지나지 않은 경우만 해당하며 약물, 감염, 후천성면역결핍증, 악성 종양 등 다른 원인으로 발생한 질병은 제외)

④ 염화수소·염산·불화수소·불산 등의 산 또는 염기에 노출되어 발생한 화학적 화상

⑤ 타르에 노출되어 발생한 염소여드름, 국소 모세혈관 확장증 또는 사마귀

⑥ 덥고 뜨거운 장소에서 하는 업무 또는 고열물체를 취급하는 업무로 발생한 땀띠 또는 화상

⑦ 춥고 차가운 장소에서 하는 업무 또는 저온물체를 취급하는 업무로 발생한 동창(凍瘡) 또는 동상

⑧ 햇빛에 노출되는 옥외작업으로 발생한 일광화상, 만성 광선피부염 또는 광선각화증(光線角化症)

⑨ 전리방사선(물질을 통과할 때 이온화를 일으키는 방사선)에 노출되어 발생한 피부궤양 또는 방사선피부염

⑩ 작업 중 피부손상에 따른 세균 감염으로 발생한 연조직염

⑪ 세균·바이러스·곰팡이·기생충 등을 직접 취급하거나, 이에 오염된 물질을 취급하는 업무로 발생한 감염성 피부 질병

5-2. 눈 또는 귀 질병의 인정기준

업무상 질병으로 인정되는 눈 또는 귀 질병은 다음과 같습니다.

① 자외선에 노출되어 발생한 피질 백내장 또는 각막변성

② 적외선에 노출되어 발생한 망막화상 또는 백내장

③ 레이저광선에 노출되어 발생한 망막박리·출혈·천공 등 기계적 손상 또는 망막화상 등 열 손상

④ 마이크로파에 노출되어 발생한 백내장

⑤ 타르에 노출되어 발생한 각막위축증 또는 각막궤양

⑥ 크롬 또는 그 화합물에 노출되어 발생한 결막염 또는 결막궤양

⑦ 톨루엔·크실렌·스티렌·시클로헥산·노말헥산·트리클로로에틸렌 등 유기용제에 노출되어 발생한 각막염 또는 결막염 등 점막자극성 질병(그 물질에 노출되는 업무에 종사하지 않게 된 후 3개월이 지나지 않은 경우만 해당)

⑧ 디이소시아네이트에 노출되어 발생한 각막염 또는 결막염

⑨ 불소수지·아크릴수지 등 합성수지의 열분해 생성물 또는 아황산가스 등에 노출되어 발생한 각막염 또는 결막염 등 점막 자극성 질병

⑩ 85데시벨[dB(A)] 이상의 연속음에 3년 이상 노출되어 한 귀의 청력손실이 40데시벨 이상으로, 다음 요건 모두를 충족하는 감각신경성 난청(내이염, 약물중독, 열성 질병, 메니에르증후군, 매독, 머리 외상, 돌발성 난청, 유전성 난청, 가족성 난청, 노인성 난청 또는 재해성 폭발음 등 다른 원인으로 발생한 난청은 제외)

   ⓐ 고막 또는 중이에 뚜렷한 손상이나 다른 원인에 의한 변화가 없을 것

   ⓑ 순음청력검사결과 기도청력역치(氣導聽力閾値)와 골도청력역치(骨導聽力閾値) 사이에 뚜렷한 차이가 없어야 하며, 청력장해가 저음역보다 고음역에서 클 것

A 24시간 이상 소음작업을 중단한 후 ISO 기준으로 보정된 순음청력계기를 사용하여 청력검사를 하여야 하며, 500헤르츠(Hz)(a)·1,000헤르츠(b)·2,000헤르츠(c) 및 4,000헤르츠(d)의 주파수음에 대한 기도청력역치를 측정하여 6분법[(a+2b+2c+d)/6]으로 판정.

순음청력검사는 의사의 판단에 따라 3~7일 간의 간격으로 3회 이상(음향외상성 난청에 대하여는 요양종결 후 30일 간격으로 3회 이상을 말한다) 실시하여 검사의 유의한 차이가 없는 경우 그 중 최소가청역치를 청력장해로 인정하되, 검사결과가 다음의 요건 모두를 충족하지 않는 경우에는 1개월 후 재검사 실시.

- 기도청력역치와 골도청력역치의 차이가 각 주파수마다 10데시벨 이내일 것
- 상승법·하강법·혼합법 각각의 청력역치의 차이가 각 주파수마다 10데시벨 이내일 것
- 각 주파수마다 하강법의 청력역치가 상승법의 청력역치에 비하여 낮거나 같을 것
- 반복검사 간 청력역치의 최대치와 최소치의 차이가 각 주파수마다 10데시벨 이내일 것
- 순음청력도상 어음역(語音域)(500헤르츠, 1,000헤르츠, 2,000헤르츠)에서의 주파수 간 역치변동이 20데시벨 이내이면 순음청력역치의 3분법 평균치와 어음청취역치의 차이가 10데시벨 이내일 것

6. 간, 감염성 질병의 업무상 질병 인정기준

6-1. 간 질병의 인정기준

업무상 질병으로 인정되는 간 질병은 다음과 같습니다.

① 트리클로로에틸렌, 디메틸포름아미드 등에 노출되어 발생한 독성 간염(그 물질에 노출되는 업무에 종사하지 않게 된 후 3개월이 지나지 않은 경우만 해당하며, 약물, 알코올, 과체중, 당뇨병 등 다른 원인으로 발생하거나 다른 질병이 원인이 되어 발생한 간 질병은 제외)

② 염화비닐에 노출되어 발생한 간경변

③ 업무상 사고나 유해물질로 인한 업무상 질병의 후유증 또는 치료가 원인이 되어 기존의 간 질병이 자연적 경과 속도 이상으로 악화된 것이 의학적으로 인정되는 경우

6-2. 감염성 질병의 인정기준

업무상 질병으로 인정되는 감염성 질병은 다음과 같습니다.

① 보건의료 및 집단수용시설 종사자에게 발생한 다음의 어느 하나에 해당하는 질병

ⓐ B형 간염, C형 간염, 매독, 후천성면역결핍증 등 혈액전파성 질병

ⓑ 결핵, 풍진, 홍역, 인플루엔자 등 공기전파성 질병

ⓒ A형 간염 등 그 밖의 감염성 질병

② 습한 곳에서의 업무로 발생한 렙토스피라증

③ 옥외작업으로 발생한 쯔쯔가무시증 또는 신증후군 출혈열

④ 동물 또는 그 사체, 짐승의 털·가죽, 그 밖의 동물성 물체, 넝마, 고물 등을 취급하여 발생한 탄저, 단독(erysipelas) 또는 브루셀라증

⑤ 말라리아가 유행하는 지역에서 야외활동이 많은 직업 종사자 또는 업무수행자에게 발생한 말라리아

⑥ 오염된 냉각수 등으로 발생한 레지오넬라증

⑦ 실험실 근무자 등 병원체를 직접 취급하거나, 이에 오염된 물질을 취급하는 업무로 발생한 감염성 질병

7. 직업성 암의 업무상 질병 인정기준

7-1. 직업성 암의 업무상 질병 인정기준

업무상 질병으로 인정되는 직업성 암은 다음과 같습니다.

① 석면에 노출되어 발생한 폐암, 후두암으로 다음의 어느 하나에 해당하며 10년 이상 노출되어 발생한 경우

  ⓐ 가슴막반(흉막반) 또는 미반성 가슴막비후와 동반된 경우

  ⓑ 조직검사 결과 석면소제 또는 석면섬유가 충분히 발견된 경우

② 석면폐증과 동반된 폐암, 후두암, 악성중피종

③ 직업적으로 석면에 노출된 후 10년 이상 경과하여 발생한 악성중피종

④ 석면에 10년 이상 노출되어 발생한 난소암

⑤ 니켈 화합물에 노출되어 발생한 폐암 또는 코안·코곁굴[부비동(副鼻洞)]암

⑥ 콜타르찌꺼기(coal tar pitch, 10년 이상 노출된 경우에 해당), 라돈-222 또는 그 붕괴물질(지하 등 환기가 잘 되지 않는 장소에서 노출된 경우에 해당), 카드뮴 또는 그 화합물, 베릴륨 또는 그 화학물, 6가 크롬 또는 그 화합물 및 결정형 유리규산에 노출되어 발생한 폐암

⑦ 검댕에 노출되어 발생한 폐암 또는 피부암

⑧ 콜타르(10년 이상 노출된 경우에 해당), 정제되지 않은 광물유에 노출되어 발생한 피부암

⑨ 비소 또는 그 무기화합물에 노출되어 발생한 폐암, 방광암 또는 피부암

⑩ 스프레이나 이와 유사한 형태의 도장 업무에 종사하여 발생한 폐암 또는 방광암

⑪ 벤지딘, 베타나프틸아민에 노출되어 발생한 방광암

⑫ 목재 분진에 노출되어 발생한 비인두암 또는 코안·코곁굴암

⑬ 0.5피피엠 이상 농도의 벤젠에 노출된 후 6개월 이상 경과하여 발생한 급성·만성 골수성백혈병, 급성·만성 림프구성백혈병

⑭ 0.5피피엠 이상 농도의 벤젠에 노출된 후 10년 이상 경과하여 발생한 다발성골수종, 비호지킨림프종(다만, 노출기간이 10년 미만이라도 누적노출량이 10피피엠·년 이상이거나 과거에 노출되었던 기

록이 불분명하여 현재의 노출농도를 기준으로 10년 이상 누적노출량이 0.5피피엠·년 이상이면 업무상 질병으로 봄)

⑮ 포름알데히드에 노출되어 발생한 백혈병 또는 비인두암

⑯ 1,3-부타디엔에 노출되어 발생한 백혈병

⑰ 산화에틸렌에 노출되어 발생한 림프구성 백혈병

⑱ 염화비닐에 노출되어 발생한 간혈관육종(4년 이상 노출된 경우에 해당) 또는 간세포암

⑲ 보건의료업에 종사하거나 혈액을 취급하는 업무를 수행하는 과정에서 B형 또는 C형 간염바이러스에 노출되어 발생한 간암

⑳ 엑스(X)선 또는 감마(Υ)선 등의 전리방사선에 노출되어 발생한 침샘암, 식도암, 위암, 대장암, 폐암, 뼈암, 피부의 기저세포암, 유방암, 신장암, 방광암, 뇌 및 중추신경계암, 갑상선암, 급성 림프구성 백혈병 및 급성·만성 골수성 백혈병

8. 급성 중독 등 화학적 요인에 의한 질병의 업무상 질병 인정기준

8-1. 급성 중독 등 화학적 요인에 의한 질병의 업무상 질병 인정기준

업무상 질병으로 인정되는 급성 중독 등 화학적 요인에 의한 질병은 다음과 같습니다.

① 급성 중독

ⓐ 일시적으로 다량의 염화비닐·유기주석·메틸브로마이드·일산화탄소에 노출되어 발생한 중추신경계장해 등의 급성 중독 증상 또는 소견

ⓑ 납 또는 그 화합물(유기납은 제외)에 노출되어 발생한 납 창백, 복부 산통, 관절통 등의 급성 중독 증상 또는 소견

ⓒ 일시적으로 다량의 수은 또는 그 화합물(유기수은은 제외)에 노출되어 발생한 한기, 고열, 치조농루, 설사, 단백뇨 등 급성 중독 증상 또는 소견

ⓓ 일시적으로 다량의 크롬 또는 그 화합물에 노출되어 발생한 세뇨관 기능 손상, 급성 세뇨관 괴사, 급성 신부전 등 급성 중독

증상 또는 소견

ⓔ 일시적으로 다량의 벤젠에 노출되어 발생한 두통, 현기증, 구역, 구토, 흉부 압박감, 흥분상태, 경련, 급성 기질성 뇌증후군, 혼수상태 등 급성 중독 증상 또는 소견

ⓕ 일시적으로 다량의 톨루엔·크실렌·스티렌·시클로헥산·노말헥산·트리클로로에틸렌 등 유기용제에 노출되어 발생한 의식장해, 경련, 급성 기질성 뇌증후군, 부정맥 등 급성 중독 증상 또는 소견

ⓖ 이산화질소에 노출되어 발생한 점막자극 증상, 메트헤모글로빈혈증, 청색증, 두근거림, 호흡곤란 등의 급성 중독 증상 또는 소견

ⓗ 황화수소에 노출되어 발생한 의식소실, 무호흡, 폐부종, 후각신경마비 등 급성 중독 증상 또는 소견

ⓘ 시안화수소 또는 그 화합물에 노출되어 발생한 점막자극 증상, 호흡곤란, 두통, 구역, 구토 등 급성 중독 증상 또는 소견

ⓙ 불화수소·불산에 노출되어 발생한 점막자극 증상, 화학적 화상, 청색증, 호흡곤란, 폐수종, 부정맥 등 급성 중독 증상 또는 소견

ⓚ 인 또는 그 화합물에 노출되어 발생한 피부궤양, 점막자극 증상, 경련, 폐부종, 중추신경계장해, 자율신경계장해 등 급성 중독 증상 또는 소견

ⓛ 일시적으로 다량의 카드뮴 또는 그 화합물에 노출되어 발생한 급성 위장관계 질병

② 염화비닐에 노출되어 발생한 말단뼈 용해(acro-osteolysis), 레이노 현상 또는 피부경화증

③ 납 또는 그 화합물(유기납은 제외)에 노출되어 발생한 만성 신부전 또는 혈중 납농도가 혈액 100밀리리터(㎖) 중 40마이크로그램(㎍) 이상 검출되면서 나타나는 납중독의 증상 또는 소견[혈중 납농도가 40마이크로그램 미만으로 나타나는 경우에는 이와 관련된 검사(소변 중 납농도, ZPP, δ-ALA 등을 말함) 결과를 참고]

④ 수은 또는 그 화합물(유기수은은 제외)에 노출되어 발생한 궤양성 구내염, 과다한 타액분비, 잇몸염, 잇몸고름집 등 구강 질병이나 사구체신염 등 신장 손상 또는 수정체 전낭(前囊)의 적회색 침착

⑤ 크롬 또는 그 화합물에 노출되어 발생한 구강점막 질병 또는 치아

뿌리(치근)막염

⑥ 카드뮴 또는 그 화합물에 2년 이상 노출되어 발생한 세뇨관성 신장 질병 또는 뼈연화증

⑦ 톨루엔·크실렌·스티렌·시클로헥산·노말헥산·트리클로로에틸렌 등 유기용제에 노출되어 발생한 급성 세뇨관괴사, 만성 신부전 또는 전신경화증(systemic sclerosis, 트리클로로에틸렌을 제외한 유기용제에 노출된 경우에 해당)(고혈압, 당뇨병 등 다른 원인으로 발생한 질병은 제외)

⑧ 이황화탄소에 노출되어 발생한 다음 어느 하나에 해당하는 증상 또는 소견

  ⓐ 10피피엠 내외의 이황화탄소에 노출되는 업무에 2년 이상 종사한 경우

    i. 망막의 미세혈관류, 다발성 뇌경색증, 신장 조직검사상 모세관 사이에 발생한 사구체경화증 중 어느 하나가 있는 경우(당뇨병, 고혈압, 혈관장해 등 다른 원인으로 인한 질병은 제외)

    ii. 미세혈관류를 제외한 망막병변, 다발성 말초신경병증, 시신경염, 관상동맥성 심장 질병, 중추신경계장해, 정신장해 중 두 가지 이상이 있는 경우(당뇨병, 고혈압, 혈관장해 등 다른 원인으로 인한 질병은 제외)

    iii. 위의 소견 중 어느 하나와 신장장해, 간장장해, 조혈기계장해, 생식기계장해, 감각신경성 난청, 고혈압 중 하나 이상의 증상 또는 소견이 있는 경우

  ⓑ 20피피엠 이상의 이황화탄소에 2주 이상 노출되어 갑작스럽게 발생한 의식장해, 급성 기질성 뇌증후군, 정신분열증, 양극성 장애(조울증) 등 정신장해

  ⓒ 다량 또는 고농도 이황화탄소에 노출되어 나타나는 의식장해 등 급성 중독 소견

9. 물리적 요인에 의한 질병의 업무상 질병 인정기준

업무상 질병으로 인정되는 물리적 요인에 의한 질병은 다음과 같습니다.

① 고기압 또는 저기압에 노출되어 발생한 다음 어느 하나에 해당되는 증상 또는 소견

   ⓐ 폐, 중이(中耳), 부비강(副鼻腔) 또는 치아 등에 발생한 압착증

   ⓑ 물안경, 안전모 등과 같은 잠수기기로 인한 압착증

   ⓒ 질소마취 현상, 중추신경계 산소 독성으로 발생한 건강장해

   ⓓ 피부, 근골격계, 호흡기, 중추신경계 또는 속귀 등에 발생한 감압병(잠수병)

   ⓔ 뇌동맥 또는 관상동맥에 발생한 공기색전증(기포가 동맥이나 정맥을 따라 순환하다가 혈관을 막는 것)

   ⓕ 공기가슴증, 혈액공기가슴증, 가슴세로칸(종격동), 심장막 또는 피하기종

   ⓖ 등이나 복부의 통증 또는 극심한 피로감

② 높은 압력에 노출되는 업무 환경에 2개월 이상 종사하고 있거나 그 업무에 종사하지 않게 된 후 5년 전후에 나타나는 무혈성 뼈괴사의 만성장해(만성 알코올중독, 매독, 당뇨병, 간경변, 간염, 류머티스 관절염, 고지혈증, 혈소판감소증, 통풍, 레이노 현상, 결절성 다발성 동맥염, 알캅톤뇨증(알캅톤을 소변으로 배출시키는 대사장애 질환) 등 다른 원인으로 발생한 질병은 제외)

③ 공기 중 산소농도가 부족한 장소에서 발생한 산소결핍증

④ 진동에 노출되는 부위에 발생하는 레이노 현상, 말초순환장해, 말초신경장해, 운동기능장해

⑤ 전리방사선에 노출되어 발생한 급성 방사선증, 백내장 등 방사선 눈 질병, 방사선 폐렴, 무형성 빈혈 등 조혈기 질병, 뼈 괴사 등

⑥ 덥고 뜨거운 장소에서 하는 업무로 발생한 일사병 또는 열사병

⑦ 춥고 차가운 장소에서 하는 업무로 발생한 저체온증

제3절 진폐에 대한 업무상 질병 인정기준

1. 진폐의 의의

"진폐"란 분진을 흡입하여 폐에 생기는 섬유증식성(纖維增殖性) 질병을 말합니다.

2. 진폐에 대한 업무상 질병 인정기준

- 근로자가 진폐에 걸릴 우려가 있는 작업으로서 암석, 금속이나 유리섬유 등을 취급하는 작업 등 「산업재해보상보험법 시행규칙」으로 정하는 분진작업(이하 '분진작업'이라 함)에 종사하여 진폐에 걸리면 「산업재해보상보험법」제37조제1항제2호가목에 따른 업무상 질병으로 봅니다.
- 여기서 '분진'이란 근로자가 작업하는 장소에서 발생하거나 흩날리는 미세한 분말상태의 물질[황사, 미세먼지(PM-10, PM-2.5)를 포함]을 말합니다.
- 이 경우 업무상 질병의 요건이 되는 분진작업이란 ①「산업안전보건기준에 관한 규칙」 별표 16에서 정하는 다음의 분진작업과 ② 명백히 진폐에 걸릴 우려가 있다고 인정되는 장소에서의 작업을 의미합니다.
① 토석·광물·암석(이하 '암석등'이라 하고, 습기가 있는 상태의 것은 제외함)을 파내는 장소에서의 작업. 다만, 다음의 어느 하나에서 정하는 작업은 제외합니다.
  ⓐ 갱 밖의 암석등을 습식에 의하여 시추하는 장소에서의 작업
  ⓑ 실외의 암석등을 동력 또는 발파에 의하지 않고 파내는 장소에서의 작업
② 암석등을 싣거나 내리는 장소에서의 작업
③ 갱내에서 암석등을 운반, 파쇄·분쇄하거나 체로 거르는 장소(수중작업은 제외함) 또는 이들을 쌓거나 내리는 장소에서의 작업
④ 갱내의 ①부터 ③까지의 규정에 따른 장소와 근접하는 장소에서 분진이 붙어 있거나 쌓여 있는 기계설비 또는 전기설비를 이설(移設)·철거·점검 또는 보수하는 작업

⑤ 암석등을 재단·조각 또는 마무리하는 장소에서의 작업(화염을 이용한 작업은 제외함)

⑥ 연마재의 분사에 의하여 연마하는 장소나 연마재 또는 동력을 사용하여 암석·광물 또는 금속을 연마·주물 또는 재단하는 장소에서의 작업(화염을 이용한 작업은 제외함)

⑦ 갱내가 아닌 장소에서 암석등·탄소원료 또는 알루미늄박을 파쇄·분쇄하거나 체로 거르는 장소에서의 작업

⑧ 시멘트·비산재·분말광석·탄소원료 또는 탄소제품을 건조하는 장소, 쌓거나 내리는 장소, 혼합·살포·포장하는 장소에서의 작업

⑨ 분말 상태의 알루미늄 또는 산화티타늄을 혼합·살포·포장하는 장소에서의 작업

⑩ 분말 상태의 광석 또는 탄소원료를 원료 또는 재료로 사용하는 물질을 제조·가공하는 공정에서 분말 상태의 광석, 탄소원료 또는 그 물질을 함유하는 물질을 혼합·혼입 또는 살포하는 장소에서의 작업

⑪ 유리 또는 법랑을 제조하는 공정에서 원료를 혼합하는 작업이나 원료 또는 혼합물을 용해로에 투입하는 작업(수중에서 원료를 혼합하는 장소에서의 작업은 제외함)

⑫ 도자기, 내화물(耐火物), 형사토 제품 또는 연마재를 제조하는 공정에서 원료를 혼합 또는 성형하거나, 원료 또는 반제품을 건조하거나, 반제품을 차에 싣거나 쌓은 장소에서의 작업이나 가마 내부에서의 작업. 다만, 다음의 어느 하나에 정하는 작업은 제외합니다.

ⓐ 도자기를 제조하는 공정에서 원료를 투입하거나 성형하여 반제품을 완성하거나 제품을 내리고 쌓은 장소에서의 작업

ⓑ 수중에서 원료를 혼합하는 장소에서의 작업

⑬ 탄소제품을 제조하는 공정에서 탄소원료를 혼합하거나 성형하여 반제품을 노(爐)에 넣거나 반제품 또는 제품을 노에서 꺼내거나 제작하는 장소에서의 작업

⑭ 주형을 사용하여 주물을 제조하는 공정에서 주형(鑄型)을 해체 또는 탈사(脫砂)하거나 주물모래를 재생하거나 혼련(混鍊)하거나 주조품 등을 절삭하는 장소에서의 작업

⑮ 암석등을 운반하는 암석전용선의 선창(船艙) 내에서 암석등을 빠뜨

리거나 한군데로 모으는 작업

⑯ 금속 또는 그 밖의 무기물을 제련하거나 녹이는 공정에서 토석 또는 광물을 개방로에 투입·소결(燒結)·탕출(湯出) 또는 주입하는 장소에서의 작업(전기로에서 탕출하는 장소나 금형을 주입하는 장소에서의 작업은 제외함)

⑰ 분말 상태의 광물을 연소하는 공정이나 금속 또는 그 밖의 무기물을 제련하거나 녹이는 공정에서 노(爐)·연도(煙道) 또는 연돌 등에 붙어 있거나 쌓여 있는 광물찌꺼기 또는 재를 긁어내거나 한곳에 모으거나 용기에 넣는 장소에서의 작업

⑱ 내화물을 이용한 가마 또는 노 등을 축조 또는 수리하거나 내화물을 이용한 가마 또는 노 등을 해체하거나 파쇄하는 작업

⑲ 실내·갱내·탱크·선박·관 또는 차량 등의 내부에서 금속을 용접하거나 용단하는 작업

⑳ 금속을 녹여 뿌리는 장소에서의 작업

㉑ 동력을 이용하여 목재를 절단·연마 및 분쇄하는 장소에서의 작업

㉒ 면(綿)을 섞거나 두드리는 장소에서의 작업

㉓ 염료 및 안료를 분쇄하거나 분말 상태의 염료 및 안료를 계량·투입·포장하는 장소에서의 작업

㉔ 곡물을 분쇄하거나 분말 상태의 곡물을 계량·투입·포장하는 장소에서의 작업

㉕ 유리섬유 또는 암면(巖綿)을 재단·분쇄·연마하는 장소에서의 작업

㉖ 「기상법 시행령」 제8조제2항제8호에 따른 황사 경보 발령지역 또는 「대기환경보전법 시행령」 제2조제3항제1호 및 제2호에 따른 미세먼지(PM-10, PM-2.5) 경보 발령지역에서의 옥외 작업

Q 분진작업장에 근무하다 진폐로 인하여 산재장해급여를 수령하였을시 진폐의예방과진폐근로자의보호등에관한법률에 의한 진폐장해위로금 수령이 가능한지 여부

A 진폐위로금은 분진작업장의 근무로 인하여 진폐에 이환되어 산재장해급여를 수령하였다 하여 모두 지급되는 것이 아니라, 석탄광업 등 진폐법 적용광업의 사업장에서 분진작업에 종사한 근로자가 진폐로 인하여 산재장해급여를 수령한 경우에 한 하여 지급되는 위로금 입니다.

Q 진폐증(의증)이 있는 상태인데 진폐요양시설에서 치료를 받을 수 있는지 여부

A
- 현행 진폐제도에 따르면, 진폐증이 있는 사람이 진폐요양병원에서 입원치료를 받기 위해서는 그 상병상태가 '진폐증에 대한 업무상질병의 인정기준'에 해당되어야 하고, - 입원요양에 대하여 근로복지공단으로부터 승인을 받아야 합니다.
- 즉, 진폐증으로 요양을 하기 위해서는 먼저 진폐증의 합병증이 발병하였거나 심폐기능에 고도장해가 있는 경우 또는 병형이 제4형으로서 대음영의 크기가 1측 폐야의 1/2을 넘어 합병증 감염의 예방이나 그 밖의 조치가 필요한 경우이어야 합니다.
- 따라서 진폐증에 대하여 요양을 하고자 할 경우에는 진폐 합병증이나 심폐기능의 고도장해 등으로 응급정밀진단이 필요하다는 의학적 소견을 첨부하여 요양급여(또는 재요양)를 신청하여야 합니다.
- 그러나, 진폐증 의증의 경우 원칙적으로 요양대상자가 될 수 없으며, 예외적으로 폐결핵 환자에 대하여 요양을 허용하고 있습니다.

제2부 보험급여

제1장

요양급여

제1절 요양급여 개관

1. 요양급여의 의의

"요양급여"란 근로자가 3일 이내에 치유될 수 없는 업무상 부상 또는 질병에 걸렸을 경우 근로자가 치유될 때까지 산재보험 의료기관에서 요양을 하도록 하는 산업재해보상 보험급여를 말합니다.

2. 요양급여의 지급 요건 및 범위

2-1. 요양급여의 지급 요건

- 요양급여는 근로자가 업무상의 사유로 부상을 당하거나 질병에 걸린 경우에 그 근로자에게 지급합니다.
- 다만, 부상 또는 질병이 3일 이내의 요양으로 치유될 수 있으면 요양급여를 지급하지 않습니다.

2-2. 요양급여의 범위

산재근로자에게는 진찰 및 검사, 약제 또는 진료재료와 의지(義肢) 그 밖의 보조기의 지급, 처치, 수술, 그 밖의 치료, 재활치료, 입원, 간호 및 간병, 이송 등이 요양급여로 지급됩니다.

3. 요양급여의 지급 방법

3-1. 원칙적으로 산재보험 의료기관에서의 요양

- 근로복지공단은 근로자가 업무상의 사유로 부상을 당하거나 질병에 걸린 경우 원칙적으로 그 근로자를 산재보험 의료기관에서 요양을 하게 합니다.
- 산재보험 의료기관이란 ① 근로복지공단에 두는 의료기관, ②「의료법」제3조의4에 따른 상급종합병원, ③「의료법」제3조에 따른 의료기관과「지역보건법」제10조에 따른 보건소(「지역보건법」제12조에 따른 보건의료원 포함) 중 근로복지공단이 지정한 의료기관 또는 보건소를 말합니다.

3-2. 예외적으로 요양비 지급

근로복지공단은 부득이한 사유가 있는 경우 근로자를 산재보험 의료기관에서 요양하게 하는 대신 근로자에게 직접 요양비를 지급할 수 있습니다.

4. 요양기간의 연장 등

4-1. 요양기간의 연장

산재보험 의료기관은 요양급여를 받고 있는 근로자의 요양기간을 연장할 필요가 있는 경우에는 그 근로자의 부상·질병 경과, 치료예정기간 및 치료방법 등을 적은 진료계획을 근로복지공단에 제출해야 합니다.

4-2. 전원요양

요양 중인 근로자는 다음의 어느 하나에 해당하는 사유가 있으면 근로복지공단에 전원(轉院)요양을 신청할 수 있습니다.

① 요양 중인 산재보험 의료기관의 인력·시설 등이 그 근로자의 전문적인 치료 또는 재활치료에 맞지 않아 다른 산재보험 의료기관으로 옮길 필요가 있는 경우

② 생활근거지에서 요양하기 위해 다른 산재보험 의료기관으로 옮길 필요가 있는 경우

③ 상급종합병원에서 전문적인 치료 후 다른 산재보험 의료기관으로 옮길 필요가 있는 경우

4-3. 추가상병요양

업무상 재해로 요양 중인 근로자는 다음의 어느 하나에 해당하는 경우에는 그 부상 또는 질병(추가상병)에 대한 요양급여를 신청할 수 있습니다.

① 그 업무상 재해로 이미 발생한 부상이나 질병이 추가로 발견되어 요양이 필요한 경우

② 그 업무상 재해로 발생한 부상이나 질병이 원인이 되어 새로운 질병이 발생하여 요양이 필요한 경우

4-4. 재요양

요양급여를 받은 사람이 치유 후 요양의 대상이 되었던 업무상 부상 또는 질병이 재발하거나 치유 당시보다 상태가 악화되어 이를 치유하기 위한 적극적인 치료가 필요하다는 의학적 소견이 있으면 재요양을 받을 수 있습니다.

제2절 요양급여(산재보험 의료기관에서의 요양)

1. 요양급여의 지급 요건 및 범위

1-1. 요양급여의 지급 요건

- 요양급여는 근로자가 업무상의 사유로 부상을 당하거나 질병에 걸린 경우에 그 근로자에게 지급합니다.
- 부상 또는 질병이 3일 이내의 요양으로 치유될 수 있으면 요양급여는 지급되지 않습니다.

1-2. 요양급여의 범위 및 산정기준

1-2-1. 요양급여의 범위

요양급여의 범위는 다음과 같습니다.
① 진찰 및 검사
② 약제 또는 진료재료와 의지(義肢), 그 밖의 보조기의 지급
③ 처치, 수술, 그 밖의 치료
④ 재활치료
⑤ 입원
⑥ 간호 및 간병
⑦ 이송
⑧ 그 밖에 「산업재해보상보험법 시행규칙」에서 정하는 사항

1-2-2. 요양급여 산정 기준

- 요양급여의 범위나 비용 등 요양급여의 산정 기준은 "건강보험 요양급여기준"에 따릅니다.
- 다만, 요양급여의 범위나 비용 중 "건강보험 요양급여기준"에서 정한 사항이 근로자 보호를 위해 적당하지 않다고 인정되거나 "건강보험 요양급여기준"에서 정한 사항이 없는 경우 등에는 「산업재해보상보험 요양급여 산정기준」(고용노동부 고시 제2019-80호, 2019.12.27. 발령 2020.1.1. 시행)에서 정하는 기준에 따릅니다.

1-3. 산업재해보상보험에서 추가로 인정되는 요양급여

"건강보험 요양급여기준"에 따라 국민건강보험에서 요양급여로 인정하지 않은 사항 중 산업재해보상보험에서 추가로 인정하는 요양급여의 범위는 다음과 같습니다(「산업재해보상보험 요양급여 산정기준」 제10조제1항 본문 및 별표).

① 치과보철
② 재활보조기구
③ 보험급여청구서 확인 및 진단서 발급수수료
④ 화상환자에게 인정하는 약제 및 치료재료
⑤ 재활보조기구 처방 및 검수료
⑥ 이송료
⑦ 치료보조기구
⑧ 한방 첩약 및 탕전료
⑨ 전신해부에 따른 비용
⑩ 재활치료료
⑪ 냉각부하검사료
⑫ 처치료
⑬ 예방접종비용

1-4. 요양급여 비지급 대상

다음의 어느 하나에 해당하는 경우에는 요양급여가 지급되지 않습니다.

① 업무상 부상 또는 질병의 치료목적이 아닌 진료 또는 투약
② 「산업재해보상보험 요양급여 산정기준」 제2조제1항 및 제2항에서 정하지 않은 요양급여
③ 상급병실 사용료 차액. 다만, 다음의 어느 하나에 해당하는 상급병실 사용료 차액은 요양급여의 범위에서 제외되지 않습니다.
　　ⓐ 종합병원 이상에서 요양하는 경우로서 상병상태가 응급진료, 수술 등으로 입원요양이 필요하나 일반병실이 없어 부득이하게 특실을 제외한 상급병실을 사용하는 경우에 7일의 범위에서 인정

(다만, 상급병실 사용 중 그 차급 또는 일반병실이 있음에도 병실을 옮기지 않은 경우에는 인정하지 않음)

ⓑ 증상이 위중하여 절대 안정을 필요로 하고, 의사 또는 간호사가 상시 감시하며, 수시로 적절한 조치를 강구할 필요가 있다고 인정되나, 중환자실·격리실 등 집중치료실이 없거나 여유 병상이 없어 불가피하게 상급병실을 사용한 경우

2. 요양급여의 신청 및 지급

2-1. 요양급여의 신청 등

2-1-1. 요양급여의 신청

- 요양급여(산재보험 의료기관에서의 요양)를 받으려는 사람은 요양급여신청서에 요양급여신청소견서를 첨부하여 근로복지공단에 요양급여의 신청을 해야 합니다.
- 이 경우 신청 대상이 되는 상병이 뇌혈관·심장질병이면 업무상질병 전문소견서(뇌심혈관계질병), 허리부위 및 어깨부위 근골격계질병이면 업무상질병 전문소견서(근골격계질병)를 첨부하게 할 수 있습니다(「요양업무처리규정」 제7조제1항 단서, 별지 제3호의2 서식 및 제3호의3 서식)

2-1-2. 산재보험 의료기관의 요양급여 신청 대행

- 근로자를 진료한 산재보험 의료기관은 그 근로자의 재해가 업무상 재해로 판단되면 그 근로자의 동의를 받아 요양급여의 신청을 대행할 수 있습니다.
- 산재보험 의료기관이 근로자의 요양급여(진폐에 따른 요양급여는 제외) 신청을 대행하는 경우에는 해당 근로자가 요양급여의 신청 대행에 동의하였음을 확인할 수 있는 서류를 첨부해야 합니다.
- 산재보험 의료기관이 요양급여신청서에 요양급여 신청 대행에 대한 근로자의 서명이나 날인을 받으면 근로자가 요양급여의 신청 대행에 동의하였음을 확인할 수 있는 서류를 별도로 제출하지 않아도 됩니다.

2-1-3. 보험가입자에 대한 요양급여 신청 사실의 통지

- 요양급여 신청을 받은 공단은 그 사실을 해당 근로자가 소속된 보험
가입자에게 알려야 합니다. 이 경우 보험가입자는 통지를 받은 날부
터 10일 이내에 공단에 그 요양급여 신청에 대한 의견을 제출할 수
있습니다.
- 공단은 위에 따라 제출된 보험가입자의 의견이 요양급여의 신청 내
용과 다를 때에는 그 내용을 신청인(산재보험 의료기관이 요양급여
의 신청을 대행한 경우에는 산재보험 의료기관을 포함)에게 알려야
합니다.

2-1-4. 요양급여 청구권의 소멸시효

① 소멸시효 기간

요양급여 청구권은 요양을 받은 날의 다음날부터 3년간 행사하지 않
으면 시효로 소멸합니다.

② 소멸시효 중단

 ⓐ 요양급여 청구권의 소멸시효는 요양급여 수급권자의 요양급여
  신청(요양비 청구 포함)으로 중단됩니다.

 ⓑ 따라서 요양급여 신청이 있는 경우 요양급여를 신청한 날부터
  역산하여 3년을 넘는 부분에 대한 요양급여 청구권은 소멸시효
  가 완성되나, 3년 이내의 부분 및 장래 발생할 부분에 대한 요
  양급여 청구권은 요양급여 신청으로 인해 시효 진행이 중단됩니
  다.

 ⓒ 요양급여 청구권의 소멸시효를 중단시킨 요양급여 신청이 업무
  상 재해 여부의 판단이 필요한 최초의 청구인 경우에는 그 요양
  급여 청구로 인한 시효중단의 효력은 다른 보험급여에도 미칩니
  다.

2-2. 요양급여 지급 결정

2-2-1. 요양급여 지급 결정 기간

근로복지공단이 요양급여의 신청을 받으면 그 신청을 받은 날부터 7

일 이내에 요양급여를 지급할지를 결정하여 신청인(산재보험 의료기관이 요양급여의 신청을 대행한 경우에는 산재보험 의료기관을 포함함) 및 보험가입자(사업주)에게 알려야 합니다.

위에 따른 처리기간 7일에는 다음의 어느 하나에 해당하는 기간은 산입하지 않습니다.

① 업무상질병판정위원회의 심의에 걸리는 기간
② 사업장 및 산재보험 의료기관에 대한 조사에 걸리는 기간
③ 보험급여를 받은 자 또는 받으려는 자가 근로복지공단의 진찰요구에 따라 산재보험 의료기관에서 진찰을 받는데 걸리는 기간
④ 요양급여 신청과 관련된 서류의 보완에 걸리는 기간
⑤ 근로복지공단이 보험가입자(사업주)에게 근로자의 요양급여 신청을 통지하는데 걸리는 시간 및 근로복지공단의 통지를 받은 보험가입자(사업주)가 근로자의 요양급여 신청에 대해 근로복지공단에 의견 제출에 걸리는 기간
⑥ 업무상 재해의 인정 여부를 판단하기 위한 역학조사나 그 밖에 필요한 조사에 걸리는 기간

2-2-2. 요양급여 결정에 관한 자문

근로복지공단은 요양급여에 관한 결정을 할 때 필요하면 자문의사에게 자문하거나 자문의사회의의 심의를 거칠 수 있습니다.

① "자문의사"란 근로복지공단이 업무상 재해에 따른 보험급여·진료비 또는 약제비 등의 지급 결정이나 그 밖에 보험사업에 필요한 의학적 자문을 하기 위해 위촉하거나 임명한 의사·치과의사 또는 한의사(근로복지공단의 직원인 의사·치과의사 또는 한의사를 포함함)를 말합니다.
② "자문의사회의"란 근로복지공단이 업무상 재해에 따른 보험급여·진료비 또는 약제비 등의 지급 결정이나 그 밖에 보험사업과 관련된 의학적 판단이 필요한 사항에 대해 체계적으로 자문하기 위해 두는 근로복지공단 소속 기관을 말합니다.

2-2-3. 업무상 질병에 관한 자문

근로복지공단이나 업무상질병판정위원회는 업무상 질병 여부를 결정할 때 그 질병과 유해·위험요인 사이의 인과관계 등에 대한 자문이 필요한 경우 다음의 기관에 자문할 수 있습니다.

① 한국산업안전보건공단
② 그 밖에 업무상 질병 여부를 판단할 수 있는 기관

2-3. 요양급여의 지급

2-3-1. 산재보험 의료기관에서의 요양

- 근로복지공단이 근로자에 대해 요양급여(재요양을 포함함)를 지급하기로 결정한 경우에는 그 근로자를 산재보험 의료기관에서 요양하게 해야 합니다.
- 근로복지공단이 근로자에 대해 요양급여를 지급하기로 결정한 경우 그 근로자가 산재보험 의료기관이 아닌 다른 의료기관에서 요양을 하고 있으면 산재보험 의료기관으로 옮겨서 요양을 하도록 통보해야 합니다.
- 산재보험 의료기관이란 ① 근로복지공단에 두는 의료기관, ②「의료법」제3조의4에 따른 상급종합병원, ③ 「의료법」제3조에 따른 의료기관과「지역보건법」제10조에 따른 보건소(「지역보건법」제12조에 따른 보건의료원 포함) 중 근로복지공단이 지정한 의료기관 또는 보건소를 말합니다.

2-3-2. 건강보험의 우선 적용

- 요양급여의 신청을 한 사람은 근로복지공단이「산업재해보상보험법」에 따른 요양급여에 관한 결정을 하기 전에는「국민건강보험법」제41조에 따른 요양급여 또는「의료급여법」제7조에 따른 의료급여를 받을 수 있습니다.
- 위에 따라 건강보험 요양급여 등을 받은 사람이「국민건강보험법」제44조 또는「의료급여법」제10조에 따른 본인 일부 부담금을 산재보험 의료기관에 납부한 후에「산업재해보상보험법」에 따른 요양급여

수급권자로 결정된 경우에는 그 납부한 본인 일부 부담금 중 요양급여에 해당하는 금액을 근로복지공단에 청구할 수 있습니다.

2-3-3. 퇴직으로 인한 요양급여 수급권의 소멸 불가능
요양급여를 받은 권리는 근로자가 퇴직해도 소멸되지 않습니다.

2-4. 요양지시 위반 등으로 인한 휴업급여 등의 지급 제한 및 부당이득 징수

2-4-1. 요양지시 위반 등으로 인한 휴업급여, 상병급여 지급 제한
요양 중인 근로자가 정당한 사유 없이 요양에 관한 지시를 위반하여 부상·질병 또는 장해 상태를 악화시키거나 치유를 방해한 경우 보험급여의 지급을 제한하기로 결정한 날 이후에 지급사유가 발생하는 휴업급여 또는 상병보상연금의 20일분(지급사유가 발생한 기간이 20일 미만이면 그 기간 해당 분)에 상당하는 금액을 지급하지 않습니다.

2-4-2. 부당이득 징수
거짓이나 그 밖의 부정한 방법으로 요양급여를 받은 사람은 그 금액의 2배에 해당하는 금액을 징수받습니다.

2-4-3. 부당수급자 명단 공개
공단은 거짓이나 그 밖의 부정한 방법으로 보험급여, 진료비, 약제비를 지급받은 부정수급자로서 매년 직전 연도부터 과거 3년간 다음의 어느 하나에 해당하는 자의 명단을 공개할 수 있습니다. 이 경우 연대책임자의 명단을 함께 공개할 수 있습니다.
① 부정수급 횟수가 2회 이상이고 부정수급액의 합계가 1억원 이상인 자
② 1회의 부정수급액이 2억원 이상인 자

Q 기존 질병이 업무로 인하여 악화될 경우가 「산업재해보상보험법」 소정의 업무상 재해에 해당하나요?

A 「산업재해보상보험법」 제3조제1항 소정의 업무상 재해라 함은 근로자가 업무수행에 기인하여 입은 재해를 뜻하는 것이어서 업무와 재해발생과의 사이에 인과관계가 있어야 하지만 그 재해가 업무와 직접 관련이 없는 기존의 질병이더라도 그것이 업무와 관련하여 발생한 다른 재해로 말미암아 더욱 악화되었다면 기존 질병의 악화와 업무와의 사이에는 인과관계가 존재한다고 보아야 합니다.

Q 업무상 재해로 인한 질병이 계속되고 있는 경우 요양급여청구권이 시효소멸될까요?

A 「산업재해보상보험법」상 보험급여를 받을 권리의 소멸시효기간의 기산점은 그 권리를 행사할 수 있는 때로서 요양급여청구권의 경우에는 요양에 필요한 비용이 구체적으로 확정된 날의 다음날, 즉 요양을 받은 날의 다음날부터 매일매일 진행한다고 할 것이므로 업무상 재해로 인한 질병이 계속되고 있는 경우에 있어서는 그 근로자가 요양급여의 신청을 한 때로부터 역산하여 3년이 넘는 부분에 대한 요양급여청구권은 이미 소멸시효가 완성되었더라도 3년 이내의 부분 및 장래 발생할 부분에 대한 요양급여청구권은 위 요양급여신청으로 인하여 시효의 진행이 중단됩니다.

3. 요양기간의 연장

3-1. 산재보험 의료기관의 진료계획의 제출

3-1-1. 진료계획 제출

산재보험 의료기관은 요양급여를 받고 있는 근로자의 요양기간을 연장할 필요가 있는 경우에는 진료계획서에 다음의 사항을 적어 근로복지공단에 제출해야 합니다.

① 해당 근로자의 업무상 재해에 따른 부상 또는 질병의 명칭

② 해당 근로자의 부상·질병의 경과, 진료내용 및 현재의 상태

③ 요양기간을 연장할 의학적 필요성

④ 향후 입원·통원 또는 취업치료 등 치료방법, 치료내용 및 치료예정 기간

⑤ 그 밖에 해당 근로자의 진료에 필요한 사항

3-1-2. 진료계획의 제출기간

산재보험 의료기관은 위의 진료계획을 3개월(부상·질병의 특성상 1년 이상의 장기 요양이 필요한 경우로서 다음의 어느 하나에 해당하는 부상·질병의 경우에는 1년) 단위로 하여 종전의 요양기간(진료계획 변경 조치를 한 경우에는 변경된 요양기간을 말함)이 끝나기7일 전까지 근로복지공단에 제출해야 합니다.

① 진폐

② 이황화탄소중독증

③ 중추 신경계통의 마비로 폐질등급에 해당되는 신체의 기능 마비를 초래하는 부상·질병

④ 그 밖에 위의 각 사유에 준하는 부상·질병

3-2. 진료계획 변경 조치(요양기간 연장)

3-2-1. 진료계획 변경(요양기간 연장)

- 근로복지공단은 산재보험 의료기간이 제출한 진료계획이 적절한지를 심사하여 다음의 구분에 따라 요양연장 기간을 결정해야 합니다.

  ① 진료계획서상의 치료예정기간이 3개월 이내이면 신청한 치료 예

정기간의 범위 내에서 요양연장 기간을 인정
  ② 진료계획서상의 치료예정기간이 3개월을 초과하면 3개월의 범위
     내에서 요양연장 기간을 인정
- 다만, 치료 예정기간이 3개월을 초과하고 4개월 이하인 경우로서 치
  료 예정기간이 종료되는 때 또는 그 이전에 요양이 종결될 것으로
  인정되면 신청한 치료 예정기간을 요양연장 기간으로 인정할 수 있
  습니다.

3-2-2. 요양기간 연장 통보

근로복지공단은 진료계획에 대해 위의 진료계획 변경 조치를 하려면
그 내용을 해당 근로자 및 산재보험 의료기관에 알려야 합니다.

4. 전원요양

4-1. 전원요양 사유

근로복지공단은 다음의 어느 하나에 해당하는 사유가 있으면 요양 중
인 근로자를 다른 산재보험 의료기관으로 옮겨 요양하게 할 수 있습니다.
① 요양 중인 산재보험 의료기관의 인력·시설 등이 그 근로자의 전문
   적인 치료 또는 재활치료에 맞지 않아서 다른 산재보험 의료기관
   으로 옮길 필요가 있는 경우
② 생활근거지에서 요양하기 위해 다른 산재보험 의료기관으로 옮길
   필요가 있는 경우
③ 상급종합병원에서 전문적인 치료 후 다른 산재보험 의료기관으로
   옮길 필요가 있는 경우
④ 그 밖에 자문의사회의 심의절차를 거쳐 부득이한 사유가 있다고 인
   정되는 경우

4-2. 전원요양의 신청 및 결정

4-2-1. 전원요양의 신청 사유 및 신청

요양 중인 근로자는 위의 ①부터 ③까지의 어느 하나에 해당하는 사유
가 있으면 근로복지공단에 전원(轉院)요양을 신청할 수 있습니다.

① 위의 ①부터 ③까지의 어느 하나에 해당하는 사유로 전원요양을 신청하는 근로자는 전원요양신청서에 전원요양소견서를 첨부하여 근로복지공단에 제출해야 합니다

② 다만, 전원요양의 신청 사유가 다음에 해당하면 전원요양소견서를 제출하지 않아도 됩니다.

ⓐ 위 ①의 경우로써 「요양업무처리규정」 제18조제3항제3호에 따른 진찰결과 전물재활치료가 필요하여 재활인증 의료기관으로 전원하는 경우

ⓑ 위 ②의 경우

4-2-2. 전원요양 신청에 대한 결정

근로복지공단은 전원 요양 신청을 받은 때에는 전원 요양 신청 사유의 타당성을 검토하여 전원 요양 여부를 결정해야 합니다.

4-3. 직권 전원요양

4-3-1. 직권 전원요양 사유

근로복지공단은 다음의 어느 하나에 해당하면 직권으로 산재근로자를 다른 산재보험 의료기관으로 옮겨서 요양을 하게 할 수 있습니다.

위의 ①부터 ④까지 어느 하나의 사유가 있는 경우

- 산재보험 의료기관이 진료제한 조치를 받은 경우
- 산재보험 의료기관이 산재보험 의료기관 지정취소를 받은 경우
- 산재근로자가 병행진료를 받는 경우에 주된 상병에 대한 치료가 종료된 이후 병행진료의 대상이 된 상병에 대한 치료가 계속 필요하여 병행진료를 담당하고 있는 산재보험 의료기관으로의 전원이 필요한 경우

4-3-2. 휴업급여 또는 상병보상연금의 일시 중지

요양 중인 근로자가 근로복지공단의 전원요양 지시를 정당한 사유 없이 따르지 않은 경우 의무를 이행하도록 지정한 날의 다음 날부터 그 의무를 이행한 날의 전날까지 휴업급여 또는 상병보상연금을 일시 중지할 수 있습니다.

근로복지공단은 산재근로자가 다음의 어느 하나에 해당하면 서로 다른 2개의 산재보험 의료기관에서 병행진료를 하게 할 수 있습니다.

① 요양 중인 산재보험 의료기관에 치과, 안과, 이비인후과, 비뇨의학과, 정신건강의학과, 피부과, 신경과, 흉부외과, 내과, 마취통증의학과가 없어 다른 산재보험 의료기관에서 통원 진료가 필요한 경우

② 수술 후 상병상태를 확인하기 위해 수술을 한 산재보험 의료기관에 통원 진료가 필요한 경우

③ 진폐로 요양급여를 받고 있는 산재근로자가 폐암진료를 위해 「산업재해보상보험법」 제43조제1항제2호에 따른 상급종합병원에서 요양이 필요한 경우

④ 진폐로 요양급여를 받고 있는 산재근로자가 수술이 필요한 합병증 또는 속발증이 발생하였으나 해당 산재보험 의료기관에서 수술이 불가능한 경우

⑤ 진폐로 요양급여를 받고 있는 산재근로자가 진폐 요양급여 지급대상 합병증 또는 속발증이 발생할 우려가 있거나 그 이외의 질병이 발생한 경우로서 상급 의료기관에서 진료할 특별한 사유가 있다고 해당 산재보험 의료기관에서 인정하는 경우

⑥ 요양 중 산재보험 의료기관에 자기공명영상진단(MRI), 전산화단층촬영장치(CT), 본스캔 검사 및 근전도 검사를 위한 검사장비가 없어 다른 산재보험 의료기관에서 검사가 필요한 경우

⑦ 산재근로자가 요양을 하고 있는 산재보험 의료기관이 「응급의료에 관한 법률」에 따른 응급의료기관으로 지정되어 있지 않아 요양 중 다른 산재보험 의료기관에서 응급처치를 한 경우

⑧ 인접한 장소(같은 건물이나 일정한 구역을 말함)에서 의과 산재보험 의료기관과 한의과 산재보험 의료기관이 서로 협의하여 진료체계를 이루고 있는 경우 산재근로자가 다음 각 목의 어느 하나에 해당하는 사유로 의과 산재보험 의료기관과 한의과 산재보험 의료기관에서 동시진료가 필요한 경우

　- 한의과 산재보험 의료기관에서 요양을 하고 있는 산재근로자가 약제의 투여 등으로 의과 산재보험 의료기관에서 통원진료가 필요한 경우

　- 통원요양 중인 산재근로자가 서로 다른 상병으로 의과 산재보험 의

료기관과 한의과 산재보험 의료기관에서 동시에 통원진료가 필요한
경우
⑨ 해당 산재근로자가 수술 등 상병의 치료를 목적으로 다른 산재보험
의료기관(상급종합병원으로 한정)으로 전원요양을 하기 위해 미리 전
원요양을 하려는 그 산재보험 의료기관에서 수술 등을 위한 검사가
필요하여 통원진료를 받는 경우
⑩ 산재근로자가 「산업재해보상보험법」 제43조제1항제1호에 해당하는 의
료기관 또는 「산재보험 의료기관 관리 규정」(근로복지공단 규정 제
1167호, 2019.12.4. 발령, 2019.12.16. 시행) 제6조제2항에 따라 이
사장이 정한 재활치료전문 산재보험 의료기관에서 전문적인 재활치료
의 필요성을 판단하기 위하여 전원요양 전에 통원진료를 받는 경우
⑪ 뇌혈관질환으로 업무상 재해로 인정받은 산재근로자가 「의료법」 제3
조제3항에 따른 종합병원 이상에서 수술을 하지 않고 전원을 한 후
계속적인 약물치료 등 경과관찰이 필요한 경우
⑫ 현재 요양 중인 산재보험 의료기관에서 시설 및 전문 인력이 없고 통
원요양으로 수술 및 처치가 가능한 경우

5. 추가상병 요양급여

5-1. 추가상병 요양급여의 신청 사유

업무상 재해로 요양 중인 근로자(이하, "산재근로자"라 함)는 다음의
어느 하나에 해당하는 경우에는 그 부상 또는 질병
① 그 업무상 재해로 이미 발생한 부상이나 질병이 추가로 발견되어
   요양이 필요한 경우
② 그 업무상 재해로 발생한 부상이나 질병이 원인이 되어 새로운 질
   병이 발생하여 요양이 필요한 경우
   요양 중의 사고는 요양급여의 신청에 관해 추가상병으로 봅니다.

5-2. 추가상병 요양급여의 신청 및 결정

5-2-1. 추가상병 요양급여 신청

업무상 재해로 요양 중인 근로자가 추가상병 요양급여를 신청하려면
추가상병신청서에 추가상병소견서를 첨부하여 근로복지공단에 제출해
야 합니다.

5-2-2. 추가상병 요양급여 지급 결정

근로복지공단이 추가상병 신청을 받은 때에는 그 상병의 진단일, 발병
원인, 요양의 필요성 등을 확인하여 추가상병 요양급여의 지급 여부를
결정해야 합니다.

6. 재요양

6-1. 재요양의 의의

- "재요양"이란 요양급여를 받은 사람이 치유 후 요양의 대상이 되었
  던 업무상 부상 또는 질병이 재발하거나 치유 당시보다 상태가 악
  화되어 이를 치유하기 위한 적극적인 치료가 필요하다는 의학적 소
  견이 있는 경우에 다시 받는 요양급여를 말합니다.
- "치유"란 부상 또는 질병이 완치되거나 부상 또는 질병에 대해 더 치
  료를 해도 효과를 기대할 수 없고 그 증상이 고정된 상태를 말합니다.

6-2. 재요양의 요건

재요양은 업무상 부상 또는 질병에 대해 요양급여(요양급여를 받지 않고 장해급여를 받는 부상 또는 질병의 경우에는 장해급여)를 받은 경우로서 다음의 요건 모두에 해당하는 경우에 인정합니다.

① 치유된 업무상 부상 또는 질병과 재요양의 대상이 되는 부상 또는 질병 사이에 상당인과관계가 있을 것

② 재요양의 대상이 되는 부상 또는 질병의 상태가 치유 당시보다 악화된 경우로서 나이나 그 밖에 업무 외의 사유로 악화된 경우가 아닐 것

③ 재요양의 대상이 되는 부상 또는 질병의 상태가 재요양을 통해 호전되는 등 치료효과를 기대할 수 있을 것

6-3. 재요양의 신청 및 지급 결정

6-3-1. 재요양 신청

- 산재근로자가 재요양을 받으려면 재요양신청서 및 재요양소견서에 다음의 서류를 첨부하여 근로복지공단에 재요양을 신청해야 합니다.

① 재요양의 대상이 되는 부상·질병 상태와 재요양의 필요성에 관한 의사·치과의사 또는 한의사의 진단서 또는 소견서

② 재요양을 신청하기 전에 보험가입자(사업주) 또는 제3자 등으로부터 보험급여에 상당하는 금품을 받은 경우에는 그 금품의 명세 및 금액을 확인할 수 있는 판결문·합의서 등의 서류

③ 재요양을 신청하기 전에 보험가입자(사업주) 또는 제3자 등으로부터 보험급여에 상당하는 금품을 받지 않은 경우에는 그 사실을 확인하는 본인의 확인서

- 다만, 요양소견서를 제출할 수 없는 사정이 있는 경우에는 재요양의 대상이 되는 상병, 치료기간, 재요양 사유 등이 명시된 진단서 또는 소견서를 첨부하여 신청할 수 있습니다(「요양업무처리규정」제14조제1항 단서).

- 근로복지공단은 산재근로자가 위의 3.에 따른 본인의 확인서를 제출하게 하는 대신 요양급여신청서에 산재근로자가 서명하거나 날인을 하는 방법으로 하게 할 수 있습니다.

6-3-2. 재요양 지급 결정

근로복지공단은 산재근로자로부터 재요양 신청을 받으면 그 신청을 받은 날부터 7일 이내에 재요양을 지급할지를 결정하여 신청인(산재보험 의료기관이 요양급여의 신청을 대행한 경우에는 산재보험 의료기관을 포함함) 및 보험가입자(사업주)에게 알려야 합니다.

> **Q** 치료가 끝난(요양종결) 후 병이 재발한 경우에는 어떻게 해야 하나요?

A 치료가 끝난(요양종결) 후 업무상 재해로 생긴 질병 또는 부상이 재발하거나 악화되어 이를 치료하기 위해 재요양이 필요하다는 의사의 소견이 있는 경우 산재근로자는 요양종결 당시 병원을 관할하는 근로복지공단 지사나 회사를 관할하는 근로복지공단 지사에 재요양신청을 할 수 있습니다. 재요양을 할 수 있는 사유는 다음과 같습니다.

① 일반상병으로서 당초의 상병과 재요양 신청한 상병 간에 의학적으로 상당인과관계가 인정되고, 재요양을 함으로써 치료효과가 기대될 수 있다는 의학적 소견이 있는 경우

② 내고정술에 의해 삽입된 금속핀 등 내고정물의 제거가 필요 한 경우

③ 의지장착을 위해 절단부위 재수술이 필요하다고 인정되는 경우

Q 요양을 받고 치유된 후 다시 그 질병이나 부상이 재발한 경우에도 요양급여를 받을 수 있나요?

A 요양급여를 받은 자가 치유 후 요양의 대상이 되었던 업무상 부상 또는 질병이 재발하거나 치유 당시보다 상태가 악화되어 이를 치유하기 위한 적극적인 치료가 필요하다는 의학적 소견이 있는 경우에는 재요양을 받을 수 있습니다.

◇ 재요양의 요건

① 재요양이란 요양급여를 받은 자가 치유 후 요양의 대상이 되었던 업무상 부상 또는 질병이 재발하거나 치유 당시보다 상태가 악화되어 이를 치유하기 위한 적극적인 치료가 필요하다는 의학적 소견이 있는 경우에 다시 받는 요양급여를 말합니다.

② 재요양은 업무상 부상 또는 질병에 대해 요양급여(요양급여를 받지 않고 장해급여를 받는 부상 또는 질병의 경우에는 장해급여)를 받은 경우로서 다음의 요건 모두에 해당하는 경우에 인정합니다.

㉮ 치유된 업무상 부상 또는 질병과 재요양의 대상이 되는 부상 또는 질병 사이에 상당인과관계가 있을 것

㉯ 재요양의 대상이 되는 부상 또는 질병의 상태가 치유 당시보다 악화된 경우로서 나이나 그 밖에 업무 외의 사유로 악화된 경우가 아닐 것

㉰ 재요양의 대상이 되는 부상 또는 질병의 상태가 재요양을 통해 호전되는 등 치료효과를 기대할 수 있을 것

③ 산재근로자가 재요양을 받으려면 요양급여신청서에 ① 초진소견서, ② 재요양을 신청하기 전에 보험가입자(사업주) 또는 제3자 등으로부터 보험급여에 상당하는 금품을 받은 경우에는 그 금품의 명세 및 금액을 확인할 수 있는 판결문·합의서 등의 서류, ③ 재요양을 신청하기 전에 보험가입자(사업주) 또는 제3자 등으로부터 보험급여에 상당하는 금품을 받지 않은 경우에는 그 사실을 확인하는 본인의 확인서서류를 첨부하여 근로복지공단에 재요양을 신청해야 합니다.

제3절 요양급여(요양비 등)

1. 요양비
1-1. 요양비 지급 사유

근로복지공단은 업무상 재해를 당한 근로자(이하, "산재근로자"라 함)를 산재보험 의료기관에서 요양하게 하는 대신 다음의 요양비를 산재근로자에게 직접 지급할 수 있습니다.

① 산재보험 의료기관이 아닌 의료기관에서 응급진료 등 긴급하게 요양을 한 경우로서 다음의 어느 하나에 해당하는 요양비
  ⓐ 해당 근로자의 재해가 발생한 장소 인근에 산재보험 의료기관이 없어 산재보험 의료기관이 아닌 의료기관에서 부득이하게 요양을 받고 부담한 요양비
  ⓑ 산재근로자의 상병상태가 특수의료시설 또는 기술을 요하는 경우로서 인근에 소재하는 산재보험 의료기관에 그 필요한 시설 또는 기술이 갖추어져 있지 않아 산재보험 의료기관이 아닌 의료기관에서 응급치료 등 긴급하게 요양을 하고 산재근로자가 부담한 요양비
  ⓒ ⓐ또는 ⓑ에 따라 산재근로자가 산재보험 의료기관이 아닌 의료기관에서 수술을 한 후 상병상태를 확인하기 위해 그 의료기관에서 통원진료를 받고 부담한 요양비
  ⓓ ⓐ및 ⓑ에 준하는 경우로서 산재근로자가 산재보험 의료기관이 아닌 의료기관에서 응급진료를 받은 후 의료기관 또는 약국에 부담한 요양비
② 다음의 어느 하나에 해당하는 요양급여에 드는 비용(산재보험 의료기관에서 제공되지 않는 경우로 한정함)
  ⓐ 의지(義肢)나 그 밖의 보조기의 지급
  ⓑ 간병
  ⓒ 이송
③ 그 밖에 다음의 어느 하나에 해당하는 요양비
  ⓐ 최초 요양급여 결정 전에 산재근로자가 업무상 재해로 요양을

받은 경우의 요양비

ⓑ 보험관계성립신고를 해야 할 법정기한의 다음 날부터 보험관계
성립신고를 한 날까지의 기간 중에 발생한 재해로서 산재근로자
가 업무상 재해로 요양을 받고 부담한 요양비

ⓒ 추가상병 또는 재요양 결정 전에 산재근로자가 추가상병 또는
재요양으로 부득이하게 요양을 받고 부담한 요양비

ⓓ 요양급여 지급 결정 당시에 요양을 담당하고 있는 산재보험 의
료기관 이외의 다른 의료기관에서 응급진료를 받고 부담한 요양
비

1-2. 요양비 청구

1-2-1. 요양비 청구

- 산재근로자가 부득이하게 요양비를 부담하여 그 비용을 청구하는 경
우에는 요양비청구서에 비용 명세서를 첨부하여 근로복지공단에 제
출해야 합니다.

- 요양비 청구는 근로복지공단에 직접 청구하는 외에 근로복지공단의
『고용·산재보험 토탈서비스』를 통해 인터넷으로도 신청할 수 있습니
다.

1-2-2. 요양비 청구와 요양급여 청구권의 소멸시효

- 소멸시효 기간

요양급여 청구권은 요양을 받은 날의 다음날부터 3년간 행사하지
않으면 시효로 소멸합니다.

- 소멸시효 중단

① 요양급여 청구권의 소멸시효는 요양급여 수급권자의 요양급여 신
청(요양비 청구 포함)으로 중단됩니다.

② 따라서 요양비 청구가 있는 경우 요양비 청구를 한 날부터 역산
하여 3년을 넘는 부분에 대한 요양급여 청구권은 소멸시효가 완
성되나, 3년 이내의 부분 및 장래 발생할 부분에 대한 요양급여
청구권은 요양비 청구로 인해 시효 진행이 중단됩니다.

③ 요양급여 청구권의 소멸시효를 중단시킨 요양비 청구가 업무상 재해 여부의 판단이 필요한 최초의 청구인 경우에는 요양비 청구로 인한 시효중단의 효력은 다른 보험급여에도 미칩니다.

1-3. 요양비 지급

1-3-1. 요양비 지급

- 요양비는 요양비 지급 결정일부터 14일 이내에 지급해야 합니다.
- 요양비로 지급된 금품에 대해서는 국가나 지방자치단체의 공과금이 부과되지 않습니다.

1-3-2. 미지급 요양비의 청구 및 지급

- 미지급 요양비 수급권자의 결정
  ① 미지급 요양비의 유족 간 수급권의 순위는 다음의 순서로 하되, 동일 순위의 자 사이에서는 각각 그 적힌 순서에 따릅니다. 이 경우 같은 순위의 수급권자가 2명 이상이면 그 유족에게 똑같이 나누어 지급합니다.
    ⓐ 근로자가 사망할 당시 그 근로자와 생계를 같이 하고 있던 배우자·자녀·부모·손자녀 및 조부모
    ⓑ 근로자가 사망할 당시 그 근로자와 생계를 같이 하고 있지 않던 배우자·자녀·부모·손자녀 및 조부모 또는 근로자가 사망할 당시 근로자와 생계를 같이 하고 있던 형제자매
    ⓒ 형제자매
  ② 부모는 양부모(養父母)를 선순위로, 실부모(實父母)를 후순위로 하고, 조부모는 양부모의 부모를 선순위로, 실부모의 부모를 후순위로, 부모의 양부모를 선순위로, 부모의 실부모를 후순위로 합니다.
  ③ 수급권자인 유족의 순위에도 불구하고 근로자가 유언으로 미지급 요양비를 지급받을 유족을 지정하면 그 지정에 따릅니다.

- 미지급 요양비의 청구

  요양비 수급권자가 사망한 경우 그 유족이 사망한 수급권자 대신 미지급 요양비를 받으려면 미지급보험급여청구서를 근로복지공단에 제출해야 합니다.
- 미지급 요양비의 지급

  미지급 요양비는 미지급 요양비 지급 결정일부터 14일 이내에 지급해야 합니다.

1-3-3. 요양비 수급권의 양도 및 압류 금지 등

- 요양비를 받을 권리는 근로자가 퇴직해도 소멸되지 않습니다.
- 요양비를 받을 권리는 양도 또는 압류하거나 담보로 제공할 수 없습니다.
- 위에 따라 지정된 보험급여수급계좌에 입금된 예금 전액에 관한 채권은 압류할 수 없습니다.

1-3-4. 부당이득 징수

거짓이나 그 밖의 부정한 방법으로 요양비를 받은 사람은 그 금액의 2배에 해당하는 금액을 징수받습니다.

1-3-5. 부당수급자 명단 공개

공단은 거짓이나 그 밖의 부정한 방법으로 보험급여, 진료비, 약제비를 지급받은 부정수급자로서 매년 직전 연도부터 과거 3년간 다음의 어느 하나에 해당하는 자의 명단을 공개할 수 있습니다. 이 경우 연대책임자의 명단을 함께 공개할 수 있습니다.
① 부정수급 횟수가 2회 이상이고 부정수급액의 합계가 1억원 이상인 자
② 회의 부정수급액이 2억원 이상인 자

Q 기존 질병이 업무로 인하여 악화된 경우가 「산업재해보상보험
법」 소정의 업무상 재해에 해당하나요?

A 「산업재해보상보험법」 제3조제1항 소정의 업무상 재해라 함은 근
로자가 업무수행에 기인하여 입은 재해를 뜻하는 것이어서 업무와
재해발생과의 사이에 인과관계가 있어야 하지만 그 재해가 업무와
직접 관련이 없는 기존의 질병이더라도 그것이 업무와 관련하여
발생한 다른 재해로 말미암아 더욱 악화되었다면 기존 질병의 악
화와 업무와의 사이에는 인과관계가 존재한다고 보아야 합니다.

Q 업무상 재해로 인한 질병이 계속되고 있는 경우 요양급여청구
권의 시효가 소멸되나요?

A 「산업재해보상보험법」상 보험급여를 받을 권리의 소멸시효기간의
기산점은 그 권리를 행사할 수 있는 때로서 요양급여청구권의 경
우에는 요양에 필요한 비용이 구체적으로 확정된 날의 다음날, 즉
요양을 받은 날의 다음날부터 매일매일 진행한다고 할 것이므로
업무상 재해로 인한 질병이 계속되고 있는 경우에 있어서는 그 근
로자가 요양급여의 신청을 한 때로부터 역산하여 3년이 넘는 부분
에 대한 요양급여청구권은 이미 소멸시효가 완성되었더라도 3년
이내의 부분 및 장래 발생할 부분에 대한 요양급여청구권은 위 요
양급여신청으로 인하여 시효의 진행이 중단됩니다.

2. 요양비 중 간병료

2-1. 간병의 범위

- 간병은 요양 중인 근로자의 부상·질병 상태 및 간병이 필요한 정도
  에 따라 구분하여 제공합니다.
- 다만, 요양 중인 근로자가 중환자실이나 회복실에서 요양 중인 경우
  그 기간에는 별도의 간병을 제공하지 않습니다.

2-2. 간병을 받을 수 있는 사람의 범위

다음의 어느 하나에 해당하는 사람은 간병을 받을 수 있습니다.
① 두 손의 손가락을 모두 잃거나 사용하지 못하게 되어 혼자 힘으로
   식사를 할 수 없는 사람
② 두 눈의 실명 등으로 일상생활에 필요한 동작을 혼자 힘으로 할 수
   없는 사람
③ 뇌의 손상으로 정신이 혼미하거나 착란을 일으켜 일상생활에 필요
   한 동작을 혼자 힘으로 할 수 없는 사람
④ 신경계통 또는 정신의 장해로 의사소통을 할 수 없는 등 치료에 뚜
   렷한 지장이 있는 사람
⑤ 신체 표면 면적의 35퍼센트 이상에 걸친 화상을 입어 수시로 적절
   한 조치를 할 필요가 있는 사람
⑥ 골절로 인한 견인장치 또는 석고붕대 등을 하여 일상생활에 필요한
   동작을 혼자 힘으로 할 수 없는 사람
⑦ 하반신 마비 등으로 배뇨·배변을 제대로 하지 못하거나 욕창 방지
   를 위해 수시로 체위를 변경시킬 필요가 있는 사람
⑧ 업무상 질병으로 신체가 몹시 허약하여 일상생활에 필요한 동작을
   혼자 힘으로 할 수 없는 사람
⑨ 수술 등으로 일정 기간 거동이 제한되어 일상생활에 필요한 동작을
   혼자 힘으로 할 수 없는 사람
⑩ 그 밖에 부상·질병 상태가 위에 열거된 사람에 준하는 사람

2-3. 간병을 할 수 있는 사람의 범위

- 간병을 할 수 있는 사람은 다음의 어느 하나에 해당하는 사람으로 합니다.

  ① 「의료법」에 따른 간호사 또는 간호조무사

  ② 다음의 어느 하나에 해당하는 사람

    ⓐ 「노인복지법」에 따른 요양보호사의 자격을 받은 사람

    ⓑ 2008.7.1. 이전에 「요양업무처리규정」(2008.7.1. 규정 제444호로 개정되기 전의 것을 말함) 제29조의2에 따라 근로복지공단이 인정한 간병인 전문교육과정을 이수한 사람

  ③ 해당 근로자의 배우자(사실상 혼인관계에 있는 사람을 포함), 부모, 13세 이상의 자녀 또는 형제자매

  ④ 그 밖에 간병에 필요한 지식이나 자격을 갖춘 사람 중에서 간병을 받을 근로자가 지정하는 사람

- 위에도 불구하고 간병의 대상이 되는 근로자의 부상·질병 상태 등이 전문적인 간병을 필요로 하는 경우에는 간호사, 간호조무사, 요양보호사 등 근로복지공단이 인정하는 간병교육을 받은 사람만 간병을 하도록 할 수 있습니다.

2-4. 업무상 재해를 당한 근로자의 간병료 청구

2-4-1. 간병료 청구

- 산재보험 의료기관에서 간병을 제공하지 않아 업무상 재해를 당한 근로자(이하, "산재근로자"라 함)가 다음의 어느 하나에 해당하는 사람 중에서 지정하여 간병을 받은 경우에 산재근로자가 그 간병료를 지급받으려면 요양비청구서에 비용 명세서(전문간병인에 대한 간병료를 청구하는 때에는 전문간병인 자격을 확인할 수 있는 서류를 포함)를 첨부하여 근로복지공단에 제출해야 합니다.

  ① 해당 근로자의 배우자(사실상 혼인관계에 있는 사람을 포함), 부모, 13세 이상의 자녀 또는 형제자매

  ② 그 밖에 간병에 필요한 지식이나 자격을 갖춘 사람 중에서 간병을 받을 근로자가 지정하는 사람

- 전문간병인은 간호사, 간호조무사, 요양보호사의 자격을 갖거나 근로복지공단이 인정한 간병인 전문교육과정을 이수한 사람을 말합니다.

2-4-2. 간병료 소멸시효
- 간병료 청구권은 간병을 받은 다음 날부터 3년간 행사하지 않으면 시효로 소멸합니다.
- 간병료 청구권의 소멸시효는 수급권자의 간병료 청구로 중단됩니다. 이 경우 간병료 청구가 업무상 재해 여부의 판단이 필요한 최초의 청구인 경우에는 간병료 청구로 인한 시효중단의 효력은 다른 보험급여에도 미칩니다.

2-5. 간병료 지급 결정
근로복지공단은 산재근로자의 간병료 청구를 받으면 그 청구일부터 10일 이내에 지급 여부를 결정하여 근로자에게 그 결과를 알려야 합니다.

2-6. 간병료 지급
2-6-1. 간병료 지급
- 간병료는 간병료 지급 결정일부터 14일 이내에 지급해야 합니다.
- 산재보험 의료기관이 간병을 제공하지 않아 근로자가 간병인을 지정하여 간병을 받는 경우에 간병 필요등급 등에 따라 지급되는 간병료 금액은 다음과 같으며, 다음의 어느 하나에 해당하는 사람이 간호사, 간호조무사, 요양보호사의 자격을 갖거나 근로복지공단이 인정한 간병인 전문교육과정을 이수한 사람인 경우에는 그 해당하는 자격에 따라 간병료를 지급합니다.
  ① 산재근로자의 배우자(사실상 혼인관계에 있는 사람을 포함), 부모, 13세 이상의 자녀 또는 형제자매
  ② 그 밖에 간병에 필요한 지식이나 자격을 갖춘 사람 중에서 간병을 받을 근로자가 지정하는 사람

구 분	간병 1등급	간병 2등급	간병 3등급
전문간병인	67,140	55,950	44,760
가족·그 밖의 간병인	61,750	51,460	41,170

- 산재보험 의료기관이 간병을 제공하지 않아 근로자가 간병인을 지정하여 간병을 받는 경우에 그 간병인이 2명 이상을 동시에 간병할 경우에는 그 간병료에 100분의 20을 가산한 금액을 그 간병인에 대한 간병료로 합니다.
- 간병료로 지급된 금품에 대해서는 국가나 지방자치단체의 공과금이 부과되지 않습니다.

2-6-2. 미지급 간병료의 청구 및 지급
- 간병료 수급권자가 사망한 경우 그 유족이 사망한 수급권자 대신 미지급 간병료를 받으려면 미지급보험급여청구서를 근로복지공단에 제출해야 합니다.
- 미지급 간병료는 미지급 간병료 지급 결정일부터 14일 이내에 지급해야 합니다.

2-6-3. 간병료 수급권의 양도 및 압류 금지 등
- 간병료를 받을 권리는 근로자가 퇴직해도 소멸되지 않습니다.
- 간병료를 받을 권리는 양도 또는 압류하거나 담보로 제공할 수 없습니다.
- 위에 따라 지정된 보험급여수급계좌에 입금된 예금 전액에 관한 채권은 압류할 수 없습니다.

2-6-4. 부당이득 징수
거짓이나 그 밖의 부정한 방법으로 간병료를 받은 사람은 그 금액의 2배에 해당하는 금액을 징수받습니다.

3. 요양비 중 이송비

3-1. 이송의 범위 등

3-1-1. 이송의 범위 등

이송의 범위는 다음과 같습니다.

① 재해가 발생한 장소에서 의료기관까지의 이송

② 「산업재해보상보험법」 제48조에 따른 전원(轉院), 「산업재해보상보험법」 제119조에 따른 진찰 또는 「산업재해보상보험법」 제62조 제2항에 따른 신체감정을 위한 이송

③ 요양 또는 재요양을 위한 통원이나 퇴원의 경우로서 산재보험 의료기관과 그 근로자의 거주지(근무처를 포함)까지 그 통원이나 퇴원을 위한 이송

④ 장해등급 판정 및 재판정을 위한 이송

⑤ 의학적 판단을 위해 자문의사회의에 참석하거나 그 밖에 공단이 요청하는 이송

3-1-2. 동행 간호인

- 해당 근로자의 부상·질병 상태로 보아 이송 시 간호인의 동행이 필요하다고 인정되는 경우에는 간호인 1명이 동행할 수 있습니다.
- 다만, 의학적으로 특별히 필요하다고 인정되는 경우에는 간호인이 2명까지 동행할 수 있습니다.

3-2. 이송비

3-2-1. 이송비의 내용

이송비는 해당 근로자 및 그와 동행하는 간호인의 이송에 드는 비용으로 합니다.

3-2-2. 이송비의 산정

이송비는 「산업재해보상보험 요양급여 산정기준」(고용노동부 고시 제2019-80호, 2019.12.27. 발령 2020.1.1. 시행) 에 따라 지급합니다.

3-3. 이송비 청구

3-3-1. 이송비 청구

- 근로자가 직접 이송에 드는 비용을 지급한 경우에는 이송비 청구를 할 수 있습니다.
- 업무상 재해를 당한 근로자(이하, "산재근로자"라 함)가 직접 이송에 드는 비용을 지급하여 그 비용을 청구하는 경우에는 요양비청구서에 비용 명세서를 첨부하여 근로복지공단에 제출해야 합니다.

3-3-2. 이송비 청구권의 소멸시효

- 이송비 청구권은 이송을 받은 다음 날부터 3년간 행사하지 않으면 시효로 소멸합니다.
- 이송비 청구권의 소멸시효는 수급권자의 이송비 청구로 중단됩니다. 이 경우 이송비 청구가 업무상 재해 여부의 판단이 필요한 최초의 청구인 경우에는 이송비 청구로 인한 시효중단의 효력은 다른 보험급여에도 미칩니다.

3-4. 이송비의 지급 결정

근로복지공단은 산재근로자로부터 이송비 청구를 받으면 그 청구일부터 10일 이내에 지급 여부를 결정하여 근로자에게 그 결과를 알려야 합니다.

3-5. 이송비의 지급

3-5-1. 이송비의 지급

- 이송비는 이송비 지급 결정일부터 14일 이내에 지급해야 합니다.
- 이송비로 지급된 금품에 대해서는 국가나 지방자치단체의 공과금이 부과되지 않습니다.

3-5-2. 이송비의 선지급

근로복지공단은 긴급하거나 그 밖의 부득이한 사유가 있을 때에는 해당 근로자의 청구를 받아 이송에 드는 비용을 미리 지급할 수 있습니다.

① 이송비를 사전지급 받으려는 근로자는 이송비사전지급청구서를 근로복지공단에 제출해야 합니다.
② 근로복지공단은 이송비 사전지급 청구를 받은 때에는 지급 여부를 결정하여 이송비사전지급 결정통지서로 통지해야 합니다.

3-5-3. 미지급 이송비의 청구 및 지급
- 이송비 수급권자가 사망한 경우 수급권자의 유족이 사망한 수급권자 대신 미지급 이송비를 받으려면 미지급보험급여청구서를 근로복지공단에 제출해야 합니다.
- 미지급 이송비는 미지급 이송비 지급 결정일부터 14일 이내에 지급해야 합니다.

3-5-4. 이송비 수급권의 양도 및 압류 금지 등
- 이송비를 받을 권리는 근로자가 퇴직해도 소멸되지 않습니다.
- 이송비를 지급받을 권리는 양도 또는 압류하거나 담보로 제공할 수 없습니다.
- 위에 따라 지정된 보험급여수급계좌에 입금된 예금 전액에 관한 채권은 압류할 수 없습니다.

3-5-5. 부당이득 징수
거짓이나 그 밖의 부정한 방법으로 이송비를 받은 사람은 그 금액의 2배에 해당하는 금액을 징수받습니다.

3-5-6. 부당수급자 명단 공개
공단은 거짓이나 그 밖의 부정한 방법으로 보험급여, 진료비, 약제비를 지급받은 부정수급자로서 매년 직전 연도부터 과거 3년간 다음의 어느 하나에 해당하는 자의 명단을 공개할 수 있습니다. 이 경우 연대책임자의 명단을 함께 공개할 수 있습니다.
① 부정수급 횟수가 2회 이상이고 부정수급액의 합계가 1억원 이상인 자
② 1회의 부정수급액이 2억원 이상인 자

제4절 요양급여 비용 본인 일부 부담금 대부

1. 요양급여 비용의 본인 일부 부담금 대부

근로복지공단은 요양급여를 신청한 날부터 30일이 지날 때까지 근로복지공단에서 요양급여에 관한 결정을 받지 못하여 「국민건강보험법」에 따른 요양급여를 받은 업무상 재해를 당한 근로자(이하, "산재근로자"라 함)에게 「국민건강보험법」 제41조에 따른 요양급여 비용의 본인 일부 부담금(이하, "요양급여 비용"이라 함)을 1인당 최소 50만원부터 최대 1,000만원까지 대부해주는 요양급여 비용 본인 일부 부담금 대부사업을 시행하고 있습니다.

2. 요양급여 비용 대부 대상

「산업재해보상보험법」 제37조제1항제2호에 따른 업무상 질병에 대해 요양 신청을 한 사람 중 다음의 어느 하나에 해당하는 자는 요양급여 비용 대부 대상이 됩니다.
① 요양급여를 신청한 날부터 30일이 지날 때까지 근로복지공단으로부터 요양급여에 관한 결정을 받지 못한 경우
② 근로자의 업무와 요양급여의 신청을 한 질병 간에 상당인과관계가 있을 것으로 추정된다는 의학적 소견이 있는 경우

3. 요양급여 비용의 본인 일부 부담금 대부 조건
3-1. 대부금액

요양급여 비용 대부 예정자로 결정 된 자(이하, "대부결정자"라 함)가 대부를 받을 수 있는 요양급여 비용 대부금액은 1인당 최소 50만원부터 최대 1,000만원 한도에서 「국민건강보험법」 제44조에 대부결정자가 부담하는 금액으로 합니다.

3-2. 대부이율, 기간 및 상환방법
- 요양급여 비용 대부이율은 거치기간은 연리 0.6%, 상환기간은 연리 2.6%로 합니다.

- 다만, 금리의 변동 등으로 대부이율을 조정할 필요가 있는 때에는 고용노동부 장관의 승인을 받아 근로복지공단 이사장이 대부이율을 조정할 수 있습니다.
- 요양급여 비용의 대부기간은 5년으로 합니다.
- 요양급여 비용 대부금의 상환방법은 대부실행일부터 2년 거치 3년 원금균등분할 상환방식으로 합니다.

4. 요양급여 비용 대부 신청

4-1. 요양급여 비용 대부 신청

- 요양급여 비용의 대부를 신청하려는 자는 요양급여 비용의 본인 일부 부담금 대부 신청서에 다음의 서류를 첨부하여 근로복지공단에 제출해야 합니다.
    ① 진료비 계산서 또는 영수증(가정산분을 포함함)
    ② 진료비 세부 명세서
- 요양급여 비용 대부 신청을 한 자가 미성년자이면 법정대리인의 동의를 받아 신청해야 합니다.
- 요양급여 비용 대부를 받으려는 자가 다음의 어느 하나에 해당되는 경우 배우자(사실상 혼인관계에 있는 자를 포함함), 직계혈족이 대리하여 신청할 수 있습니다.
    ① 질병으로 정신이 혼미하거나 의식이 없는 상태로서 대부에 따른 채무이행 등의 의사표시가 불가능한 경우
    ② 수술 등의 급성기 상병상태의 입원환자로서 침상안정이 반드시 필요하여 거동이 불가능한 상태인 경우
    ③ 그 밖에 질병으로 신체가 몹시 허약한 입원환자로 거동이 불가능한 상태인 경우

5. 대부금의 충당

근로복지공단은 요양급여 비용 대부를 받은 사람에게 지급할 「산업재해보상보험법」에 따른 요양급여가 있으면 그 요양급여를 요양급여 비용 대부금의 상환에 충당할 수 있습니다.

제2장

휴업급여 · 상병보상 연금

제1절 휴업급여

1. 휴업급여

1-1. 휴업급여의 의의
"휴업급여"란 업무상 사유로 부상을 당하거나 질병에 걸린 근로자가 요양으로 취업하지 못한 기간에 대해 지급하는 보험급여를 말합니다.

1-2. 휴업급여의 지급요건
- 휴업급여는 업무상 사유로 부상을 당하거나 질병에 걸린 근로자가 요양으로 취업하지 못한 기간에 대해 지급합니다.
- 다만, 업무상 사유로 부상을 당하거나 질병에 걸린 근로자가 요양으로 취업하지 못한 기간이 3일 이내이면 휴업급여를 지급하지 않습니다.

1-3. 휴업급여의 청구

1-3-1. 휴업급여의 청구
- 휴업급여를 지급받으려는 업무상 재해를 당한 근로자(이하, "산재근로자"라 함)는 휴업급여청구서를 근로복지공단에 제출해야 합니다.
- 휴업급여 청구는 근로복지공단에 직접 청구하는 외에 근로복지공단의 『고용·산재보험 토탈서비스』를 통해 인터넷으로도 청구할 수 있습니다.

1-3-2. 휴업급여의 소멸시효
- 휴업급여 청구권은 휴업한 날의 다음날부터 3년간 행사하지 않으면 시효로 소멸합니다.
- 휴업급여 청구권의 소멸시효는 수급권자의 휴업급여 청구로 중단됩니다. 이 경우 휴업급여 청구권의 소멸시효가 휴업급여 청구로 중단되는 경우 그 휴업급여 청구가 업무상 재해 여부의 판단이 필요한 최초의 청구인 경우에는 그 청구로 인한 시효중단의 효력은 다른 보험급여에도 미칩니다.

1-4. 휴업급여의 지급

1-4-1. 휴업급여 지급 기한
휴업급여는 휴업급여 지급 결정일부터 14일 이내에 지급해야 합니다.

1-4-2. 휴업급여 지급액
- 휴업급여는 1일당 평균임금의 100분의 70에 상당하는 금액을 지급합니다.
- 휴업급여로 지급된 금품에 대해서는 국가나 지방자치단체의 공과금을 부과되지 않습니다.

1-4-3. 미지급 휴업급여의 청구 및 지급
- 휴업급여 수급권자가 사망한 경우 수급권자의 유족이 사망한 수급권자 대신 미지급 휴업급여를 받으려면 미지급보험급여청구서를 근로복지공단에 제출해야 합니다.
- 미지급 휴업급여는 미지급 휴업급여 지급 결정일부터 14일 이내에 지급해야 합니다.

1-4-4. 휴업급여 수급권의 양도 압류 금지 등
- 휴업급여를 받을 권리는 근로자가 퇴직해도 소멸되지 않습니다.
- 휴업급여를 받을 권리는 양도 또는 압류하거나 담보로 제공할 수 없습니다.
- 위에 따라 지정된 보험급여수급계좌에 입금된 예금 전액에 관한 채권은 압류할 수 없습니다.

1-4-5. 부당이득 징수
거짓이나 그 밖의 부정한 방법으로 휴업급여를 받은 사람은 그 금액의 2배에 해당하는 금액을 징수받습니다.

1-4-6. 부당수급자 명단 공개

공단은 거짓이나 그 밖의 부정한 방법으로 보험급여, 진료비, 약제비를 지급받은 부정수급자로서 매년 직전 연도부터 과거 3년간 다음의 어느 하나에 해당하는 자의 명단을 공개할 수 있습니다. 이 경우 연대책임자의 명단을 함께 공개할 수 있습니다.
① 부정수급 횟수가 2회 이상이고 부정수급액의 합계가 1억원 이상인 자
② 1회의 부정수급액이 2억원 이상인 자

2. 부분휴업급여

2-1. 부분휴업급여의 의의

"부분휴업급여"란 요양 중 회복단계에 있는 근로자 또는 경미한 부상으로 취업하면서 주기적으로 요양을 받을 수 있는 근로자의 조기 취업 및 직업복귀를 위해 요양 중 부분 취업 중인 근로자에게 지급하는 휴업급여를 말합니다.

2-2. 부분휴업급여의 지급 요건

부분휴업급여를 받으려는 사람은 다음의 요건 모두를 갖추어야 합니다.
① 요양 중 취업사업과 종사업무 및 근로시간이 정해져 있을 것
② 그 근로자의 부상·질병 상태가 취업을 하더라도 치유시기가 지연되거나 악화되지 않을 것이라는 의사의 소견이 있을 것

2-3. 부분휴업급여의 청구

업무상 재해를 당한 근로자(이하, "산재근로자"라 함)가 부분휴업급여를 받으려면 부분휴업급여청구서에 부분취업내역신고서를 첨부하여 근로복지공단에 제출해야 합니다.
① 다만, 직장적응훈련기간 중의 부분휴업급여를 지급받으려고 하는 때에는 「보상업무처리규정」별지 제9-2호 서식의 직장적응훈련 부분휴업급여청구서를 제출해야 합니다.
② 부분휴업급여청구서에 취업하지 못한 날에 대한 휴무 내역 등을 적은 경우에는 부분휴업급여청구서로 휴업급여청구서를 대신할 수 있습니다.

2-4. 부분휴업급여 지급 금액

2-4-1. 원칙

요양 또는 재요양을 받고 있는 근로자가 그 요양기간 중 일정기간 또는 단시간 취업을 하는 경우에는 그 취업한 날 또는 취업한 시간에 해당하는 그 근로자의 평균임금에서 그 취업한 날 또는 취업한 시간에 대한 임금을 뺀 금액의 100분의 90에 상당하는 금액을 지급할 수 있습니다.

① "취업한 날 또는 취업한 시간에 대한 임금"이란 부분취업을 한 기간에 받은 임금을 시간당 임금으로 환산하고, 취업한 날 별로 그날의 근로시간에 시간당 임금을 곱한 금액을 말합니다.

② 위에 따라 산정한 시간당 임금이 「최저임금법」에 따른 최저임금액보다 적으면 최저임금액을 시간당 임금으로 봅니다. 다만, 「최저임금법」 제7조에 따라 고용노동부장관의 인가를 받아 최저임금의 적용을 받지 않는 경우에는 그렇지 않습니다.

③ 「근로기준법」 제55조에 따른 유급휴일에 대해서는 그 유급휴일수당을 그 날의 받은 임금으로 보고 부분휴업급여를 산정합니다.

④ 부분취업을 한 기간에 받은 임금을 시간당 임금으로 환산하고, 취업한 날 별로 그날의 근로시간에 시간당 임금을 곱한 금액을 산출할 때 취업한 시간은 1시간 단위로 계산하되, 1시간 단위로 계산하고 남은 취업시간이 분단위이면 30분미만은 버리고, 30분이상이면 1시간으로 봅니다.

2-4-2. 저소득근로자 및 고령자

저소득근로자에게 최저임금액을 1일당 휴업급여로 지급하는 경우(최저임금을 지급받는 고령자에 대한 감액 지급 기준에 해당하는 경우에는 그 감액한 금액)와 고령자에게 최저임금액을 1일당 휴업급여로 지급하는 경우에서 취업한 날 또는 취업한 시간에 대한 임금을 뺀 금액을 지급할 수 있습니다.

2-4-3. 단시간 근로자

단시간 취업하는 경우 취업하지 못한 시간(8시간에서 취업한 시간을 뺀 시간을 말함)에 대해서는 산정한 1일당 휴업급여 지급액에 8시간에 대한 취업하지 못한 시간의 비율을 곱한 금액을 지급합니다.

3. 저소득 근로자의 휴업급여

3-1. 평균임금의 90%를 휴업급여로 지급하는 경우

- 1일당 휴업급여 지급액인 평균임금의 100분의 70에 상당하는 금액이 최저 보상기준 금액의 100분의 80보다 적거나 같으면 그 근로자에 대해서는 평균임금의 100분의 90에 상당하는 금액을 1일당 휴업급여로 지급액으로 합니다.

- 여기서 "평균임금"이란 평균임금을 산정하여야 할 사유가 발생한 날 이전 3개월 동안에 그 근로자에게 지급된 임금의 총액을 그 기간의 총일수로 나눈 금액을 말하고, 근로자가 취업한 후 3개월 미만인 경우도 이에 준합니다.

- 최저 보상기준 금액

  ① "최저 보상기준 금액"이란 전체 근로자의 임금 평균액의 2분의 1을 말합니다.

  ② 위의 경우에 2020년의 최저 보상기준 금액은 1일에 61,734원입니다.

예 시

① 재해발생일이 2020.1.23.이고 평균임금이 50,000원인 경우(최저 보상기준 금액의 80%: 49,387.2원, 평균임금의 70%: 35,000원, 평균임금의 90%: 45,000원)

② 평균임금의 70%인 35,000원이 최저 보상기준 금액의 80%보다 적고, 평균임금의 90%인 45,000원은 최저 보상기준 금액의 80%를 초과하지 않으므로 평균임금의 90%인 45,000원이 1일당 휴업급여 지급액이 됩니다.

③ 그러나 평균임금의 90%인 금액인 45,000원이 「최저임금법」 제5조제1항에 따른 시간급 최저임금액에 8을 곱한 금액인 68,720원보다 적으므

로 최저임금액이 그 근로자의 1일당 휴업급여 지급액이 됩니다(「산업재해보상보험법」제54조제2항).

3-2. 최저 보상기준 금액의 80%를 1일 휴업급여로 지급하는 경우

위의 평균임금의 100분의 90에 상당하는 금액이 최저 보상기준 금액의 100분의 80보다 많은 경우에는 최저 보상기준 금액의 100분의 80에 상당하는 금액을 1일당 휴업급여로 지급액으로 합니다.

예 시

① 재해발생일이 2020.1.23.이고 평균임금이 60,000원인 경우(최저 보상기준 금액의 80%: 49,387.2원, 평균임금의 70%: 42,000원, 평균임금의 90%: 54,000원)

② 평균임금의 70%인 42,000원이 최저 보상기준 금액의 80%보다 적지만, 평균임금의 90%인 54,000원은 최저 보상기준 금액의 80%를 초과하므로 49,387.2원이 1일당 휴업급여 지급액이 됩니다.

③ 그러나 평균임금의 90%인 금액인 54,000원이 「최저임금법」제5조제1항에 따른 시간급 최저임금액에 8을 곱한 금액인 68,720원보다 적으므로 최저임금액이 그 근로자의 1일당 휴업급여 지급액이 됩니다.

3-3. 최저임금액을 1일 휴업급여로 지급하는 경우

평균임금의 100분의 90에 상당하는 금액이 「최저임금법」제5조제1항에 따른 시간급 최저임금액에 8을 곱한 금액보다 적으면 그 최저임금액을 그 근로자의 1일당 휴업급여로 지급액으로 합니다.

4. 고령자의 휴업급여

4-1. 평균임금의 70%를 휴업급여로 지급받는 고령자에 대한 감액 지급 기준

평균임금의 70%를 휴업급여로 지급받는 자(재요양기간 중의 휴업급여를 지급받는 자를 포함함)가 다음의 연령에 도달하면 다음 산식에 따라 휴업급여를 산정합니다.

연령	지급액
61세	1일당 휴업급여 지급액 × 66/70
62세	1일당 휴업급여 지급액 × 62/70
63세	1일당 휴업급여 지급액 × 58/70
64세	1일당 휴업급여 지급액 × 54/70
65세 이후	1일당 휴업급여 지급액 × 50/70

- 다만, 위의 산식에 따라 산정한 휴업급여를 지급받는 자(재요양기간 중의 휴업급여를 지급받는 자는 제외함)의 휴업급여 지급액이 아래의 최저 보상기준 금액의 80%를 지급받는 자의 휴업급여 지급액보다 적으면 아래의 최저 보상기준 금액의 80%를 지급받는 자의 산식에 따라 휴업급여를 산정합니다.

4-2. 평균임금의 90% 또는 최저임금액을 휴업급여로 지급받는 고령자에 대한 감액 지급 기준

평균임금의 90%를 휴업급여로 지급받는 자 및 최저임금액을 휴업급여로 지급받는 자가 다음의 연령에 도달하면 다음 산식에 따라 휴업급여를 산정합니다.

연령	지급액
61세	1일당 휴업급여 지급액 × 86/90
62세	1일당 휴업급여 지급액 × 82/90
63세	1일당 휴업급여 지급액 × 78/90
64세	1일당 휴업급여 지급액 × 74/90
65세 이후	1일당 휴업급여 지급액 × 70/90

4-3. 최저 보상기준 금액의 80%를 휴업급여로 지급받는 고령자에 대한 감액 지급 기준

최저 보상기준 금액의 80%를 휴업급여로 지급받는 자가 다음의 연령에 도달하면 다음 산식에 따라 휴업급여를 산정합니다.

연령	지급액
61세	최저 보상기준 금액 × 80/100 × 86/90
62세	최저 보상기준 금액 × 80/100 × 82/90
63세	최저 보상기준 금액 × 80/100 × 78/90
64세	최저 보상기준 금액 × 80/100 × 74/90
65세 이후	최저 보상기준 금액 × 80/100 × 70/90

4-4. 고령자 휴업급여의 감액지급 유예기간

위의 고령자 휴업급여 산정 방법에도 불구하고, ① 61세 이후에 취업 중인 사람이 업무상 재해로 요양하거나 ② 61세 전에 업무상질병으로 장해급여를 받은 사람이 61세 이후에 그 업무상 질병으로 최초로 요양하는 경우 업무상 재해로 요양을 시작한 날부터 2년 동안에는 위의 산정 방법을 적용하지 않습니다.

5. 재요양 기간 중의 휴업급여

5-1. 재요양 기간 중의 휴업급여 지급액

5-1-1. 재요양 기간 중의 휴업급여 지급액

재요양을 받는 자에 대해서는 재요양 당시의 임금을 기준으로 산정한 평균임금의 100분의 70에 상당하는 금액을 1일당 휴업급여 지급액으로 합니다.

5-1-2. 재요양에 따른 평균임금 산정사유 발생일

평균임금 산정사유 발생일은 다음의 어느 하나에 해당하는 날로 합니다.
① 재요양의 대상이 되는 부상 또는 질병에 대해 재요양이 필요하다고 진단을 받은 날

② 해당 질병의 특성으로 재요양 대상에 해당하는지를 「산업재해보상
보험법 시행규칙」 제33조부터 제43조까지에 따라 판정해야 하는
질병(진폐, 이황화탄소 중독증)은 그 판정 신청을 할 당시에 발급된
진단서나 소견서의 발급일

5-2. 휴업급여 지급액이 최저임금보다 적은 경우의 휴업급여 지급액

재요양 당시의 임금을 기준으로 산정한 평균임금의 100분의 70에 상
당하는 금액이 최저임금액보다 적거나 재요양 당시 평균임금 산정의
대상이 되는 임금이 없으면 최저임금액을 1일당 휴업급여 지급액으로
합니다.

5-3. 장해보상연금을 받는 자가 재요양하는 경우의 휴업급여 지급액

장해보상연금을 지급받는 자가 재요양하는 경우에는 1일당 장해보상연
금액과 위에 따라 산정된 1일당 휴업급여 지급액인 평균임금의 100분
의 70 또는 최저임금을 합한 금액이 장해보상연금의 산정에 적용되는
평균임금의 100분의 70을 초과하면 그 초과하는 금액 중 휴업급여에
해당하는 금액은 지급하지 않습니다. "1일당 장해보상연금액"이란 장
해급여표에 따라 산정한 장해보상연금액을 365로 나눈 금액을 말합니다.

5-4. 저소득근로자의 휴업급여 적용 제외

재요양 기간 중의 휴업급여를 산정하는 경우에는 저소득근로자의 휴업
급여(「산업재해보상보험법」 제54조)를 적용하지 않습니다.

제2절 상병보상연금

1. 상병보상연금
1-1. 상병보상연금의 의의
- "상병보상연금"이란 요양급여를 받는 근로자가 요양을 시작한 지 2년이 지난 날 이후에 ① 그 부상이나 질병이 치유되지 않은 상태일 것, ② 그 부상이나 질병에 따른 중증요양상태등급이 제1급부터 제3급까지에 해당할 것, ③ 요양으로 인해 취업하지 못하지 못하는 상태가 계속될 것을 요건으로 휴업급여 대신 근로자에게 지급하는 보험급여를 말합니다.
- "치유"란 부상 또는 질병이 완치되거나 치료의 효과를 더 이상 기대할 수 없고 그 증상이 고정된 상태에 이르게 된 것을 말합니다.
- "중증요양상태"란 업무상의 부상 또는 질병에 따른 정신적 또는 육체적 훼손으로 노동능력이 상실되거나 감소된 상태로서 그 부상 또는 질병이 치유되지 않은 상태를 말합니다.

1-2. 상병보상연금의 지급 요건
요양급여를 받는 근로자가 요양을 시작한 지 2년이 지난 날 이후에 다음의 요건 모두에 해당하는 상태가 계속되면 휴업급여 대신 상병보상연금을 그 근로자에게 지급합니다.
① 그 부상이나 질병이 치유되지 않은 상태일 것
② 그 부상이나 질병에 따른 중증요양상태등급이 제1급부터 제3급까지에 해당할 것
③ 요양으로 인해 취업하지 못하였을 것

1-3. 상병보상연금 청구
1-3-1. 상병보상연금의 청구
요양급여(재요양 포함)를 받고 있는 산재근로자가 상병보상연금을 청구하려면 상병보상연금청구서에 요양을 하고 있는 산재보험 의료기관에서 발급받은 중증요양상태진단서를 첨부하여 근로복지공단에 제출해야 합니다.

1-3-2. 상병보상연금의 소멸시효

① 상병보상연금을 받을 권리는 상병보상연금 수급권자가 된 날의 다음 날부터 3년간 행사하지 않으면 시효로 소멸합니다.

② 상병보상연금 청구권의 소멸시효는 수급권자의 상병보상연금 청구로 중단됩니다. 이 경우 상병보상연금 청구권의 소멸시효가 상병보상연금 청구로 중단되는 경우 상병보상연금 청구가 업무상 재해 여부의 판단이 필요한 최초의 청구인 경우에는 그 청구로 인한 시효중단의 효력은 다른 보험급여에도 미칩니다.

1-4. 상병보상연금의 지급

1-4-1. 상병보상연금의 지급

상병보상연금은 다음의 상병보상연금표의 중증요양상태등급에 따라 지급합니다.

중증요양상태등급	상병보상연금
제1급	평균임금의 329일분
제2급	평균임금의 291일분
제3급	평균임금의 257일분

- 상병보상연금은 상병보상연금 지급 결정일부터 14일 이내에 지급해야 합니다.
- 상병보상연금으로 지급된 금품에 대해서는 국가나 지방자치단체의 공과금이 부과되지 않습니다.

1-4-2. 중증요양상태등급의 변동에 따른 상병보상연금의 지급

- 중증요양상태가 변동되어 중증요양상태등급의 변동 신고를 하려는 산재근로자는 중증요양상태 변동신고서에 중증요양상태를 증명할 수 있는 의사의 진단서를 첨부하여 근로복지공단에 제출해야 합니다.
- 근로복지공단은 상병보상연금을 받고 있는 근로자의 중증요양상태등급이 변동되면 수급권자의 청구에 의해 또는 직권으로 그 변동된 날부터 새로운 중증요양상태등급에 따른 상병보상연금을 지급합니다

1-4-3. 미지급 상병보상연금의 청구 및 지급

- 상병보상연금 수급권자가 사망한 경우 수급권자의 유족이 사망한 수급권자 대신 미지급 상병보상연금을 지급받으려면 미지급보험급여청구서를 근로복지공단에 제출해야 합니다.
- 미지급 상병보상연금은 미지급 상병보상연금 지급 결정일부터 14일 이내에 지급해야 합니다.

1-4-4. 상병보상연금의 수급권의 양도 및 압류 금지 등

- 상병보상연금을 받을 권리는 근로자가 퇴직해도 소멸되지 않습니다.
- 상병보상연금을 받을 권리는 양도 또는 압류하거나 담보로 제공할 수 없습니다.
- 위에 따라 지정된 보험급여수급계좌에 입금된 예금 전액에 관한 채권은 압류할 수 없습니다.

1-4-5. 부당이득 징수

거짓이나 그 밖의 부정한 방법으로 상병보상연금을 지급받은 사람은 그 금액의 2배에 해당하는 금액을 징수받습니다.

1-5. 상병보상연금의 지급의 효과

1-5-1. 휴업급여 지급 중단

상병보상연금은 휴업급여를 대신하여 지급하는 보험급여이므로 상병보상연금을 지급받는 근로자는 휴업급여를 지급받을 수 없습니다.

1-5-2. 일시보상 해고 가능

요양급여를 받는 근로자가 요양을 시작한 후 3년이 지난 날 이후에 상병보상연금을 지급받고 있으면, 그 3년이 지난 날 이후에는 사용자가 근로자에게 「근로기준법」 제84조에 따른 일시보상을 지급한 것으로 보아 사용자는 요양 중인 근로자를 해고할 수 있습니다.

2. 중증요양상태등급의 판정 및 조정

2-1. 중증요양상태등급의 판정

2-1-1. 중증요양상태등급 기준

상병보상연금을 지급하기 위한 중증요양상태등급 기준은 다음과 같습니다.

제1급
① 두 눈이 실명된 사람
② 말하는 기능과 씹는 기능을 모두 완전히 잃은 사람
③ 신경계통의 기능 또는 정신기능에 뚜렷한 장해가 있어 항상 간병을 받아야 하는 사람
④ 흉복부 장기의 기능에 뚜렷한 장해가 있어 항상 간병을 받아야 하는 사람
⑤ 두 팔을 팔꿈치관절 이상의 부위에서 잃은 사람
⑥ 두 팔을 영구적으로 완전히 사용하지 못하게 된 사람
⑦ 두 다리를 무릎관절 이상의 부위에서 잃은 사람
⑧ 두 다리를 완전히 사용하지 못하게 된 사람

제2급
① 한쪽 눈이 실명되고 다른 쪽 눈의 시력이 0.02 이하로 된 사람
② 두 눈의 시력이 0.02 이하로 된 사람
③ 두 팔을 손목관절 이상의 부위에서 잃은 사람
④ 두 다리를 발목관절 이상의 부위에서 잃은 사람
⑤ 신경계통의 기능 또는 정신기능에 뚜렷한 장해가 있어 수시로 간병을 받아야 하는 사람
⑥ 흉복부 장기의 기능에 뚜렷한 장해가 있어 수시로 간병을 받아야 하는 사람

제3급
① 한쪽 눈이 실명되고 다른 쪽 눈의 시력이 0.06 이하로 된 사람
② 말하는 기능 또는 씹는 기능을 완전히 잃은 사람
③ 신경계통의 기능 또는 정신기능에 뚜렷한 장해가 있어 전혀 노무에 종사하지 못하는 사람
④ 흉복부 장기의 기능에 뚜렷한 장해가 있어 전혀 노무에 종사하지

못하는 사람

⑤ 두 손의 손가락을 모두 잃은 사람

⑥ 위의 3.과 4.에 정한 장해 외의 장해로 전혀 노무에 종사하지 못하는 사람

2-1-2. 중증요양상태등급 판정에 대한 세부 기준

중증요양상태등급 판정에 관한 세부기준은 신체부위별 장해등급 판정에 관한 세부기준에 따릅니다.

2-1-3. 중증요양상태등급의 적용시기

- 위의 중증요양상태등급 기준에 따른 중증요양상태등급은 의사의 진단서가 발급된 날부터 적용합니다.
- 다만, 중증요양상태가 발생하거나 변동된 날을 명백히 알 수 있는 경우에는 중증요양상태가 발생하거나 변동된 날부터 적용합니다. 근로복지공단은 중증요양상태가 발생하거나 변동된 날을 명백히 알 수 있는 날 이후에도 휴업급여 또는 종전의 중증요양상태등급에 따른 상병보상연금을 받은 것으로 확인되면 다음의 구분에 따라 상병보상연금을 지급합니다.
  ⓐ 중증요양상태가 발생된 날을 명백히 알 수 있는 날 이후에도 휴업급여를 받은 경우: 중증요양상태가 발생한 날부터 중증요양상태등급을 적용하여 상병보상연금을 지급
  ⓑ 중증요양상태가 변동된 날을 명백히 알 수 있는 날 이후에도 종전의 중증요양상태등급에 따른 상병보상연금을 받은 경우: 중증요양상태가 변동된 날부터 변동된 중증요양상태등급을 적용하여 상병보상연금을 지급
- 요양을 시작한 지 2년이 지났으나 중증요양상태의 변동이 심하여 위의 중증요양상태등급 적용시기(의사의 진단서가 발급된 날 또는 중증요양상태가 발생하거나 변동된 날)에 중증요양상태등급을 판정하기 곤란한 경우에는 과거 6개월간의 중증요양상태상태를 종합하여 판정합니다.

2-2. 중증요양상태등급의 조정

2-2-1. 중증요양상태등급의 조정

- 중증요양상태등급 기준에 해당하는 장해가 둘 이상 있는 경우에는
  그 중 심한 중증요양상태에 해당하는 중증요양상태등급을 그 근로자
  의 중증요양상태등급으로 하되, 제13급 이상의 중증요양상태가 둘
  이상 있는 경우에는 다음의 구분에 따라 조정된 중증요양상태등급을
  그 근로자의 중증요양상태등급으로 합니다.

  ① 제5급 이상에 해당하는 중증요양상태가 둘 이상 있는 경우에는
  3개 등급 상향 조정

  ② 제8급 이상에 해당하는 중증요양상태가 둘 이상 있는 경우에는
  2개 등급 상향 조정

  ③ 제13급 이상에 해당하는 중증요양상태가 둘 이상 있는 경우에는
  1개 등급 상향 조정

- 다만, 조정의 결과 산술적으로 제1급을 초과하게 되는 경우에는 제1
  급을 그 근로자의 중증요양상태등급으로 하고, 그 중증요양상태의
  정도가 조정된 등급에 규정된 다른 중증요양상태의 정도에 비하여
  명백히 낮다고 인정되는 경우에는 조정된 등급보다 1개 등급 낮은
  등급을 그 근로자의 장해등급으로 합니다.

- 중증요양상태등급을 조정하는 경우 중증요양상태등급 제1급부터 제
  3급까지는 중증요양상태등급 기준에 따라 중증요양상태등급을 판단
  하여 조정하고, 중증요양상태등급 제4급부터 제14급까지는 제4급부
  터 제14급까지의 장해등급을 각각 해당하는 등급의 중증요양상태등
  급으로 보아 중증요양상태등급을 판단하여 조정합니다.

2-2-2. 새로운 업무상 부상 또는 질병으로 정도가 심해진 중증요양상태
등급의 조정

기존의 중증요양상태가 새로운 업무상 부상 또는 질병으로 정도가 심
해진 경우에 심해진 중증요양상태등급에 대한 상병보상연금의 산정은
심해진 중증요양상태등급에 해당하는 상병보상연금의 지급일수에서 기
존의 중증요양상태등급에 해당하는 상병보상연금의 지급일수를 뺀 일
수에 연금 지급 당시의 평균임금을 곱하여 산정한 금액으로 합니다.

3. 저소득 근로자의 상병보상연금

3-1. 상병보상연금의 상향

상병보상연금을 산정할 때 그 근로자의 평균임금이 최저임금액에 70분의 100을 곱한 금액보다 적은 경우에는 최저임금액의 70분의 100에 해당하는 금액을 그 근로자의 평균임금으로 보아 상병보상연금을 산정합니다.

3-2. 상병보상연금의 최저기준

평균임금을 기준으로 산정된 상병보상연금액 또는 위의 최저임금액의 70분의 100에 해당하는 금액을 기준으로 산정된 상병보상연금액을 365로 나눈 1일당 상병보상연금 지급액이 저소득근로자의 휴업급여 지급액보다 적으면 저소득근로자의 휴업급여 지급액을 상병보상연금 지급액으로 합니다.

4. 고령자의 상병보상연금

4-1. 평균임금을 기준으로 산정한 상병보상연금을 지급받는 자의 고령자 상병보상연금 산정 방법

평균임금을 기준으로 산정한 상병보상연금을 지급받는 자가 다음의 연령에 도달하면 다음 산식에 따라 산정합니다.

폐질등급 / 연령	제1급	제2급	제3급
61세	평균임금 × (329/365-0.04)	평균임금 × (291/365-0.04)	평균임금 × (257/365-0.04)
62세	평균임금 × (329/365-0.08)	평균임금 × (291/365-0.08)	평균임금 × (257/365-0.08)
63세	평균임금 × (329/365-0.12)	평균임금 × (291/365-0.12)	평균임금 × (257/365-0.12)
64세	평균임금 × (329/365-0.16)	평균임금 × (291/365-0.16)	평균임금 × (257/365-0.16)
65세 이후	평균임금 × (329/365-0.20)	평균임금 × (291/365-0.20)	평균임금 × (257/365-0.20)

-다만, 평균임금을 기준으로 산정한 금액이 평균임금의 90% 또는 최저 보상기준 금액의 80%, 최저임금액으로 산정된 상병보상연금보다 적으면 아래의 평균임금의 90%, 최저 보상기준 금액의 80%, 최저임금액을 상병보상연금을 지급받는 자의 고령자 상병보상연금 산정방법에 따라 상병보상연금을 산정합니다.

4-2. 최저임금액의 70분의 100에 해당하는 금액을 평균임금으로 보아 산정된 상병보상연금을 지급받는 자와 재요양기간 중의 상병보상연금을 지급받는 자의 고령자 상병보상연금 산정 방법

4-2-1. 산정방법

최저임금액의 70분의 100에 해당하는 금액을 평균임금으로 보아 산정된 상병보상연금을 지급받는 자 및 재요양기간 중의 상병보상연금을 지급받는 자가 다음의 연령에 도달하면 다음 산식에 따라 산정합니다.

폐질등급 / 연령	제1급	제2급	제3급
61세	평균임금 × (329/365 0.04)	평균임금 × (291/365 0.04)	평균임금 × (257/365 0.04)
62세	평균임금 × (329/365 0.08)	평균임금 × (291/365 0.08)	평균임금 × (257/365 0.08)
63세	평균임금× (329/365 0.12)	평균임금 × (291/365 0.12)	평균임금 × (257/365 0.12)
64세	평균임금 × (329/365 0.16)	평균임금 × (291/365 0.16)	평균임금 × (257/365 0.16)
65세 이후	평균임금 × (329/365 0.20)	평균임금 × (291/365 0.20)	평균임금 × (257/365 0.20)

4-3. 평균임금의 90%, 최저 보상기준 금액의 80%, 최저임금액을 상병보상연금으로 지급받는 자의 고령자 상병보상연금 산정 방법

4-3-1. 산정방법

- 평균임금의 90%를 상병보상연금으로 지급받는 자는 다음의 산식에 따라 상병보상연금을 산정합니다.

연령	지급액
61세	1일당 평균임금의 90% × 86/90
62세	1일당 평균임금의 90% × 82/90
63세	1일당 평균임금의 90% × 78/90
64세	1일당 평균임금의 90% × 74/90
65세 이후	1일당 평균임금의 90% × 70/90

- 최저 보상기준 금액의 80%를 상병보상연금으로 지급받는 자는 다음의 산식에 따라 상병보상연금을 산정합니다.

연령	지급액
61세	최저 보상기준 금액 × 80/100 × 86/90
62세	최저 보상기준 금액 × 80/100 × 82/90
63세	최저 보상기준 금액 × 80/100 × 78/90
64세	최저 보상기준 금액 × 80/100 × 74/90
65세 이후	최저 보상기준 금액 × 80/100 × 70/90

- 최저임금액을 상병보상연금으로 지급받는 자는 다음의 산식에 따라 상병보상연금을 산정합니다.

연령	지급액
61세	1일당 최저임금액 × 86/90
62세	1일당 최저임금액 × 82/90
63세	1일당 최저임금액 × 78/90
64세	1일당 최저임금액 × 74/90
65세 이후	1일당 최저임금액 × 70/90

5. 재요양 기간 중의 상병보상연금

5-1. 재요양 기간 중의 상병보상연금 지급 요건

재요양을 시작한 지 2년이 지난 후에 부상·질병 상태가 다음의 요건 모두에 해당하는 사람에게는 휴업급여 대신 상병보상연금을 지급합니다.
① 그 부상이나 질병이 치유되지 않은 상태일 것
② 그 부상이나 질병에 따른 중증요양상태등급이 제1급부터 제3급까지에 해당할 것
③ 요양으로 인해 취업하지 못하였을 것

5-2. 재요양 기간 중의 상병보상연금 지급

- 재요양 기간 중의 상병보상연금은 다음의 상병보상연금표에 따른 중증요양상태등급에 따라 지급합니다.

중증요양상태등급	상병보상연금
제1급	평균임금의 329일분
제2급	평균임금의 291일분
제3급	평균임금의 257일분

- 이 경우 상병보상연금을 산정할 때에는 재요양 기간 중의 휴업급여 산정에 적용되는 평균임금을 적용하되, 그 평균임금이 최저임금액에 70분의 100을 곱한 금액보다 적거나 재요양 당시 평균임금 산정의 대상이 되는 임금이 없을 경우에는 최저임금액의 70분의 100에 해당하는 금액을 그 근로자의 평균임금으로 보아 산정합니다.

5-3. 재요양 기간 중 장해보상연금을 받는 자의 상병보상연금

- 재요양 기간 중의 상병보상연금을 받는 근로자가 장해보상연금을 받고 있으면 위의 상병보상연금표에 따른 중증요양상태등급별 상병보상연금의 지급일수에서 장해급여표에 따른 장해등급별 장해보상연금의 지급일수를 뺀 일수에 최저임금액의 70분의 100에 해당하는 금액을 곱하여 산정한 금액을 그 근로자의 상병보상연금으로 합니다.
- 위의 재요양 기간 중 장해보상연금을 받은 경우의 상병보상연금을 받는 근로자가 61세가 된 이후에는 고령자의 1일당 상병보상연금 지급기준에 따라 산정한 1일당 상병보상연금 지급액에서 최저임금액의 70분의 100에 해당하는 금액을 기준으로 산정한 1일당 장해보상연금 지급액을 뺀 금액을 1일당 상병보상연금 지급액으로 합니다.

5-4. 장해등급 제1급부터 제3급까지에 해당하는 근로자에게 지급되는 장해보상연금을 받는 자의 상병보상연금

- 장해등급 제1급부터 제3급까지에 해당하는 근로자에게 지급되는 장해보상연금을 지급받는 자에게는 상병보상연금을 지급하지 않습니다.
- 다만, 재요양 중에 중증요양상태등급이 높아진 경우 재요양을 시작한 지 2년이 지난 후에 상병보상연금을 지급할 수 있는 상병보상연금 지급요건에도 불구하고 재요양을 시작한 때부터 2년이 지난 것으로 보아 재요양 기간 중 장해보상연금을 받는 경우의 상병보상연금 산정 방법에 따라 산정한 상병보상연금을 지급합니다.

5-5. 저소득근로자의 상병보상연금 적용 제외

재요양 기간 중 상병보상연금을 산정할 때에는 저소득근로자의 상병보상연금(「산업재해보상보험법」 제67조) 규정을 적용하지 않습니다.

제3장

장해급여·간병급여

제1절 장해급여 개관

1. 장해급여의 의의

"장해급여"란 근로자가 업무상의 사유로 부상을 당하거나 질병에 걸려 치유된 후 신체 등에 장해가 있는 경우에 그 근로자에게 지급하는 보험급여를 말합니다.

2. 장해급여의 지급요건

- 장해급여는 근로자가 업무상의 사유로 부상을 당하거나 질병에 걸려 치유된 후 신체 등에 장해가 있는 경우에 그 근로자에게 지급합니다.
- "치유"란 부상 또는 질병이 완치되거나 치료의 효과를 더 이상 기대할 수 없고 그 증상이 고정된 상태에 이르게 된 것을 말합니다.
- "장해"란 부상 또는 질병이 치유되었으나 정신적 또는 육체적 훼손으로 인해 노동능력이 상실되거나 감소된 상태를 말합니다.

3. 장해급여의 청구

업무상 재해를 당한 근로자가 치유된 후 장해보상일시금 또는 장해보상연금을 지급받으려면 장해급여청구서에 장해진단서, 방사선 검사 자료, 진료기록부 등 장해의 상태를 확인할 수 있는 서류를 첨부하여 근로복지공단에 제출해야 합니다.

4. 장해등급의 판정

- 장해등급 기준은 제1급부터 제14급까지 14단계의 등급이 있습니다.
- 장해등급 기준에 해당하는 장해가 둘 이상 있는 경우 그 중 심한 장해에 해당하는 장해등급을 그 근로자의 장해등급으로 합니다. 다만, 장해계열이 다른 제13급 이상의 장해가 둘 이상 있는 경우에는 장해등급을 조정합니다.

5. 장해급여의 지급

- 장해급여는 수급권자의 선택에 따라 장해급여표에 따른 장해보상연금 또는 장해보상일시금으로 지급됩니다.
- 이미 장해가 있던 사람이 업무상 부상 또는 질병으로 같은 장해부위에 장해정도가 심해진 경우에는 가중 장해에 해당하는 장해보상일시금(장해보상연금) 지급일수에서 기존 장해에 해당하는 장해보상일시금(장해보상연금)의 지급일수를 뺀 금액에 급여 청구사유 발생 당시(연금지급 당시)의 평균임금을 곱하여 산정한 급액을 지급합니다.
- 근로복지공단은 장해보상연금 수급권자 중 그 장해상태가 호전되거나 악화되어 치유 당시 결정된 장해등급이 변경될 가능성이 있는 사람에 대해서는 그 수급권자의 신청 또는 직권으로 장해등급을 재판정하여 그 변경된 장해등급에 따라 장해급여를 지급할 수 있습니다.
- 재요양을 받고 치유된 후 장해상태가 종전에 비하여 호전되거나 악화된 경우에는 그 호전 또는 악화된 장해상태에 해당하는 장해등급에 따라 장해급여를 지급합니다.

제2절 장해등급 판정

1. 장해등급 기준

1-1. 장해등급 기준

장해등급 기준은 다음과 같습니다.

제1급

① 두 눈이 실명된 사람
② 말하는 기능과 씹는 기능을 모두 완전히 잃은 사람
③ 신경계통의 기능 또는 정신기능에 뚜렷한 장해가 남아 항상 간병을 받아야 하는 사람
④ 흉복부 장기의 기능에 뚜렷한 장해가 남아 항상 간병을 받아야 하는 사람
⑤ 두 팔을 팔꿈치관절 이상의 부위에서 잃은 사람
⑥ 두 팔을 완전히 사용하지 못하게 된 사람
⑦ 두 다리를 무릎관절 이상의 부위에서 잃은 사람
⑧ 두 다리를 완전히 사용하지 못하게 된 사람
⑨ 진폐의 병형이 제1형 이상이면서 동시에 심폐기능에 고도 장해가 남은 사람

제2급

① 한쪽 눈이 실명되고 다른 쪽 눈의 시력이 0.02 이하로 된 사람
② 두 눈의 시력이 각각 0.02 이하로 된 사람
③ 두 팔을 손목관절 이상의 부위에서 잃은 사람
④ 두 다리를 발목관절 이상의 부위에서 잃은 사람
⑤ 신경계통의 기능 또는 정신기능에 뚜렷한 장해가 남아 수시로 간병을 받아야 하는 사람
⑥ 흉복부 장기의 기능에 뚜렷한 장해가 남아 수시로 간병을 받아야 하는 사람

제3급

① 한쪽 눈이 실명되고 다른 쪽 눈의 시력이 0.06 이하로 된 사람
② 말하는 기능 또는 씹는 기능을 완전히 잃은 사람
③ 신경계통의 기능 또는 정신기능에 뚜렷한 장해가 남아 평생 동안 노무에 종사할 수 없는 사람
④ 흉복부 장기의 기능에 뚜렷한 장해가 남아 평생 동안 노무에 종사할 수 없는 사람
⑤ 두 손의 손가락을 모두 잃은 사람
⑥ 진폐증의 병형이 제1형 이상이면서 동시에 심폐기능에 중등도 장해가 남은 사람

제4급

① 두 눈의 시력이 각각 0.06 이하로 된 사람
② 말하는 기능과 씹는 기능에 뚜렷한 장해가 남은 사람
③ 고막 전부가 상실되거나 그 외의 원인으로 두 귀의 청력을 완전히 잃은 사람
④ 한쪽 팔을 팔꿈치관절 이상의 부위에서 잃은 사람
⑤ 한쪽 다리를 무릎관절 이상의 부위에서 잃은 사람
⑥ 두 손의 손가락을 모두 제대로 못 쓰게 된 사람
⑦ 두 발을 발목발허리관절(족근중족관절) 이상의 부위에서 잃은 사람

제5급

① 한쪽 눈이 실명되고 다른 쪽 눈의 시력이 0.1 이하로 된 사람
② 한쪽 팔을 손목관절 이상의 부위에서 잃은 사람
③ 한쪽 다리를 발목관절 이상의 부위에서 잃은 사람
④ 한쪽 팔을 완전히 사용하지 못하게 된 사람
⑤ 한쪽 다리를 완전히 사용하지 못하게 된 사람
⑥ 두 발의 발가락을 모두 잃은 사람
⑦ 흉복부 장기의 기능에 뚜렷한 장해가 남아 특별히 쉬운 일 외에는 할 수 없는 사람
⑧ 신경계통의 기능 또는 정신기능에 뚜렷한 장해가 남아 특별히 쉬운 일 외에는 할 수 없는 사람
⑨ 진폐증의 병형이 제4형이면서 동시에 심폐기능에 경도장해가 남은 사람

제6급

① 두 눈의 시력이 각각 0.1 이하로 된 사람
② 말하는 기능 또는 씹는 기능에 뚜렷한 장해가 남은 사람
③ 고막 대부분이 상실되거나 그 외의 원인으로 두 귀의 청력이 모두 귀에 대고 말하지 아니하면 큰 말소리를 알아듣지 못하게 된 사람
④ 한쪽 귀가 전혀 들리지 않게 되고 다른 쪽 귀의 청력이 40센티미터 이상의 거리에서는 보통의 말소리를 알아듣지 못하게 된 사람
⑤ 척주에 극도의 기능장해나 고도의 기능장해가 남고 동시에 극도의 척추 신경근장해가 남은 사람
⑥ 한쪽 팔의 3대 관절 중 2개 관절을 제대로 못 쓰게 된 사람
⑦ 한쪽 다리의 3대 관절 중 2개 관절을 제대로 못 쓰게 된 사람
⑧ 한쪽 손의 5개의 손가락 또는 엄지손가락과 둘째 손가락을 포함하여 4개의 손가락을 잃은 사람

제7급

① 한쪽 눈이 실명되고 다른 쪽 눈의 시력이 0.6 이하로 된 사람
② 두 귀의 청력이 모두 40센티미터 이상의 거리에서는 보통의 말소리를 알아듣지 못하게 된 사람
③ 한쪽 귀가 전혀 들리지 않게 되고 다른 쪽 귀의 청력이 1미터 이상의 거리에서는 보통의 말소리를 알아듣지 못하게 된 사람
④ 신경계통의 기능 또는 정신기능에 장해가 남아 쉬운 일 외에는 하지 못하는 사람
⑤ 흉복부 장기의 기능에 장해가 남아 쉬운 일 외에는 하지 못하는 사람
⑥ 한쪽 손의 엄지손가락과 둘째 손가락을 잃은 사람 또는 엄지손가락이나 둘째 손가락을 포함하여 3개 이상의 손가락을 잃은 사람
⑦ 한쪽 손의 5개의 손가락 또는 엄지손가락과 둘째 손가락을 포함하여 4개의 손가락을 제대로 못 쓰게 된 사람
⑧ 한쪽 발을 발목발허리관절(족근중족관절) 이상의 부위에서 잃은 사람
⑨ 한쪽 팔에 가관절(假關節, 부러진 뼈가 완전히 아물지 못하여 그 부분이 마치 관절처럼 움직이는 상태)이 남아 뚜렷한 운동기능장해가 남은 사람
⑩ 한쪽 다리에 가관절이 남아 뚜렷한 운동기능장해가 남은 사람
⑪ 두 발의 발가락을 모두 제대로 못 쓰게 된 사람
⑫ 외모에 극도의 흉터가 남은 사람

⑬ 양쪽의 고환을 잃은 사람
⑭ 척주에 극도의 기능장해나 고도의 기능장해가 남고 동시에 고도의
   척추 신경근장해가 남은 사람 또는 척주에 중등도의 기능장해나 극
   도의 변형장해가 남고 동시에 극도의 척추 신경근장해가 남은 사람
⑮ 진폐증의 병형이 제1형·제2형 또는 제3형이면서 동시에 심폐기능에
   경도 장해가 남은 사람

제8급
① 한쪽 눈이 실명되거나 한쪽 눈의 시력이 0.02 이하로 된 사람
② 척주에 극도의 기능장해가 남은 사람, 척주에 고도의 기능장해가 남
   고 동시에 중등도의 척추신경근 장해가 남은 사람, 척주에 중등도의
   기능장해나 극도의 변형장해가 남고 동시에 고도의 척추 신경근장
   해가 남은 사람 또는 척주에 경미한 기능장해나 중등도의 변형장해
   가 남고 동시에 극도의 척추 신경근장해가 남은 사람
③ 한쪽 손의 엄지손가락을 포함하여 2개의 손가락을 잃은 사람
④ 한쪽 손의 엄지손가락과 둘째 손가락을 제대로 못 쓰게 된 사람 또
   는 엄지손가락이나 둘째 손가락을 포함하여 3개 이상의 손가락을
   제대로 못 쓰게 된 사람
⑤ 한쪽 다리가 5센티미터 이상 짧아진 사람
⑥ 한쪽 팔의 3대 관절 중 1개 관절을 제대로 못 쓰게 된 사람
⑦ 한쪽 다리의 3대 관절 중 1개 관절을 제대로 못 쓰게 된 사람
⑧ 한쪽 팔에 가관절이 남은 사람
⑨ 한쪽 다리에 가관절이 남은 사람
⑩ 한쪽 발의 5개의 발가락을 모두 잃은 사람
⑪ 비장 또는 한쪽의 신장을 잃은 사람

제9급
① 두 눈의 시력이 0.6 이하로 된 사람
② 한쪽 눈의 시력이 0.06 이하로 된 사람
③ 두 눈에 모두 반맹증 또는 시야협착이 남은 사람
④ 두 눈의 눈꺼풀이 뚜렷하게 상실된 사람
⑤ 코가 고도로 상실된 사람
⑥ 말하는 기능과 씹는 기능에 장해가 남은 사람

⑦ 두 귀의 청력이 모두 1미터 이상의 거리에서는 큰 말소리를 알아듣지 못하게 된 사람
⑧ 한쪽 귀의 청력이 귀에 대고 말하지 아니하면 큰 말소리를 알아듣지 못하고 다른 귀의 청력이 1미터 이상의 거리에서는 보통의 말소리를 알아듣지 못하게 된 사람
⑨ 한쪽 귀의 청력을 완전히 잃은 사람
⑩ 한쪽 손의 엄지손가락을 잃은 사람 또는 둘째 손가락을 포함하여 2개의 손가락을 잃은 사람 또는 엄지손가락과 둘째 손가락 외의 3개의 손가락을 잃은 사람
⑪ 한쪽 손의 엄지손가락을 포함하여 2개의 손가락을 제대로 못 쓰게 된 사람
⑫ 한쪽 발의 엄지발가락을 포함하여 2개 이상의 발가락을 잃은 사람
⑬ 한쪽 발의 발가락을 모두 제대로 못 쓰게 된 사람
⑭ 생식기에 뚜렷한 장해가 남은 사람
⑮ 신경계통의 기능 또는 정신기능에 장해가 남아 노무가 상당한 정도로 제한된 사람
⑯ 흉복부 장기의 기능에 장해가 남아 노무가 상당한 정도로 제한된 사람
⑰ 척주에 고도의 기능장해가 남은 사람, 척주에 중등도의 기능장해나 극도의 변형장해가 남고 동시에 중등도의 척추 신경근장해가 남은 사람, 척주에 경미한 기능장해나 중등도의 변형장해가 남고 동시에 고도의 척추 신경근장해가 남은 사람 또는 척주에 극도의 척추 신경근장해가 남은 사람
⑱ 외모에 고도의 흉터가 남은 사람
⑲ 진폐증의 병형이 제3형 또는 제4형이면서 동시에 심폐기능에 경미한 장해가 남은 사람

제10급
① 한쪽 눈의 시력이 0.1 이하로 된 사람
② 한쪽 눈의 눈꺼풀이 뚜렷하게 상실된 사람
③ 코가 중등도로 상실된 사람
④ 말하는 기능 또는 씹는 기능에 장해가 남은 사람
⑤ 14개 이상의 치아에 치과 보철을 한 사람
⑥ 한 귀의 청력이 귀에 대고 말하지 않으면 큰 말소리를 알아듣지 못

하게 된 사람

⑦ 두 귀의 청력이 모두 1미터 이상의 거리에서는 보통의 말소리를 알아듣지 못하게 된 사람

⑧ 척주에 중등도의 기능장해가 남은 사람, 척주에 극도의 변형장해가 남은 사람, 척주에 경미한 기능장해나 중등도의 변형장해가 남고 동시에 중등도의 척추 신경근장해가 남은 사람 또는 척주에 고도의 척추 신경근장해가 남은 사람

⑨ 한쪽 손의 둘째 손가락을 잃은 사람 또는 엄지손가락과 둘째 손가락 외의 2개의 손가락을 잃은 사람

⑩ 한쪽 손의 엄지손가락을 제대로 못 쓰게 된 사람 또는 둘째 손가락을 포함하여 2개의 손가락을 제대로 못 쓰게 된 사람 또는 엄지손가락과 둘째 손가락외의 3개의 손가락을 제대로 못 쓰게 된 사람

⑪ 다리가 3센티미터 이상 짧아진 사람

⑫ 12. 한쪽 발의 엄지발가락 또는 그 외의 4개의 발가락을 잃은 사람

⑬ 한쪽 팔의 3대 관절 중 1개 관절의 기능에 뚜렷한 장해가 남은 사람

⑭ 한쪽 다리의 3대 관절 중 1개 관절의 기능에 뚜렷한 장해가 남은 사람

제11급

① 두 눈이 모두 안구의 조절기능에 뚜렷한 장해가 남거나 또는 뚜렷한 운동기능 장해가 남은 사람

② 두 눈의 눈꺼풀에 뚜렷한 운동기능장해가 남은 사람

③ 두 눈의 눈꺼풀의 일부가 상실된 사람

④ 한쪽 귀의 청력이 40센티미터 이상의 거리에서는 보통의 말소리를 알아듣지 못하게 된 사람

⑤ 두 귀의 청력이 모두 1미터 이상의 거리에서는 작은 말소리를 알아듣지 못하게 된 사람

⑥ 두 귀의 귓바퀴가 고도로 상실된 사람

⑦ 척주에 경도의 기능장해가 남은 사람, 척주에 고도의 변형장해가 남은 사람, 척주에 경미한 기능장해나 중등도의 변형장해가 남고 동시에 경도의 척추 신경근장해가 남은 사람 또는 척주에 중등도의 척추 신경근장해가 남은 사람

⑧ 한쪽 손의 가운데손가락 또는 넷째 손가락을 잃은 사람

⑨ 한쪽 손의 둘째 손가락을 제대로 못 쓰게 된 사람 또는 엄지손가락

과 둘째 손가락 외의 2개의 손가락을 제대로 못 쓰게 된 사람
⑩ 한쪽 발의 엄지발가락을 포함하여 2개 이상의 발가락을 제대로 못 쓰게 된 사람
⑪ 흉복부 장기의 기능에 장해가 남은 사람
⑫ 10개 이상의 치아에 치과 보철을 한 사람
⑬ 외모에 중등도의 흉터가 남은 사람
⑭ 두 팔의 노출된 면에 극도의 흉터가 남은 사람
⑮ 두 다리의 노출된 면에 극도의 흉터가 남은 사람
⑯ 진폐증의 병형이 제1형 또는 제2형이면서 동시에 심폐기능에 경미한 장해가 남는 사람, 진폐증의 병형이 제2형·제3형 또는 제4형인 사람

제12급

① 한쪽 눈의 안구의 조절기능에 뚜렷한 장해가 남거나 뚜렷한 운동기능장해가 남은 사람
② 한쪽 눈의 눈꺼풀에 뚜렷한 운동기능장해가 남은 사람
③ 한쪽 눈의 눈꺼풀의 일부가 상실된 사람
④ 7개 이상의 치아에 치과 보철을 한 사람
⑤ 한쪽 귀의 귓바퀴가 고도로 상실된 사람 또는 두 귀의 귓바퀴가 중등도로 상실된 사람
⑥ 코가 경도로 상실된 사람
⑦ 코로 숨쉬기가 곤란하게 된 사람 또는 냄새를 맡지 못하게 된 사람
⑧ 쇄골(빗장뼈), 흉골(복장뼈), 늑골(갈비뼈), 견갑골(어깨뼈) 또는 골반골(골반뼈)에 뚜렷한 변형이 남은 사람
⑨ 한쪽 팔의 3대 관절 중 1개 관절의 기능에 장해가 남은 사람
⑩ 한쪽 다리의 3대 관절 중 1개 관절의 기능에 장해가 남은 사람
⑪ 장관골에 변형이 남은 사람
⑫ 한쪽 손의 가운데손가락 또는 넷째 손가락을 제대로 못 쓰게 된 사람
⑬ 한쪽 발의 둘째 발가락을 잃은 사람 또는 둘째 발가락을 포함하여 2개의 발가락을 잃은 사람 또는 가운데발가락 이하의 3개의 발가락을 잃은 사람
⑭ 한쪽 발의 엄지발가락 또는 그 외에 4개의 발가락을 제대로 못 쓰게 된 사람
⑮ 신체 일부에 심한 신경증상이 남은 사람

⑯ 척주에 경미한 기능장해가 남은 사람, 척주에 중등도의 변형장해가
　 남은 사람 또는 척주에 경도의 척추 신경근장해가 남은 사람
⑰ 두 팔의 노출된 면에 고도의 흉터가 남은 사람
⑱ 두 다리의 노출된 면에 고도의 흉터가 남은 사람

제13급
① 한쪽 눈의 시력이 0.6 이하로 된 사람
② 한쪽 눈에 반맹증 또는 시야협착이 남은 사람
③ 한쪽 귀의 귓바퀴가 중등도로 상실된 사람 또는 두 귀의 귓바퀴가
　 경도로 상실된 사람
④ 5개 이상의 치아에 치과 보철을 한 사람
⑤ 한쪽 손의 새끼손가락을 잃은 사람
⑥ 한쪽 손의 엄지손가락 뼈의 일부를 잃은 사람
⑦ 한쪽 손의 둘째 손가락 뼈의 일부를 잃은 사람
⑧ 한쪽 손의 둘째 손가락 끝관절을 굽혔다 폈다 할 수 없게 된 사람
⑨ 한쪽 다리가 다른 쪽 다리보다 1센티미터 이상 짧아진 사람
⑩ 한쪽 발의 가운데발가락 이하의 1개 또는 2개의 발가락을 잃은 사람
⑪ 한쪽 발의 둘째 발가락을 제대로 못 쓰게 된 사람 또는 둘째 발가
　 락을 포함하여 2개의 발가락을 제대로 못 쓰게 된 사람 또는 가운
　 데발가락 이하의 3개의 발가락을 제대로 못 쓰게 된 사람
⑫ 척주에 경도의 변형장해가 남은 사람 또는 척주의 수상 부위에 기
　 질적 변화가 남은 사람
⑬ 외모에 경도의 흉터가 남은 사람
⑭ 두 팔의 노출된 면에 중등도의 흉터가 남은 사람
⑮ 두 다리의 노출된 면에 중등도의 흉터가 남은 사람
⑯ 진폐증의 병형이 제1형인 사람

제14급
① 한쪽 귀의 청력이 1미터 이상의 거리에서는 작은 말소리를 알아듣
　 지 못하게 된 사람
② 한쪽 귀의 귓바퀴가 경도로 상실된 사람
③ 3개 이상의 치아에 치과 보철을 한 사람
④ 두 팔의 노출된 면에 경도의 흉터가 남은 사람
⑤ 두 다리의 노출된 면에 경도의 흉터가 남은 사람

⑥ 한쪽 손의 새끼손가락을 제대로 못 쓰게 된 사람
⑦ 한쪽 손의 엄지손가락과 둘째 손가락 외의 손가락 뼈의 일부를 잃은 사람
⑧ 한쪽 손의 엄지손가락과 둘째 손가락 외의 손가락 끝관절을 굽혔다 폈다 할 수 없게 된 사람
⑨ 한쪽 발의 가운데발가락 이하의 1개 또는 2개의 발가락을 제대로 못 쓰게 된 사람
⑩ 신체 일부에 신경증상이 남은 사람
⑪ 척주에 경미한 변형장해가 남은 사람 또는 척추의 수상 부위에 비기질적 변화가 남은 사람

2. 장해등급 판정

2-1. 장해등급 판정의 기본원칙과 세부 기준

2-1-1. 장해등급 판정의 기본원칙

- 장해등급은 신체를 해부학적으로 구분한 부위(이하 "장해부위"라 함) 및 장해부위를 생리학적으로 장해군(障害群)으로 구분한 부위.
- 장해등급의 판정은 요양이 끝난 때에 증상이 고정된 상태에서 합니다.
- 다만, 요양이 끝난 때에 증상이 고정되지 않은 경우에는 다음의 구분에 따라 판정합니다.
  ① 의학적으로 6개월 이내에 증상이 고정될 수 있다고 인정되는 경우에는 그 증상이 고정된 때에 판정합니다. 다만, 6개월 이내에 증상이 고정되지 않은 경우에는 6개월이 되는 날에 고정될 것으로 인정하는 증상에 대해 판정합니다.
  ② 의학적으로 6개월 이내에 증상이 고정될 수 없다고 인정되는 경우에는 요양이 끝난 때에 장차 고정될 것으로 인정하는 증상에 대해 판정합니다.

2-1-2. 신체부위별 장해등급 판정에 대한 세부 기준

신체부위별 장해등급 판정에 관한 세부기준은 「산업재해보상보험법 시행규칙」 별표 5에서 확인할 수 있습니다.

2-2. 장해부위와 장해계열

2-2-1. 장해부위

"장해부위"란 신체를 해부학적 관점에서 구분한 것을 말합니다..장해부위는 다음과 같이 구분하되, 좌우 양쪽의 기관이 있는 부위는 각각 다른 장해부위로 봅니다. 다만, 안구와 속귀는 좌우를 같은 장해부위로 봅니다.
① 눈은 안구와 눈꺼풀의 좌 또는 우
② 귀는 속귀등과 귓바퀴의 좌 또는 우
③ 코
④ 입
⑤ 신경계통의 기능 또는 정신기능

⑥ 머리·얼굴·목

⑦ 흉복부장기(외부 생식기를 포함)

⑧ 체간은 척주(脊柱)와 그 밖의 체간골(體幹骨)

⑨ 팔은 팔의 좌 또는 우, 손가락은 손의 좌 또는 우

⑩ 다리는 다리의 좌 또는 우, 발가락은 발의 좌 또는 우

2-2-2. 장해계열

- "장해계열"이란 해부학적 관점에서 구분된 장해부위를 다시 생리학적 기준으로 세분한 것을 말합니다..
- 장해계열은 다음의 구분에 따릅니다.

부위		기질장해	기능장해	계열번호
눈	안구(양쪽)		시력장해	1
			운동장해	2
			조절기능장해	3
			시야장해	4
	눈꺼풀 (좌 또는 우)	상실장해	운동장해	5
귀	속귀 등 (양쪽)		청력장해	6
	귓바퀴 (좌 또는 우)	상실장해		7
코	코안		비호흡 (鼻呼吸) 및 후각기능장해	8
	외부 코	상실장해		9
입			씹는 기능장해 및 말하는 기능장해	10
		치아장해		11
머리, 얼굴, 목		흉터장해		12
신경·정신		신경장해		13
		정신장해		14
흉복부장기 (외부 생식기 포함)		흉복부장기 장해		15

	척주	변형장해	기능장해	16
체간	그 밖의 체간골	변형장해[쇄골(빗장뼈), 흉골(복장뼈), 늑골(갈비뼈), 견갑골(어깨뼈) 또는 골반골(골반뼈)]		17
팔	팔(좌 또는 우)	상실장해	기능장해	18
		변형장해(위팔뼈 또는 아래팔뼈)		19
		흉터장해		20
	손가락 (좌 또는 우)	상실장해	기능장해	21
다리	다리 (좌 또는 우)	상실장해	기능장해	22
		변형장해[대퇴골(넙다리뼈) 또는 하퇴골(정강이뼈·종아리뼈)])		23
		단축(짧아짐)장해		24
		흉터장해		25
	발가락 (좌 또는 우)	상실장해	기능장해	26

- 운동기능장해의 측정
  ① 비장해인의 신체 각 관절에 대한 평균 운동가능영역은 「산업재해보상보험법 시행규칙」 별표 4에서 확인할 수 있습니다.
  ② 운동기능장해의 정도는 미국의학협회(AMA, American Medical Association)식 측정 방법 중 근로복지공단이 정하는 방법으로 측정한 해당 근로자의 신체 각 관절의 운동가능영역과 평균 운동가능영역을 비교하여 판정합니다. 다만, 척주의 운동가능영역은 그러하지 않습니다.
  ③ 위에 따라 해당 근로자의 신체 각 관절의 운동가능영역을 측정할 때에는 다음의 구분에 따른 방법으로 합니다.
    ⓐ 강직, 오그라듦, 신경손상 등 운동기능장해의 원인이 명확한 경우: 근로자의 능동적 운동에 의한 측정방법
    ⓑ 운동기능장해의 원인이 명확하지 아니한 경우: 근로자의 수동적 운동에 의한 측정방법

2-3. 장해등급의 판정 절차

- 근로복지공단은 장해급여 청구를 받은 경우 의학적 자문을 받아 장해등급을 결정해야 합니다. 의학적 자문을 받을 때 다음의 어느 하나에 해당하는 경우에는 자문의사회의 심의를 거칠 수 있습니다.
  ① 장해상태에 대한 자문의사 소견이 주치의와 다른 경우
  ② 관절의 기능장해(운동범위 제한 정도에 따른 기능장해만을 말함)가 남은 경우
- 진료과목이 안과, 이비인후과, 치과, 내과, 비뇨기과인 경우로서 장해상태에 대한 자문의사 소견이 주치의와 다른 경우에는 다른 자문의사의 자문을 받아 장해등급을 결정할 수 있습니다.
- 의학적 자문은 장해상태에 따른 장해진단서, 진료기록부, 검사결과 등을 고려하여 서면심사로 할 수 있습니다. 다만, 다음의 어느 하나에 해당하는 경우에는 산재근로자에게 공단에 출석하도록 하고 그 장해상태에 대하여 확인해야 합니다.
  ① 관절기능장해(운동범위 제한 정도에 따른 기능장해만을 말함)
  ② 척추신경근장해

③ 신경·정신계통장해

④ 그 밖에 출석심사가 필요하다고 의학적으로 인정되는 경우

- 근로복지공단은 장해등급을 결정하는 때에 산재근로자에게 신경·정신계통의 장해가 있어 제7급 이상으로 장해등급을 결정하는 경우 자기공명영상촬영(MRI), 전산화단층촬영(C/T), 척수조영술, 근전도검사, 뇌파검사, 뇌신경생리검사, 신경심리검사 등의 자료가 있으면 그 자료를 반드시 확인해야 합니다.

3. 장해등급 조정 등

3-1. 장해가 둘 이상 있는 경우의 장해등급 조정

3-1-1. 원칙적으로 심한 장해에 해당하는 장해등급

장해등급 기준에 해당하는 장해가 둘 이상 있는 경우에는 그 중 심한 장해에 해당하는 장해등급을 그 근로자의 장해등급으로 합니다.

3-1-2. 예외적으로 장해계열이 다른 장해가 둘 이상 있는 경우의 장해등급 조정

<원칙>

1. 장해계열이 다른 제13급 이상의 장해가 둘 이상 있는 경우에는 다음의 구분에 따라 조정된 장해등급을 그 근로자의 장해등급으로 합니다. 다만, 위에 따른 조정의 결과 산술적으로 장해등급이 제1급을 초과하게 되는 경우에는 제1급을 그 근로자의 장해등급으로 하고, 그 장해의 정도가 조정된 등급에 규정된 다른 장해의 정도에 비하여 명백히 낮다고 인정되는 경우에는 조정된 등급보다 1개 등급 낮은 등급을 그 근로자의 장해등급으로 합니다.

   ① 제5급 이상에 해당하는 장해가 둘 이상 있는 경우에는 3개 등급 상향 조정

   ② 제8급 이상에 해당하는 장해가 둘 이상 있는 경우에는 2개 등급 상향 조정

   ③ 제13급 이상에 해당하는 장해가 둘 이상 있는 경우에는 1개 등급 상향 조정

   - 예외(1): 양쪽안구의 시력장해 등, 팔·다리의 상실 또는 기능장해

등이 남은 경우
2. 다음의 어느 하나에 해당하는 경우에는 장해등급을 조정하지 않고 장해계열이 같은 것으로 보아 장해등급기준 중 그 장해와 비슷한 장해에 해당하는 장해등급으로 결정합니다.
① 양쪽 안구에 시력장해·조절기능장해·운동장해 또는 시야장해가 각각 남은 경우
② 팔에 기능장해가 남고 같은 쪽 손가락의 상실 또는 기능장해가 남은 경우
③ 다리에 기능장해가 남고 같은 쪽 발가락에 상실 또는 기능장해가 남은 경우
- 예외(2): 조합등급에 대한 장해등급 기준이 있는 경우
3. 장해계열이 다른 장해가 둘 이상 있더라도 장해계열이 다른 둘 이상의 장해의 조합에 대해 장해등급기준에 하나의 장해등급(이하 "조합등급"이라 함)으로 정해진 다음의 어느 하나에 해당하는 장해가 남은 경우에는 장해등급을 조정하지 않고 장해등급기준에 따라 장해등급을 결정합니다.
① 두 팔의 상실 또는 기능장해로서 장해등급 기준에 따른 제1급제5호·제6호 및 제2급제3호 중 어느 하나에 해당하는 장해
② 두 손의 손가락의 상실 또는 기능장해로서 장해등급 기준에 따른 제3급제5호 및 제4급제6호 중 어느 하나에 해당하는 장해
③ 두 다리의 상실 또는 기능장해로서 장해등급 기준에 따른 제1급제7호·제8호, 제2급제4호 및 제4급제7호 중 어느 하나에 해당하는 장해
④ 두 발의 발가락의 상실 또는 기능장해로서 장해등급 기준에 따른 제5급제6호 및 제7급제11호 중 어느 하나에 해당하는 장해
⑤ 두 눈의 눈꺼풀의 상실 또는 운동기능장해로서 장해등급 기준에 따른 제9급제4호, 제11급제2호 및 제11급제3호 중 어느 하나에 해당하는 장해
⑥ 두 귀의 귓바퀴의 상실장해로서 장해등급 기준에 따른 제11급제6호, 제12급제5호 및 제13급제3호 중 어느 하나에 해당하는 장해
- 예외(3): 하나의 장해를 다른 관점에서 평가하는데 지나지 않는 경우

하나의 장해가 장해등급기준에 정하여진 장해 중 둘 이상의 장해에 해당하더라도 하나의 장해를 각각 다른 관점에서 평가하는데 지나지 않는 경우에는 그 중 높은 장해등급을 그 근로자의 장해등급으로 합니다.

-예외(4): 하나의 장해에 다른 장해가 파생관계에 있는 경우

하나의 장해에 다른 장해가 파생되는 관계에 있는 경우에는 그 중 높은 장해등급을 그 근로자의 장해등급으로 합니다.

3-2. 장해등급 기준의 준용

장해등급 기준에서 정하지 않은 장해가 있는 경우에는 장해등급 기준 중 그 장해와 비슷한 장해에 해당하는 장해등급으로 결정합니다.

제3절 장해급여

1. 장해급여의 청구 및 지급

1-1. 장해급여의 의의

"장해급여"란 근로자가 업무상의 사유로 부상을 당하거나 질병에 걸려 치유된 후 신체 등에 장해가 있는 경우에 그 근로자에게 지급하는 산업재해보상 보험급여(이하, "보험급여"라 함)를 말합니다.

1-2. 장해급여의 청구

1-2-1. 장해급여의 청구

업무상 재해를 당한 근로자(이하, "산재근로자"라 함)가 치유된 후 장해보상일시금 또는 장해보상연금을 지급받으려면 장해급여청구서에 장해진단서, 방사선 검사 자료, 진료기록부 등 장해의 상태를 확인할 수 있는 서류를 첨부하여 근로복지공단에 제출해야 합니다.

① 장해진단서는 요양을 종결할 당시의 산재보험 의료기관에서 발급받아 제출하는 것을 원칙으로 하되, 그 산재보험 의료기관에 장해를 남게 한 상병에 대한 진료과목 또는 장해 진단을 위한 검사장비가 없거나 요양을 종결할 당시의 산재보험 의료기관이 휴업·폐업한 경우에는 수술 또는 치료 등을 한 다른 산재보험 의료기관에서 발급받은 장해진단서를 제출하게 할 수 있습니다.

② 근로복지공단은 장해진단 내용이 다음의 어느 하나에 해당하는 경우에는 장해 또는 중증요양상태진단 의료기관에서 전문진단을 받게 할 수 있습니다.

    ⓐ 주치의 소견상 장해등급 제7급 이상에 해당하는 경우(다만, 결손·변형장해 등 명백한 장해 또는 관절운동범위 제한에 따른 기능장해는 제외)

    ⓑ 중추신경(뇌와 척수) 손상으로 신경·정신계통장해가 남은 경우

    ⓒ 그 밖에 전문진단이 필요하다고 의학적으로 인정되는 경우

1-2-2. 장해급여 청구권의 소멸시효

- 장해급여를 받을 권리는 상병이 치유된 날의 다음날부터 5년간 행사하지 않으면 시효의 완성으로 소멸합니다.
- 장해급여 청구권의 소멸시효는 수급권자의 장해급여 청구로 중단됩니다. 이 경우 장해급여 청구가 업무상 재해 여부의 판단이 필요한 최초의 청구인 경우에는 그 청구로 인한 시효중단의 효력은 다른 보험급여에도 미칩니다.

1-3. 장해급여의 선택

1-3-1. 장해보상연금 또는 장해보상일시금 선택

- 장해급여는 수급권자의 선택에 따라 다음의 장해급여표에 따른 장해보상연금 또는 장해보상일시금으로 지급됩니다.

장해등급	장해보상연금	장해보상일시금
제1급		1,474일분
제2급		1,309일분
제3급		1,155일분
제4급	329일분	1,012일분
제5급	291일분	869일분
제6급	257일분	737일분
제7급	224일분	616일분
제8급	193일분	495일분
제9급	164일분	385일분
제10급	138일분	297일분
제11급		220일분
제12급		154일분
제13급		99일분
제14급		55일분

- 다만, 노동력을 완전히 상실한 제1급부터 제3급까지의 장해등급의 근로자에게는 장해보상연금으로만 지급하고, 장해급여 청구사유 발생 당시 대한민국 국민이 아닌 자로서 외국에서 거주하고 있는 근로자에게는 장해보상일시금으로만 지급합니다.

1-4. 장해보상일시금의 지급

1-4-1. 장해보상일시금의 지급

제4급부터 제7급까지의 장해급여 수급권자에게는 해당 수급권자가 장해급여를 장해보상일시금으로 지급받기로 선택한 경우에만 장해급여를 장해보상일시금으로 지급하고, 제8급부터 제14급의 장해급여 수급권자에게는 장해급여를 장해일시금으로만 지급합니다.

1-4-2. 장해보상일시금의 지급 기한

장해보상일시금은 지급 결정일부터 14일 이내에 지급해야 합니다

1-5. 장해보상연금의 지급

1-5-1. 장해보상연금의 지급

제1급부터 제3급까지의 장해급여 수급권자에게는 장해급여를 장해보상연금으로만 지급하고, 장해등급 제4급부터 제7급까지의 장해급여 수급권자에게는 해당 수급권자가 장해급여를 장해보상연금으로 지급받기로 선택한 경우에만 장해급여를 장해보상연금으로 지급합니다.

1-5-2. 장해보상연금의 지급기간 및 지급시기

- 장해보상연금의 지급은 그 지급사유가 발생한 달의 다음 달 초일부터 시작되며, 그 지급받을 권리가 소멸한 달의 말일에 끝납니다.
- 장해보상연금은 그 지급을 정지할 사유가 발생한 때에는 그 사유가 발생한 달의 다음 달 초일부터 그 사유가 소멸한 달의 말일까지 지급하지 않습니다.
- 장해보상연금은 매년 이를 12등분하여 매달 25일에 그 달 치의 금액을 지급하되, 지급일이 토요일이거나 공휴일이면 그 전날에 지급합니다.
- 장해보상연금을 받을 권리가 소멸한 경우에는 위의 지급일 전이라도 지급할 수 있습니다.

1-5-3. 장해보상연금의 선지급

장해보상연금은 수급권자가 신청하면 그 연금의 최초 1년분 또는 2년분의 2분의 1에 상당하는 금액을 미리 지급할 수 있습니다. 다만, 제1급부터 제3급까지의 장해등급의 근로자는 그 연금의 최초 1년분부터 4년분까지의 2분의 1을 지급할 수 있습니다. 장해보상연금의 선급금은 해당 선급기간이 시작되는 달의 초일의 평균임금을 기준으로 산정하여 지급합니다.

1-6. 미지급 장해급여의 청구 및 지급

1-6-1. 미지급 장해급여의 청구

장해급여 수급권자가 사망한 경우 그 유족이 사망한 수급권자 대신 미지급 장해급여를 받으려면 미지급보험급여청구서를 근로복지공단에 제출해야 합니다.

1-6-2. 미지급 장해급여의 지급

미지급 장해급여는 미지급 장해급여 지급 결정일부터 14일 이내에 지급해야 합니다.

1-7. 장해급여에 대한 수급권 보호

1-7-1. 퇴직으로 인한 장해급여 수급권의 소멸 불가능

장해급여를 받을 권리는 근로자가 퇴직해도 소멸되지 않습니다.

1-7-2. 장해급여에 대한 수급권의 양도, 압류 또는 담보 제공 금지

- 장해급여를 받을 권리는 양도 또는 압류하거나 담보로 제공할 수 없습니다.
- 따라 지정된 보험급여수급계좌에 입금된 예금 전액에 관한 채권은 압류할 수 없습니다.

1-7-3. 공과금의 면제

장해급여로 지급된 금품에 대해서는 국가나 지방자치단체의 공과금이 부과되지 않습니다.

1-8. 장해급여의 지급제한과 부당이득의 징수

1-8-1. 장해보상연금의 지급제한

근로복지공단은 장해보상연금 수급권자가 장해등급 재판정 전에 자해(自害) 등 고의로 장해 상태를 악화시킨 경우 다음에 따라 장해급여를 지급합니다.

① 장해상태가 종전의 장해등급보다 심해진 경우에도 종전의 장해등급에 해당하는 장해보상연금 지급

② 장해상태가 종전의 장해등급보다 호전되었음이 의학적 소견 등으로 확인되는 경우로서 재판정 전에 장해상태를 악화시킨 경우에는 그 호전된 장해등급에 해당하는 장해급여 지급

1-8-2. 부당이득 징수

- 거짓이나 그 밖의 부정한 방법으로 장해급여를 받은 사람은 그 금액의 2배에 해당하는 금액을 징수받습니다.

- 장해보상연금 수급권자 또는 수급권자이었던 사람이 장해보상연금의 지급에 필요한 다음의 사항을 신고하지 않고 부당하게 장해보상연금을 받은 경우에는 그 급여액에 해당하는 금액을 징수받습니다.

  ① 장해보상연금 수급권자가 보험급여의 지급 사유와 같은 사유로 「민법」이나 그 밖의 법령에 따라 보험급여에 상당하는 금품을 받은 사실

  ② 장해보상연금 수급권자가 제3자로부터 보험급여의 지급 사유와 같은 사유로 보험급여에 상당하는 손해배상을 받은 사실

  ③ 그 밖에 보험급여 수급권자의 이름·주민등록번호·주소 등이 변경된 경우에는 그 내용

- 장해보상연금 수급권자 또는 수급권자였던 사람이 장해보상연금 수급권 소멸사유 발생을 근로복지공단에 신고하지 않고 부당하게 보험

급여를 지급받은 경우 그 금액을 징수받습니다.
- 「가족관계의 등록 등에 관한 법률」 제85조에 따른 사망신고 의무자
  가 수급권자의 사망 1개월 이내에 장해보상연금 수급권자의 사망
  사실을 근로복지공단에 신고하지 않고 부당하게 장해보상연금을 지
  급받은 경우 그 금액을 징수받습니다.

1-8-3. 부당수급자 명단 공개
공단은 거짓이나 그 밖의 부정한 방법으로 보험급여, 진료비, 약제비
를 지급받은 부정수급자로서 매년 직전 연도부터 과거 3년간 다음의
어느 하나에 해당하는 자의 명단을 공개할 수 있습니다. 이 경우 연대
책임자의 명단을 함께 공개할 수 있습니다.
① 부정수급 횟수가 2회 이상이고 부정수급액의 합계가 1억원 이상인 자
② 1회의 부정수급액이 2억원 이상인 자

2. 가중 장해에 대한 장해급여
2-1. 가중 장해의 의의
"가중 장해"란 이미 장해가 있던 사람이 업무상 부상 또는 질병으로
같은 장해부위에 장해의 정도가 심해진 경우를 말합니다.

2-2.가중 장해에 대한 장해급여
2-2-1. 업무상 재해 외의 사유로 인한 장해가 이미 있었던 경우
업무상 재해 외의 사유로 이미 장해가 있던 사람이 업무상 부상 또는
질병으로 같은 장해부위에 장해의 정도가 심해진 경우에 그 사람의 가
중 장해에 대한 장해급여의 금액은 장해급여표에 따른 장해등급별 장
해보상일시금 또는 장해보상연금의 지급일수를 기준으로 하여 다음의
구분에 따라 산정한 금액으로 합니다.
① 장해보상일시금으로 지급하는 경우: 가중 장해에 해당하는 장해보
  상일시금의 지급일수에서 기존 장해에 해당하는 장해보상일시금의
  지급일수를 뺀 일수에 급여 청구사유 발생 당시의 평균임금을 곱하
  여 산정한 금액
② 장해보상연금으로 지급하는 경우: 가중 장해에 해당하는 장해보상

연금의 지급일수에서 기존 장해에 해당하는 장해보상연금의 지급일수(기존 장해가 제8급부터 제14급까지의 장해 중 어느 하나에 해당하면 그 장해에 해당하는 장해보상일시금의 지급일수에 100분의 22.2를 곱한 일수)를 뺀 일수에 연금 지급 당시의 평균임금을 곱하여 산정한 금액

2-2-2. 업무상 재해로 인한 장해가 이미 있었던 경우

업무상 재해로 이미 장해가 있던 사람이 업무상 부상 또는 질병으로 같은 장해부위에 장해의 정도가 심해진 경우에 지급해야 하는 장해급여 금액을 산정하는 경우 기존 장해에 대해 장해급여를 지급한 경우에는 그 장해의 정도가 변경된 경우에도 이미 장해급여를 지급한 장해등급을 기존 장해등급으로 봅니다.

> **업무상 재해로 인한 장해가 이미 있었던 경우의 가중 장해에 대한 장해보상연금 산정 방법**
>
> 이미 한 팔을 손목관절에서 잃은 사람(장해등급 제5급)이 장해연금을 수령하고 있으면서 다시 업무상 재해로 다른 팔의 손목관절을 잃은 경우[가중 장해는 제2급(두 팔의 손목관절 이상 상실)]에는 기존장해에 대해 공제하지 않고 장해등급 제2급에 해당하는 장해보상연금을 지급합니다.

2-3. 가중 장해에 대한 가중의 예외

2-3-1. 새로 발생한 장해에 대해 따로 장해등급을 결정하는 경우

같은 장해계열의 장해의 정도가 심해지고 다른 장해계열에도 새로 장해가 남은 경우에는 같은 장해계열의 가중 장해에 대한 장해등급과 다른 장해계열의 장해에 대한 장해등급을 각각 정한 후 그 중 심한 장해에 해당하는 장해등급을 그 근로자의 장해등급으로 합니다. 이 경우 장해급여의 금액은 가중 장해에 대한 장해급여 산정 방법에 따라 산정한 장해급여의 금액이 새로 발생한 다른 장해계열의 장해만 남은 것으로 하는 경우에 지급할 장해급여의 금액보다 적은 경우에는 그 다른 장해계열의 장해만 남은 것으로 인정하여 산정합니다.

2-3-2. 조합등급에 해당하는 경우

- 조합등급으로 정해져 있는 장해부위의 어느 한쪽에 장해가 있던 사람이 다른 한쪽에 새로 장해가 발생하여 다음의 장해 중 어느 하나에 해당하게 된 경우에는 그 새로 발생한 장해에 대해 따로 장해등급을 결정하지 않고, 기존 장해가 심해진 것으로 보아 장해등급을 결정합니다.
- "조합등급"이란 장해계열이 다른 둘 이상의 장해의 조합에 대해 장해등급 기준에 하나의 장해등급으로 정해진 것을 말합니다.
  ① 두 팔의 상실 또는 기능장해로서 장해등급 기준에 따른 제1급제5호·제6호 및 제2급제3호 중 어느 하나에 해당하는 장해
  ② 두 손의 손가락의 상실 또는 기능장해로서 장해등급 기준에 따른 제3급제5호 및 제4급제6호 중 어느 하나에 해당하는 장해
  ③ 두 다리의 상실 또는 기능장해로서 장해등급 기준에 따른 제1급제7호·제8호, 제2급제4호 및 제4급제7호 중 어느 하나에 해당하는 장해
  ④ 두 발의 발가락의 상실 또는 기능장해로서 장해등급 기준에 따른 제5급제6호 및 제7급제11호 중 어느 하나에 해당하는 장해
  ⑤ 두 발의 발가락의 상실 또는 기능장해로서 장해등급 기준에 따른 제5급제6호 및 제7급제11호 중 어느 하나에 해당하는 장해
  ⑥ 두 귀의 귓바퀴의 상실장해로서 장해등급 기준에 따른 제11급제6호, 제12급제5호 및 제13급제3호 중 어느 하나에 해당하는 장해
- 조합등급에 해당하는 경우 장해급여의 금액은 「산업재해보상보험법 시행령」 제53조제4항에 따라 산정한 장해급여의 금액이 새로 발생한 다른 장해계열의 장해만 남은 것으로 하는 경우에 지급할 장해급여의 금액보다 적은 경우에는 그 다른 장해계열의 장해만 남은 것으로 인정하여 산정합니다.

2-3-3. 새로 발생한 장해만으로 장해등급을 결정하는 경우

손가락·발가락·안구 또는 속귀의 장해 정도가 심해진 경우에 그 가중 장해에 대한 장해급여의 금액은 가중 장해에 대한 장해급여 산정 방법에 따라 산정한 장해급여의 금액이 새로 발생한 장해만 남은 것으로 하는 경우에 지급할 장해급여의 금액보다 적은 경우에는 그 새로 발생한 장해만 남은 것으로 인정하여 산정합니다.

3. 장해등급의 재판정에 따른 장해급여

3-1. 장해등급 재판정

근로복지공단은 장해보상연금 수급권자 중 그 장해상태가 호전되거나 악화되어 치유 당시 결정된 장해등급이 변경될 가능성이 있는 자에 대해서는 그 수급권자의 신청 또는 직권으로 장해등급을 재판정할 수 있습니다.

3-2. 장해등급 재판정 대상자

- 장해등급 재판정 대상자는 다음의 어느 하나에 해당하는 장해보상연금 수급권자로 합니다.
  ① 장해보상연금 지급 대상이 되는 장해 중 제1급제3호, 제2급제5호, 제3급제3호, 제5급제8호, 제7급제4호, 제9급제15호 및 제12급제15호에 해당하는 장해가 하나 이상 있는 경우
  ② 장해보상연금 지급 대상이 되는 장해 중 제6급제5호, 제7급제14호, 제8급제2호, 제9급제17호, 제10급제8호, 제11급제7호, 제12급제16호에 해당하는 장해(척추 신경근장해에 따라 장해등급이 결정된 경우만 해당함)가 하나 이상 있는 경우
  ③ 장해보상연금 지급 대상이 되는 장해 중 제1급제6호·제8호, 제4급제6호, 제5급제4호·제5호, 제6급제6호·제7호, 제7급제7호·제11호, 제8급제4호·제6호·제7호, 제9급제11호·제13호, 제10급제10호·제13호·제14호, 제11급제9호·제10호, 제12급제9호·제10호·제12호·제14호, 제13급제8호·제11호에 해당하는 장해(신체 관절의 운동기능에 따라 장해등급이 결정된 경우만 해당함)가 하나 이상 있는 경우

④ 장해보상연금 지급 대상이 되는 장해 중 장해등급 기준에서 정하지 않은 장해가 있어서 장해등급 기준 중 그 장해와 비슷한 장해에 해당하는 장해등급으로 결정된 장해가 있는 경우로서 위의 1.부터 3.까지에 해당하는 장해가 하나 이상 포함되어 있는 경우
- 위의 장해등급 재판정 대상자 인정기준에도 불구하고 장해보상연금 수급권자의 장해 중 위에 따른 장해의 등급이 변경되더라도 그 외의 장해 때문에 최종의 장해등급은 변경되지 않는 경우에는 장해등급의 재판정 대상에서 제외합니다.

3-3. 장해등급 재판정 실시 횟수 및 시기 등

3-3-1. 장해등급 재판정 실시 횟수
- 장해등급 재판정은 장해보상연금의 지급 결정을 한 날을 기준으로 2년이 지난날부터 1년 이내에 한번 실시합니다.
- 위에도 불구하고 장해등급의 재판정 대상자가 재요양을 하는 경우에는 그 재요양 후 치유된 날(장해등급이 변경된 경우에는 그에 따른 장해보상연금의 지급 결정을 한 날)을 기준으로 2년이 지난날부터 1년 이내에 해야 합니다.

3-4. 장해등급 재판정 절차

3-4-1. 장해등급 재판정 신청
장해등급의 재판정을 받으려는 사람은 장해등급 재판정을 하기 전에 장해등급 재판정 신청서를 제출해야 합니다.

3-4-2. 장해등급 재판정을 위한 진찰
근로복지공단은 장해급여 수급권자의 신청 또는 직권으로 장해등급의 재판정을 하려면 재판정 대상자에게 장해등급판정을 위한 진찰을 받도록 요구해야 합니다.

3-4-3. 장해등급 재판정에 응하지 않는 경우의 조치
- 근로복지공단은 장해등급의 재판정 대상자가 지정된 진찰일까지 진

찰을 받지 않으면 진찰을 받을 산재보험 의료기관 및 진찰일 등을 다시 지정하여 진찰을 촉구해야 합니다. 근로복지공단의 진찰 촉구를 받은 자가 진찰을 받지 않으면 장해보상연금의 지급이 일시 중지된다는 사실을 알려야 합니다.

- 근로복지공단은 장해등급의 재판정 대상자가 재판정 촉구에도 응하지 않으면 장해등급 재판정을 받도록 지정한 날의 다음 날부터 장해등급재판정을 받은 날의 전날까지 장해보상연금의 지급을 일시 중지해야 합니다.

3-5. 장해등급 재판정에 따른 장해급여의 지급

- 장해등급의 재판정 결과 장해등급이 변경되면 그 변경된 장해등급에 따라 장해급여를 지급합니다.
- 장해등급의 재판정 결과 장해등급이 변경되어 장해보상연금을 청구한 경우에는 다음의 구분에 따라 장해보상연금 지급합니다.
  ① 장해상태가 악화된 경우: 재판정 진찰일이 속한 달의 다음달부터 변경된 장해등급등에 해당하는 장해보상연금을 지급
  ② 장해상태가 호전된 경우: 재판정 결정일이 속한 달의 다음달부터 변경된 장해등급등에 해당하는 장해보상연금을 지급
- 장해등급의 재판정 결과 장해등급이 변경되어 장해보상일시금을 청구한 경우에는 다음의 구분에 따라 지급합니다.
  ① 장해상태가 악화된 경우: 변경된 장해등급에 해당하는 장해보상일시금의 지급일수에서 이미 지급한 장해보상연금액을 지급 당시의 각각의 평균임금으로 나눈 일수의 합계를 뺀 일수에 평균임금을 곱한 금액 지급
  ② 장해상태가 호전된 경우(변경된 장해등급이 제8급부터 제14급까지에 해당하는 경우를 포함): 변경된 장해등급에 해당하는 장해보상일시금의 지급일수가 이미 지급한 장해보상연금액을 지급 당시의 각각의 평균임금으로 나눈 일수의 합계보다 많은 경우에만 그 일수의 차에 평균임금을 곱한 금액 지급
- 장해등급 재판정에 따라 장해보상연금을 지급하는 경우에는 장해보상연금을 선지급할 수 없습니다.

4. 재요양에 따른 장해급여

4-1. 재요양 종결 후의 장해등급의 재판정

- 근로복지공단은 장해보상연금 수급권자가 재요양을 한 경우(장해등급의 재판정을 받은 이후에 재요양을 한 경우를 포함) 그 수급권자가 장해등급의 재판정 대상에 해당하면 재요양 종결 후에 장해등급의 재판정 대상자로 등록하여 관리해야 합니다.
- 이 경우 근로복지공단은 해당 산재근로자에게 장해등급의 재판정 대상, 재판정 시기, 재판정에 응하지 않으면 보험급여가 일시중지 된다는 사실 등을 알려야 합니다.

4-2. 재요양 후의 장해급여 지급.

4-2-1. 재요양 후의 장해급여 지급

재요양을 받고 치유된 후 장해상태가 종전에 비하여 호전되거나 악화된 경우에는 그 호전 또는 악화된 장해상태에 해당하는 장해등급에 따라 장해급여를 지급합니다. 장해보상연금의 수급권자가 재요양을 받는 경우에도 장해보상연금의 지급은 정지되지 않습니다.

4-2-2. 장해보상연금을 받던 사람이 재요양하는 경우

장해보상연금을 받던 사람이 재요양 후에 장해등급이 변경되어 장해보상연금을 청구한 경우에는 재요양 후 치유된 날이 속하는 달의 다음 달부터 변경된 장해등급에 해당하는 장해보상연금을 지급합니다.
장해보상연금을 받던 사람이 재요양 후에 장해등급이 변경되어 장해보상일시금을 청구한 경우에는 다음의 구분에 따라 지급합니다.
① 장해보상연금을 받던 사람이 재요양 후에 장해등급이 변경되어 장해보상일시금을 청구한 경우에는 다음의 구분에 따라 지급합니다
② 장해상태가 호전된 경우(변경된 장해등급이 제8급부터 제14급까지에 해당하는 경우를 포함): 변경된 장해등급에 해당하는 장해보상일시금의 지급일수가 이미 지급한 장해보상연금액을 지급 당시의 각각의 평균임금으로 나눈 일수의 합계보다 많은 경우에만 그 일수의 차에 평균임금을 곱한 금액 지급

4-2-3. 장해보상일시금을 받은 사람이 재요양하는 경우

장해보상일시금을 받은 사람이 재요양을 한 경우 재요양 후의 장해상태가 종전에 비하여 악화되면 다음의 방법에 따라 장해급여를 지급합니다.

① 장해보상연금으로 청구한 경우: 재요양 후 치유된 날이 속하는 달의 다음 달부터 변경된 장해등급에 해당하는 장해보상연금을 지급하되, 청구인의 신청에 따라 이미 지급한 장해보상일시금의 지급일수에 해당하는 기간만큼의 장해보상연금을 지급하지 않거나 이미 지급한 장해보상일시금 지급일수의 2배에 해당하는 기간만큼 장해보상연금의 2분의 1을 지급합니다.

② 장해보상일시금으로 청구한 경우: 변경된 장해등급에 해당하는 장해보상일시금의 지급일수에서 종전의 장해등급에 해당하는 장해보상일시금의 지급일수를 뺀 일수에 평균임금을 곱한 금액을 지급합니다.

4-2-4. 재요양에 따른 장해급여의 산정에 적용되는 평균임금

재요양 후의 장해급여의 산정에 적용할 평균임금은 종전의 장해급여의 산정에 적용된 평균임금(장해급여를 받지 않은 경우에는 종전의 요양종결 당시의 평균임금)을 「산업재해보상보험법 시행령」 제22조에 따라 증감한 금액으로 합니다.

4-2-5. 재요양 후 장해보상연금의 선지급 불가능

재요양 후 장해보상연금을 지급하는 경우에는 장해보상연금을 선지급할 수 없습니다. 다만, 종전에 장해급여의 대상에 해당되지 않았던 사람이 재요양 후에 장해보상연금을 지급받게 되는 경우에는 장해보상연금을 선지급할 수 있습니다.

5. 장해특별급여

5-1. 장해특별급여의 의의

"장해특별급여"란 근로자가 보험가입자(사업주)의 고의 또는 과실로 발생한 업무상 재해로 제1급부터 제3급까지의 장해등급 또는 진폐장해등급에 해당하는 장해를 입은 경우 수급권자가 근로복지공단에 「민법」에 따른 손해배상청구 대신 청구할 수 있는 특별급여를 말합니다.

5-2. 장해특별급여의 청구

장해특별급여를 지급받으려는 수급권자는 장해·유족특별급여청구서에 장해·유족특별급여합의서를 첨부하여 근로복지공단에 제출해야 합니다.

5-3. 장해특별급여의 지급

5-3-1. 장해특별급여의 지급

보험가입자(사업주)의 고의 또는 과실로 발생한 업무상 재해로 근로자가 다음의 어느 하나에 해당하는 장해를 입은 경우 근로자와 보험가입자(사업주)의 합의로 장해특별급여 수급권자가 「민법」에 따른 손해배상청구 대신 장해특별급여를 청구하면 장해급여 또는 진폐보상연금 외에 장해특별급여를 지급할 수 있습니다.
① 장해등급 기준 제1급부터 제3급까지의 장해등급
② 진폐장해등급 기준 제1급부터 제3급까지의 진폐장해등급

5-3-2. 장해특별급여의 지급금액

- 장해특별급여는 평균임금의 30일분에 장해등급 및 진폐장해등급별 노동력 상실률과 취업가능기간에 대응하는 라이프니츠 계수를 곱하여 산정한 금액에서 장해보상일시금(진폐보상연금을 지급받는 경우에는 진폐장해등급과 같은 장해등급에 해당하는 장해보상일시금을 말함)을 뺀 금액을 지급합니다.
- 위의 취업가능기간은 장해등급이 판정된 날부터 단체협약 또는 취업규칙에서 정하는 취업정년까지로 합니다. 단체협약 또는 취업규칙에서 취업정년을 정하고 있지 않으면 60세를 취업정년으로 봅니다.

- 수급권자가 장해특별급여를 지급받은 경우 보험가입자(사업주)는 납부서약서를 제출해야 합니다.

5-4. 장해특별급여의 지급 효과

수급권자가 장해특별급여를 받으면 동일한 사유에 대해 보험가입자(사업주)에게 「민법」이나 그 밖의 법령에 따른 손해배상을 청구할 수 없습니다.

5-5. 장해특별급여액의 징수

- 근로복지공단은 장해특별급여를 지급하면 장해특별급여액 모두를 보험가입자(사업주)로부터 징수합니다.
- 보험가입자(사업주)는 장해특별급여액의 납부통지를 받으면 그 금액을 1년에 걸쳐 4회로 분할납부할 수 있습니다.
- 장해특별급여액을 분할납부하려는 경우 최초의 납부액은 납부통지를 받은 날이 속하는 분기의 말일까지 납부하고, 그 이후의 납부액은 각각 그 분기의 말일까지 납부해야 합니다.

제4절 간병급여

1. 간병급여의 의의

"간병급여"란 요양급여를 받은 사람 중 치유 후 의학적으로 상시 또는 수시로 간병이 필요하여 실제로 간병을 받는 자에게 지급되는 산업재해보상 보험급여(이하, "보험급여"라 함)를 말합니다. "치유"란 부상 또는 질병이 완치되거나 치료의 효과를 더 이상 기대할 수 없고 그 증상이 고정된 상태에 이르게 된 것을 말합니다.

2. 간병급여의 대상 및 지급기준

간병급여의 지급 대상은 다음과 같습니다.

구분	지급 대상
상시 간병급여	① 신경계통의 기능, 정신기능 또는 흉복부 장기의 기능에 장해등급 제1급에 해당하는 장해가 남아 일상생활에 필요한 동작을 하기 위해 항상 다른 사람의 간병이 필요한 사람 ② 두 눈, 두 팔 또는 두 다리 중 어느 하나의 부위에 장해등급 제1급에 해당하는 장해가 남고, 다른 부위에 제7급 이상에 해당하는 장해가 남아 일상생활에 필요한 동작을 하기 위해 항상 다른 사람의 간병이 필요한 사람
수시 간병급여	③ 신경계통의 기능, 정신기능 또는 흉복부 장기의 기능에 장해등급 제2급에 해당하는 장해가 남아 일상생활에 필요한 동작을 하기 위해 수시로 다른 사람의 간병이 필요한 사람 ④ 장해등급 제1급(제53조제2항에 따른 조정의 결과 제1급이 되는 경우를 포함)에 해당하는 장해가 남아 일상생활에 필요한 동작을 하기 위해 수시로 다른 사람의 간병이 필요한 사람

3. 간병급여의 청구

3-1. 간병급여의 청구

간병급여를 청구하려는 자는 간병급여청구서 및 간병요구도 평가 소견서에 다음의 사항을 적은 서류를 첨부하여 근로복지공단에 청구해야 합니다.

① 간병시설이나 간병을 받은 장소의 명칭 및 주소
② 간병을 한 사람의 이름·주민등록번호 및 수급권자와의 관계(간병시설에서 간병을 받지 않은 경우만 해당함)
③ 실제 간병을 받은 기간
④ 간병에 든 비용 및 그 명세

3-2. 간병급여 청구권의 소멸시효

- 간병급여를 받을 권리는 간병을 받은 날의 다음날부터 3년간 행사하지 않으면 시효로 소멸합니다.
- 간병급여 청구권의 소멸시효는 수급권자의 간병급여 청구로 중단됩니다. 이 경우 간병급여 청구가 업무상 재해 여부의 판단이 필요한 최초의 청구인 경우에는 그 청구로 인한 시효중단의 효력은 다른 보험급여에도 미칩니다.

3-3. 간병급여의 지급

3-3-1. 간병급여의 지급

- 간병급여는 간병급여의 지급 대상에 해당되는 사람이 실제로 간병을 받은 날에 대해 지급합니다.
- 간병급여로 지급된 금품에 대해서는 국가나 지방자치단체의 공과금이 부과되지 않습니다.

3-3-2. 간병급여의 지급 기한 및 지급기준 금액

- 간병급여는 지급 결정일부터 14일 이내에 지급해야 합니다.
- 상시 간병급여 지급기준 금액은 1일당 41,170원이고, 수시 간병급여 지급기준 금액은 1일당 27,450원입니다.

- 간병급여의 대상자가 무료요양소 등에 들어가 간병 비용을 지출하지 않았거나, 간병급여 지급 기준보다 적은 금액을 지출한 경우에는 실제 지출한 금액을 지급합니다.
- 간병급여 수급권자가 재요양을 받는 경우 그 재요양 기간 중에는 간병급여를 지급하지 않습니다.

3-3-3. 미지급 간병급여의 청구 및 지급
- 간병급여 수급권자가 사망한 경우 수급권자의 유족이 사망한 수급권자 대신 미지급 간병급여를 지급받으려면 미지급보험급여청구서를 근로복지공단에 제출해야 합니다.
- 미지급 간병급여는 미지급 간병급여 지급 결정일부터 14일 이내에 지급해야 합니다.

3-3-4.간병급여 수급권의 양도 및 압류 금지 등
- 간병급여를 받을 권리는 근로자가 퇴직해도 소멸되지 않습니다.
- 간병급여를 받을 권리는 양도 또는 압류하거나 담보로 제공할 수 없습니다.
- 위에 따라 지정된 보험급여수급계좌에 입금된 예금 전액에 관한 채권은 압류할 수 없습니다.

3-3-5. 부당이득 징수
거짓이나 그 밖의 부정한 방법으로 간병급여를 지급받은 사람은 그 금액의 2배에 해당하는 금액을 징수받습니다.

제4장

유족급여·장의비

제1절 유족급여

1. 유족급여 개관

1-1. 유족급여 의의

"유족급여"란 근로자가 업무상의 사유로 사망한 경우 유족에게 지급되는 산업재해보상 보험급여를 말합니다. "유족"이란 사망한 자의 배우자(사실상 혼인 관계에 있는 자를 포함)·자녀·부모·손자녀·조부모 또는 형제자매를 말합니다.

1-2. 유족급여의 지급 방법

1-2-1. 유족급여의 지급 방법

유족급여는 유족보상연금이나 유족보상일시금으로 지급합니다.

1-2-2. 유족보상연금

유족보상연금을 받을 자격이 있는 사람(이하 "유족보상연금 수급자격자"라 함)에게는 원칙적으로 유족보상연금을 지급합니다.

1-2-3. 반액 유족보상연금(반액 유족보상일시금)

- 유족보상연금 수급권자가 원하면 유족보상일시금의 100분의 50에 상당하는 금액을 일시금으로 지급하고 유족보상연금은 100분의 50을 감액하여 지급합니다.
- 반액 유족보상일시금을 지급받고 유족보상연금의 100분의 50을 감액하여 지급을 받으려는 사람은 유족급여청구서를 근로복지공단에 제출해야 합니다.

1-2-4. 유족보상연금 차액일시금

- 유족보상연금을 받던 사람이 그 수급자격을 잃은 경우 다른 수급자격자가 없고 이미 지급한 연금액을 지급 당시의 각각의 평균임금으로 나누어 산정한 일수의 합계가 1,300일에 못 미치면 그 못 미치

는 일수에 수급자격 상실 당시의 평균임금을 곱하여 산정한 금액을 수급자격 상실 당시의 유족에게 일시금으로 지급합니다.

- 유족보상연금 차액일시금을 지급받으려는 유족은 유족보상연금 차액 일시금청구서를 근로복지공단에 제출해야 합니다.

1-2-5. 유족보상일시금

유족보상일시금은 근로자가 사망할 당시 유족보상연금수급권자가 없는 경우에 지급합니다.

2. 유족보상연금

2-1. 유족보상연금의 의의

"유족보상연금"이란 근로자가 업무상의 사유로 사망한 경우 유족보상 연금을 받을 수 있는 자격이 있는 사람(이하 "유족보상연금 수급자격 자"라고 함)에게 지급되는 연금형식의 산업재해보상 보험급여(이하" 보험급여"라 함)를 말합니다.

2-2. 유족보상연금 수급자격자

2-2-1. 유족보상연금 수급자격자의 범위

유족보상연금 수급자격자는 근로자가 사망할 당시 그 근로자와 생계를 같이 하고 있던 유족(그 근로자가 사망할 당시 대한민국 국민이 아닌 자로서 외국에서 거주하고 있던 유족은 제외함) 중 배우자와 다음의 어느 하나에 해당하는 사람으로 합니다.

① 부모 또는 조부모로서 각각 60세 이상인 사람

② 자녀로서 25세 미만인 사람

③ 손자녀로서 19세 미만인 사람

④ 형제자매로서 19세 미만이거나 60세 이상인 사람

⑤ 위 ①부터 ④까지 중 어느 하나에 해당하지 않는 자녀·부모·손자녀· 조부모 또는 형제자매로서 「장애인복지법」 제2조에 따른 장애인 중 「장애인복지법 시행규칙」 별표 1에 따른 장애의 정도가 심한 장애인

- 위의 "근로자와 생계를 같이 하고 있던 유족"이란 근로자가 사망할 당시에 다음의 어느 하나에 해당하는 사람을 말합니다.
  ① 근로자와「주민등록법」에 따른 주민등록표상의 세대를 같이 하고 동거하던 유족으로서 근로자의 소득으로 생계의 전부 또는 상당 부분을 유지하고 있던 사람
  ② 근로자의 소득으로 생계의 전부 또는 상당 부분을 유지하고 있던 유족으로서 학업·취업·요양, 그 밖에 주거상의 형편 등으로 주민등록을 달리하였거나 동거하지 않았던 사람
  ③ 위의 유족 외의 유족으로서 근로자가 정기적으로 지급하는 금품이나 경제적 지원으로 생계의 전부 또는 대부분을 유지하고 있던 사람
-근로자가 사망할 당시 태아(胎兒)였던 자녀가 출생한 경우에는 출생한 때부터 장래에 향하여 근로자가 사망할 당시 그 근로자와 생계를 같이 하고 있던 유족으로 봅니다.

2-2-2. 유족보상연금 수급자격자의 순위

유족보상연금 수급자격자 중 유족보상연금을 받을 권리의 순위는 배우자·자녀·부모·손자녀·조부모 및 형제자매의 순서로 합니다.

2-3. 유족보상연금의 청구

2-3-1. 유족보상연금의 청구

유족보상연금을 받으려는 사람은 유족급여청구서에 다음의 서류를 첨부하여 근로복지공단에 제출해야 합니다. 행정정보 공동이용에 동의하는 경우에는 주민등록등본은 근로복지공단 직원이 확인하며, 주민등록등본만으로 수급권자 확인이 곤란한 경우에 가족관계 증명서가 필요합니다.
① 근로자의 사망진단서 또는 사체검안서 1부(사인미상인 경우 사체부검소견서 1부)
② 주민등록등본 또는「가족관계의 등록 등에 관한 법률」에 따른 증명서 1부

2-3-2. 유족보상연금 청구에 관한 대표자 선임

- 유족보상연금 수급권자가 2명 이상 있을 때에는 그 중 1명을 유족보상연금의 청구와 수령에 관한 대표자로 선임할 수 있습니다.
- 유족보상연금의 청구와 수령에 관한 대표자를 선임하거나 그 선임된 대표자를 해임한 경우에는 지체 없이 그 선임 또는 해임을 증명할 수 있는 서류를 첨부하여 근로복지공단에 신고해야 합니다.

2-3-3. 유족보상연금 청구권의 소멸시효

- 유족보상연금 청구권은 근로자가 업무상 사망한 다음 날부터 5년간 행사하지 않으면 시효의 완성으로 소멸합니다.
- 유족보상연금 청구권의 소멸시효는 수급권자의 유족보상연금 청구로 중단됩니다. 이 경우 유족보상연금 청구가 업무상 재해 여부의 판단이 필요한 최초의 청구인 경우에는 그 청구로 인한 시효중단의 효력은 다른 보험급여에도 미칩니다.

2-4. 유족보상연금의 지급

2-4-1. 유족보상연금액

- 유족보상연금액은 다음의 기본금액과 가산금액을 합한 금액으로 합니다.
  ① 기본금액: 평균임금에 365를 곱하여 얻은 금액(이하, "급여기초연액"이라 함)의 100분의 47에 상당하는 금액
  ② 가산금액: 유족보상연금수급권자 및 근로자가 사망할 당시 그 근로자와 생계를 같이 하고 있던 유족보상연금수급자격자 1인당 급여기초연액의 100분의 5에 상당하는 금액의 합산액. 다만, 그 합산금액이 급여기초연액의 100분의 20을 넘을 때에는 급여기초연액의 100분의 20에 상당하는 금액으로 합니다.
- 유족보상연금을 지급된 금품에 대해서는 국가나 지방자치단체의 공과금이 부과되지 않습니다.

2-4-2. 유족보상연금의 지급기간

- 유족보상연금의 지급은 그 지급사유가 발생한 달의 다음 달 초일부터 시작되며, 그 지급받을 권리가 소멸한 달의 말일에 끝납니다.
- 유족보상연금은 그 지급을 정지할 사유가 발생한 때에는 그 사유가 발생한 달의 다음 달 초일부터 그 사유가 소멸한 달의 말일까지 지급하지 않습니다.

2-4-3. 유족보상연금의 지급시기

- 유족보상연금은 매년 이를 12등분하여 매달 25일에 그 달 치의 금액을 지급하되, 지급일이 토요일이거나 공휴일이면 그 전날에 지급합니다.
- 유족보상연금을 받을 권리가 소멸한 경우에는 위의 지급일 전이라도 지급할 수 있습니다.

2-4-4. 유족보상연금 수급권의 양도 및 압류 금지 등

유족보상연금을 받을 권리는 양도 또는 압류하거나 담보로 제공할 수 없습니다.

2-5. 유족보상연금의 조정

2-5-1. 유족보상연금액의 조정 사유

근로복지공단은 다음의 사유가 발생하면 유족보상연금 수급권자의 청구 또는 직권으로 그 사유가 발생한 달의 다음 달분부터 유족보상연금의 금액을 조정합니다.

① 근로자의 사망 당시 태아였던 자녀가 출생한 경우
② 3개월 이상의 행방불명으로 유족보상연금 지급이 정지된 자가 유족보상연금 지급정지 해제신청을 하여 지급정지가 해제된 경우
③ 유족보상연금 수급자격자가 수급자격을 잃은 경우
④ 유족보상연금 수급자격자가 행방불명이 된 경우

2-5-2. 유족보상연금액의 조정 신청

유족보상연금 수급권자가 유족보상연금액의 조정 신청을 하려면 유족보상연금 수급권자 변경신고 및 연금액조정 신청서를 근로복지공단에 제출해야 합니다.

2-6. 유족보상연금의 지급정지

2-6-1. 유족보상연금의 지급정지 사유

- 유족보상연금 수급권자가 3개월 이상 행방불명이면 같은 순위자(같은 순위자가 없는 경우에는 다음 순위자)의 신청에 따라 행방불명된 달의 다음 달 분부터 그 행방불명 기간 동안 그 행방불명된 사람에 대한 유족보상연금의 지급을 정지하고, 유족급여표에 따라 산정한 금액을 유족보상연금으로 지급합니다.
- 3개월 이상 행방불명인 유족연금 수급권자에 대한 유족보상연금 지급정지신청이 있는 경우 행방불명된 종전의 유족보상연금 수급권자는 유족급여표에 따른 가산금액이 적용되는 유족보상연금 수급자격자로 보지 않습니다.

2-6-2. 유족보상연금의 지급정지 신청

유족보상연금의 수급권자가 3개월 이상 행방불명되어 같은 순위자 또는 다음 순위자가 유족보상연금의 지급 정지를 신청하려면 유족보상연금 지급정지신청서를 제출해야 합니다.

2-6-3. 유족보상연금의 지급정지 해제신청

유족보상연금의 지급이 정지된 사람은 유족보상연금 지급정지해제신청서를 근로복지공단에 제출하여 지급정지를 해제할 수 있습니다.

2-7. 유족보상연금 수급자격자의 자격 상실과 유족보상연금의 이전

2-7-1. 유족보상연금 수급자격자의 자격 상실

유족보상연금 수급자격자인 유족이 다음의 어느 하나에 해당하면 그 자격을 잃습니다.

① 사망한 경우

② 재혼한 때(사망한 근로자의 배우자만 해당하며, 재혼에는 사실상 혼인 관계에 있는 경우를 포함)

③ 사망한 근로자와의 친족 관계가 끝난 경우

④ 자녀가 25세가 된 때

⑤ 손자녀 또는 형제자매가 19세가 된 때

⑥ 다음의 어느 하나에 해당하지 않는 자녀, 부모, 손자·손녀, 조부모 또는 형제자매로서「장애인복지법」제2조에 따른 장애인 중「장애인복지법 시행규칙」별표 1에 따른 장애의 정도가 심한 장애인이었던 자로서 그 장애 상태가 해소된 경우

    ⓐ 부모 또는 조부모로서 각각 60세 이상인 사람

    ⓑ 자녀 또는 손자·손녀로서 각각 19세 미만인 사람

    ⓒ 형제자매로서 19세 미만이거나 60세 이상인 사람

⑦ 근로자가 사망할 당시 대한민국 국민이었던 유족보상연금 수급자격자가 국적을 상실하고 외국에서 거주하고 있거나 외국에서 거주하기 위해 출국하는 경우

⑧ 대한민국 국민이 아닌 유족보상연금 수급자격자가 외국에서 거주하기 위해 출국하는 경우

2-7-2. 유족보상연금의 이전

① 유족보상연금 수급자격자가 그 자격을 잃은 경우에 유족보상연금을 받을 권리는 같은 순위자가 있으면 같은 순위자에게, 같은 순위자가 없으면 다음 순위자에게 이전됩니다.

② 유족보상연금을 받을 권리가 이전된 경우에 유족보상연금을 새로 지급받으려는 사람은 유족보상연금 수급권자 변경신고 및 연금액조정 신청서를 근로복지공단에 제출하여 유족보상연금 수급권자 변경

신청을 해야 합니다.

2-8. 부당이득의 징수

2-8-1. 부당이득의 징수

- 거짓이나 그 밖의 부정한 방법으로 유족보상연금을 받은 사람은 그 금액의 2배에 해당하는 금액을 징수받습니다.
- 유족보상연금 수급권자 또는 수급권자이었던 사람이 유족보상연금지급에 필요한 다음의 사항을 신고하지 않고 부당하게 유족보상연금을 받은 경우에는 그 급여액에 해당하는 금액을 징수받습니다.
  - ⓐ 유족보상연금 수급권자가 보험급여 지급 사유와 같은 사유로 「민법」이나 그 밖의 법령에 따라 보험급여에 상당하는 금품을 받은 경우에는 그 내용
  - ⓑ 보험급여 수급권자가 제3자로부터 「산업재해보상보험법」에 따른 보험급여 지급 사유와 같은 사유로 보험급여에 상당하는 손해배상을 받은 경우에는 그 내용
  - ⓒ 유족보상연금 수급자격자가 변동된 경우에는 그 내용
  - ⓓ 그 밖에 보험급여 수급권자의 이름·주민등록번호·주소 등이 변경된 경우에는 그 내용
- 유족보상연금 수급권자 또는 수급권자였던 사람이 유족보상연금 수급권 변동사유가 발생한 사실을 근로복지공단에 신고하지 않고 부당하게 보험급여를 지급받은 경우 그 금액을 징수받습니다.

2-8-2. 부당수급자 명단 공개

공단은 거짓이나 그 밖의 부정한 방법으로 보험급여, 진료비, 약제비를 지급받은 부정수급자로서 매년 직전 연도부터 과거 3년간 다음의 어느 하나에 해당하는 자의 명단을 공개할 수 있습니다. 이 경우 연대책임자의 명단을 함께 공개할 수 있습니다.
① 부정수급 횟수가 2회 이상이고 부정수급액의 합계가 1억원 이상인 자
② 1회의 부정수급액이 2억원 이상인 자

3. 유족보상일시금

3-1. 유족보상일시금의 의의

"유족보상일시금"이란 근로자가 사망할 당시 유족보상연금을 받을 수 있는 자격이 있는 자(이하, "유족보상연금 수급자격자"라 함)가 없는 경우 지급되는 일시금 형식의 산업재해보상 보험급여(이하, "보험급여"라 함)를 말합니다.

3-2. 유족보상일시금의 지급사유 및 수급권자

3-2-1. 유족보상일시금 지급사유

유족보상일시금은 근로자가 사망할 당시 유족보상연금 수급자격자가 없는 경우에 지급합니다.

3-2-2. 수급권자인 유족의 순위

- 유족보상일시금의 유족 간 수급권의 순위는 다음의 순서로 하되, 동일 순위의 자 사이에서는 각각 그 적힌 순서에 따릅니다.
  ① 근로자가 사망할 당시 그 근로자와 생계를 같이 하고 있던 배우자·자녀·부모·손자녀 및 조부모
  ② 근로자가 사망할 당시 그 근로자와 생계를 같이 하고 있지 않던 배우자·자녀·부모·손자녀 및 조부모 또는 근로자가 사망할 당시 근로자와 생계를 같이 하고 있던 형제자매
  ③ 형제자매
- 같은 순위의 수급권자가 2명 이상이면 그 유족에게 똑같이 나누어 지급합니다.
- 부모는 양부모(養父母)를 선순위로, 실부모(實父母)를 후순위로 하고, 조부모는 양부모의 부모를 선순위로, 실부모의 부모를 후순위로, 부모의 양부모를 선순위로, 부모의 실부모를 후순위로 합니다.
- 수급권자인 유족이 사망한 경우 그 보험급여는 같은 순위자가 있으면 같은 순위자에게, 같은 순위자가 없으면 다음 순위자에게 지급합니다.
- 수급권자인 유족의 순위에도 불구하고 근로자가 유언으로 보험급여를 받을 유족을 지정하면 그 지정에 따릅니다.

3-3. 유족보상일시금의 청구

3-3-1. 유족보상일시금의 청구

유족보상일시금을 받으려는 사람은 유족급여청구서에 다음의 서류를 첨부하여 근로복지공단에 제출해야 합니다.

① 근로자의 사망진단서 또는 사체검안서 1부

② 근로자의 사체부검소견서 1부(사인미상인 경우에만 제출)

③ 「가족관계의 등록 등에 관한 법률」에 따른 증명서 1부(주민등록등본만으로 수급권자 확인이 곤란한 경우에만 제출).

3-3-2. 유족보상일시금 청구권의 소멸시효

- 유족보상일시금 청구권은 근로자가 업무상 사망한 다음 날부터 5년간 행사하지 않으면 시효의 완성으로 소멸합니다.

- 유족보상일시금 청구권의 소멸시효는 수급권자의 유족보상일시금 청구로 중단됩니다. 이 경우 유족보상일시금 청구가 업무상 재해 여부의 판단이 필요한 최초의 청구인 경우에는 그 청구로 인한 시효중단의 효력은 다른 보험급여에도 미칩니다.

3-4. 유족보상일시금의 지급

3-4-1. 유족보상일시금액

- 유족보상일시금은 평균임금의 1,300일분으로 합니다.

- 유족보상일시금으로 지급된 금품에 대해서는 국가나 지방자치단체의 공과금이 부과되지 않습니다.

3-4-2. 유족보상일시금 지급 기한

유족보상일시금은 유족보상일시금 지급 결정일부터 14일 이내에 지급해야 합니다.

3-4-3. 미지급 유족보상일시금의 청구 및 지급

- 유족보상일시금 수급권자가 사망한 경우 수급권자의 유족이 사망한 수급권자 대신 미지급 유족보상일시금을 받으려면 미지급보험급여청구서를 근로복지공단에 제출해야 합니다.
- 위에도 불구하고 유족이 제출한 「보상업무처리규정」 별지 제15호서식의 유족급여청구서에 미지급보험급여에 대한 청구 의사를 표시한 경우에는 미지급보험급여를 청구한 것으로 봅니다.
- 미지급 유족보상일시금은 미지급 유족보상일시금 지급 결정일부터 14일 이내에 지급해야 합니다.

3-4-4. 수급권의 양도 및 압류 금지 등

유족보상일시금을 받을 권리는 양도 또는 압류하거나 담보로 제공할 수 없습니다.

3-5. 부당이득의 징수

3-5-1. 부당이득의 징수

- 거짓이나 그 밖의 부정한 방법으로 유족보상일시금을 받은 사람은 그 금액의 2배에 해당하는 금액을 징수받습니다.
- 유족보상일시금 수급권자 또는 수급권자이었던 사람이 유족일시금지급에 필요한 다음의 사항을 신고하지 않고 부당하게 유족보상일시금을 받은 경우에는 그 급여액에 해당하는 금액을 징수받습니다.
  ① 유족보상일시금 수급권자 또는 수급권자이었던 사람이 유족일시금지급에 필요한 다음의 사항을 신고하지 않고 부당하게 유족보상일시금을 받은 경우에는 그 급여액에 해당하는 금액을 징수받습니다
  ② 유족보상일시금 수급권자가 제3자로부터 지급 사유와 같은 사유로 보험급여에 상당하는 손해배상을 받은 경우에는 그 내용
  ③ 그 밖에 보험급여 수급권자의 이름·주민등록번호·주소 등이 변경된 경우에는 그 내용

3-5-2. 부당수급자 명단 공개

공단은 거짓이나 그 밖의 부정한 방법으로 보험급여, 진료비, 약제비를 지급받은 부정수급자로서 매년 직전 연도부터 과거 3년간 다음의 어느 하나에 해당하는 자의 명단을 공개할 수 있습니다. 이 경우 연대책임자의 명단을 함께 공개할 수 있습니다.
① 부정수급 횟수가 2회 이상이고 부정수급액의 합계가 1억원 이상인 자
② 1회의 부정수급액이 2억원 이상인 자

4. 유족특별급여

4-1. 유족특별급여의 의의

"유족특별급여"란 근로자가 보험가입자(사업주)의 고의 또는 과실로 발생한 업무상 재해로 사망한 경우에 수급권자가 근로복지공단에 「민법」에 따른 손해배상청구 대신 청구할 수 있는 특별급여를 말합니다.

4-2. 유족특별급여의 청구

유족특별급여를 지급받으려는 수급권자는 유족특별급여청구서에 유족특별급여합의서를 첨부하여 근로복지공단에 제출해야 합니다.

4-3. 유족특별급여의 지급

4-3-1. 유족특별급여의 지급

보험가입자(사업주)의 고의 또는 과실로 발생한 업무상 재해로 근로자가 사망한 경우 수급권자와 보험가입자(사업주)의 합의로 수급권자가 「민법」에 따른 손해배상청구 대신 유족특별급여를 청구하면 유족급여 외에 유족특별급여를 지급할 수 있습니다.

4-3-2. 유족특별급여의 지급금액

- 유족특별급여는 평균임금의 30일분에서 사망자 본인의 생활비(평균임금의 30일분에 사망자 본인의 생활비 비율을 곱하여 산정한 금액을 말함)를 뺀 후 취업가능개월수에 대응하는 라이프니츠 계수를 곱하여 산정한 금액에서 유족보상일시금을 뺀 금액을 지급합니다.

- 위의 취업가능개월수는 사망한 날부터 단체협약 또는 취업규칙에서 정하는 취업정년까지로 합니다. 이 경우 단체협약 또는 취업규칙에서 취업정년을 정하고 있지 않으면 60세를 취업정년으로 봅니다.

4-4. 유족특별급여의 지급 효과

수급권자가 장해특별급여를 받으면 동일한 사유에 대해 보험가입자(사업주)에게 「민법」이나 그 밖의 법령에 따른 손해배상을 청구할 수 없습니다.

4-5. 유족특별급여액의 징수

- 근로복지공단은 유족특별급여를 지급하면 유족특별급여액 모두를 보험가입자(사업주)로부터 징수합니다.
- 보험가입자(사업주)는 유족특별급여액의 납부통지를 받으면 그 금액을 1년에 걸쳐 4회로 분할납부할 수 있습니다.
- 유족특별급여액을 분할납부하려는 경우 최초의 납부액은 납부통지를 받은 날이 속하는 분기의 말일까지 납부하고, 그 이후의 납부액은 각각 그 분기의 말일까지 납부해야 합니다.

제2절 장의비

1. 장의비의 의의

"장의비"란 업무상의 사유로 사망한 근로자의 장제를 지낸 유족 등에게 지급되는 산업재해보상 보험급여를 말합니다. "유족"이란 사망한 자의 배우자(사실상 혼인 관계에 있는 자를 포함)·자녀·부모·손자녀·조부모 또는 형제자매를 말합니다.

2. 장의비 청구

- 장의비를 지급받으려는 수급권자는 장의비청구서를 근로복지공단에 제출해야 합니다.
- 유족이 아닌 자가 장제를 지내고 장의비를 받으려고 하는 때에는 장제에 실제 든 비용을 증명하는 서류를 장의비청구서에 첨부하여 근로복지공단에 제출해야 합니다.

3. 장의비 지급

3-1. 유족이 장제를 지낸 경우

장의비는 근로자가 업무상의 사유로 사망한 경우에 지급하되, 평균임금의 120일분에 상당하는 금액을 그 장제(葬祭)를 지낸 유족에게 지급합니다.

3-2. 유족이 아닌 사람이 장제를 지낸 경우

장제를 지낼 유족이 없거나 유족의 행방불명 등으로 부득이하게 유족이 아닌 사람이 장제를 지낸 경우에는 평균임금의 120일분에 상당하는 금액의 범위에서 「건전가정의례준칙」제4장에 따른 상례에 따라 실제 지출된 비용을 그 장제를 지낸 자에게 지급합니다.

3-3. 장의비의 최고금액과 최저금액

장의비가 「장의비 최고·최저 금액」(고용노동부 고시 제2019-77호, 2019.12.27. 발령 2020.1.1. 시행)에 따른 장의비 최고금액인 15,867,020원을 초과하거나 장의비 최저금액인 11,438,960원에 미달하면 그 최고금액 또는 최저금액을 각각 장의비로 합니다.

3-4. 공과금의 면제

장의비로 지급된 금품에 대해서는 국가나 지방자치단체의 공과금이 부과되지 않습니다.

3-5. 수급권의 양도 및 압류 등 금지

장의비를 받을 권리는 양도 또는 압류하거나 담보로 제공할 수 없습니다.

제3절 근로자의 사망 추정에 의한 유족급여 및 장례비 지급

1. 근로자의 사망 추정 사유

근로자가 다음의 어느 하나에 해당하는 사유로 그 생사가 밝혀지지 않으면 사망한 것으로 추정하고, 유족급여와 장의비를 지급합니다.

① 선박이 침몰·전복·멸실 또는 행방불명되거나 항공기가 추락·멸실 또는 행방불명되는 사고가 발생한 경우에 그 선박 또는 항공기에 타고 있던 근로자의 생사가 그 사고 발생일로부터 3개월간 밝혀지지 않은 경우

② 항행 중인 선박 또는 항공기에 타고 있던 근로자가 행방불명되어 그 생사가 행방불명된 날부터 3개월간 밝혀지지 않은 경우

③ 천재지변, 화재, 구조물 등의 붕괴, 그 밖의 각종 사고의 현장에 있던 근로자의 생사가 사고 발생일로부터 3개월간 밝혀지지 않은 경우

2. 근로자의 사망 추정 방법

2-1. 실종근로자의 사망 추정일

사망한 것으로 추정되는 사람은 그 사고가 발생한 날 또는 행방불명된 날에 사망한 것으로 추정합니다.

2-2. 실종기간 중 사망하였으나 사망 시기가 밝혀지지 않은 근로자의 사망 추정일

위의 사망 추정 사유로 생사가 밝혀지지 않았던 사람이 사고가 발생한 날 또는 행방불명된 날부터 3개월 이내에 사망한 것이 확인되었으나 그 사망 시기가 밝혀지지 않은 경우에도 그 사고가 발생한 날 또는 행방불명된 날에 사망한 것으로 추정합니다.

3. 근로자실종·사망확인 신고

- 보험가입자(사업주)는 위의 사망 추정 사유가 발생한 때 또는 사망이 확인된 때(실종기간 중 사망하여 사고 발생한 날 또는 행방불명된 날에 사망한 것으로 추정하는 경우를 포함함)에는 지체 없이 근로복지공단에 근로자 실종 또는 사망확인 신고를 해야 합니다.
- 보험가입자(사업주)가 소속 근로자에 대한 실종·사망확인 신고를 하려는 경우에는 근로자실종·사망확인서에 근로자의 실종이나 사망을 확인하는 서류를 첨부하여 근로복지공단에 제출해야 합니다.

4. 사망 추정되는 근로자의 유족 등의 유족급여와 장의비 청구

4-1. 유족급여의 청구

근로자의 사망 추정으로 유족보상일시금, 유족보상연금을 받으려는 사람은 다음의 서류를 근로복지공단에 제출해야 합니다. 이 경우 행정정보 공동이용에 동의하는 경우에는 주민등록등본은 근로복지공단 직원이 확인하며, 주민등록등본만으로 수급권자 확인이 곤란한 경우에 가족관계 증명서가 필요합니다.
① 유족급여청구서
② 근로자의 사망진단서 또는 사체검안서 1부(사인미상인 경우 사체부검소견서 1부)
③ 주민등록등본 또는 「가족관계의 등록 등에 관한 법률」에 따른 증명서 1부

4-2. 장의비 청구

- 근로자의 사망 추정으로 장의비를 지급받으려는 수급권자는 장의비청구서를 근로복지공단에 제출해야 합니다(「보상업무처리규정」 제44조제1항 전단 및 별지 제15호서식).
- 유족이 아닌 사람이 장제를 지내고 장의비를 받으려고 하는 때에는 장제에 실제 든 비용을 증명하는 서류와 장의비청구서를 근로복지공단에 제출해야 합니다(「보상업무처리규정」 제44조제1항 후단).

5. 근로자 생존확인 신고 및 보험급여 환수

5-1. 근로자 생존확인 신고

근로자가 사망한 것으로 추정하여 유족급여, 장의비를 지급한 후에 그 근로자의 생존이 확인되면 유족급여, 장의비를 받은 사람과 보험가입자(사업주)는 그 근로자의 생존이 확인된 날부터 15일 이내에 근로복지공단에 근로자생존확인신고서를 제출해야 합니다.

5-2. 생존확인 시 보험급여 환수

- 근로복지공단은 근로자의 생존이 확인된 경우에 유족급여, 장의비를 받은 사람에게 선의인 경우에는 받은 금액을, 악의인 경우에는 받은 금액의 2배에 해당하는 금액을 낼 것을 보험급여반환통지서로 알려야 합니다.
- 보험급여반환통지를 받은 사람은 그 통지를 받은 날부터 30일 이내에 통지받은 금액을 근로복지공단에 내야 합니다.

제5장

직업재활급여 및 재활지원

제1절 직업재활급여 및 재활지원 개관

1. 직업재활급여

1-1. 직업재활급여의 의의

"직업재활급여"란 장해등급 제1급부터 제12급까지의 장해급여자(이하, "장해급여자"라 함) 중 취업을 위해 직업훈련이 필요한 사람에게 직업훈련비용 및 직업훈련수당을 지급하고, 장해급여자의 고용을 유지하는 사업주에게는 직장복귀지원금, 직장적응훈련비 및 재활훈련비를 지급하는 보험급여를 말합니다.

1-2. 직업재활급여의 종류

직업재활급여의 종류는 ① 취업을 위해 직업훈련이 필요한 사람에게 지급하는 직업훈련비용, 직업훈련수당과 ② 사업주에게 지급하는 직장복귀지원금, 직장적응훈련비 및 재활운동비가 있습니다.

2. 그 밖의 재활지원

2-1. 맞춤형통합서비스

근로복지공단은 업무상 재해를 당한 근로자(이하, "산재근로자"라 함)의 직업복귀 및 사회복귀 촉진을 위하여 산재근로자를 직업복귀 취약정도에 따라 분류하고 요양·재활·보상 서비스를 적기에 체계적으로 제공하는 맞춤형통합서비스를 운영하고 있으며 맞춤형통합서비스는 내일찾기서비스 일반서비스로 구분됩니다.

2-2. 창업 지원

근로복지공단은 업무상 재해를 입은 산재근로자의 자립기반 구축 등 복지증진을 위해 근로복지공단 명의로 점포를 임차하여 산재근로자에게 운영하도록 하는 산재근로자 창업지원사업을 시행하고 있습니다.

2-3. 의료재활 지원(후유증상관리)

근로복지공단은 장해보상을 받은 후 부상 또는 질병의 특성상 합병증 등 증상이 발생되었거나 발생될 염려가 있는 사람에 대해 간편한 절차로 진료를 받을 수 있도록 하는 합병증 및 후유증상 관리제도를 시행하고 있습니다.

2-4. 사회생활 지원

근로복지공단은 산재근로자의 사회복귀 촉진을 지원하기 위해 심리상담, 희망찾기프로그램, 사회적응프로그램, 재활스포츠, 취미활동반, 지역사회자원 연계, 산재근로자 멘토링프로그램 등의 사업을 하고 있습니다.

2-5. 생활 지원

근로복지공단은 산재근로자와 그 유족의 복지 증진을 위한 사업 수행을 위해 산재근로자 및 자녀 장학사업과 산재근로자 생활안정자금 대부사업 그리고 산재근로자 및 자녀 대학학자금 대부사업을 시행하고 있습니다.

제2절 직업훈련비용 및 직업훈련수당

1-1. 직업훈련비용 및 직업훈련수당 지원 대상자

- 다음의 요건을 모두 갖춘 사람(이하, "훈련대상자"라 함)은 직업훈련 비용 및 직업훈련수당 지원 대상자가 됩니다.
  ① 다음의 어느 하나에 해당할 것
    ⓐ 장해등급 제1급부터 제12급까지의 어느 하나에 해당할 것
    ⓑ 업무상의 사유로 발생한 부상 또는 질병으로 인해 요양 중으로서 그 부상 또는 질병의 상태가 치유 후에도 장해등급 제1급부터 제12급까지의 어느 하나에 해당할 것이라는 내용의 의학적 소견이 있을 것
  ② 취업하고 있지 않은 사람일 것
  ③ 다른 직업훈련을 받고 있지 않을 것
  ④ 「산업재해보상보험법 시행령」 제67조제1항에 따른 직업복귀계획을 수립하였을 것
- 위의 ②에도 불구하고 직업훈련을 받고 있는 훈련대상자가 직업훈련 기간 중에 취업을 한 경우에는 그 직업훈련 과정이 끝날 때까지 직업훈련을 받게 할 수 있되, 취업한 기간에 대해서는 직업훈련수당을 지급하지 않습니다.
- 훈련대상자가 직업훈련 기간에 대해 「고용보험법」에 따른 구직급여를 받은 경우에는 직업훈련을 받게 할 수 있되, 직업훈련수당은 지급하지 않습니다.

1-2. 훈련대상자에 대한 직업훈련비용 지급

1-2-1. 직업훈련기관

훈련대상자에 대한 직업훈련은 근로복지공단과 계약을 체결한 직업훈련기관(이하 "직업훈련기관"이라 함)에서 실시하게 합니다. 직업훈련기관에 대한 자세한 사항은 『근로복지공단』에서 확인할 수 있습니다.

1-2-2. 직업훈련비용의 청구

직업훈련비용을 받으려는 직업훈련기관은 다음의 서류를 월 1회 단위로 근로복지공단에 제출해야 합니다. 직업훈련비용의 청구는 근로복지공단에 직접 청구하는 외에 근로복지공단의 『고용·산재보험 토탈서비스』를 통해 인터넷으로도 청구할 수 있습니다.

① 직업훈련비용 청구서(「직업재활업무 처리규정」 별지 제16호 서식)
② 직업훈련생의 출석률 및 훈련시간 및 훈련실시 상황을 확인할 수 있는 서류(다만, 출결관리한 경우에는 제출을 생략할 수 있음)

1-2-3. 직업훈련비용 지급

- 직업훈련비용은 직업훈련을 실시한 직업훈련기관에 지급합니다.
- 다만, 직업훈련기관이 다음의 어느 하나에 해당하는 경우에는 직업훈련비용을 지급하지 않습니다.
  ① 「장애인고용촉진 및 직업재활법」 제11조에 따른 직업적응훈련 및 「장애인고용촉진 및 직업재활법」 제12조에 따른 직업능력개발훈련의 지원을 받은 경우
  ② 「고용보험법」 제29조에 따른 직업능력개발훈련의 지원을 받은 경우
  ③ 「근로자직업능력 개발법」 제11조의2, 제12조, 제15조 및 및 제17조에 따른 직업능력개발훈련의 지원을 받은 경우
  ④ 훈련대상자를 고용하려는 사업주가 직업훈련비용을 부담한 경우
  ⑤ 그 밖에 「산업재해보상보험법」 또는 다른 법령에 따라 직업훈련비용에 상당하는 지원을 받은 경우

1-2-4. 직업훈련비용의 지급 범위 등

- 1인당 직업훈련비용 지원한도 금액의 상한 금액은 다음과 같습니다.
  ① 근로자직업능력개발법에 따른 직업능력개발훈련 및 한국장애인고용공단의 위탁훈련 : 정부지원승인 훈련비
  ② 위 이외의「산업재해보상보험법 시행규칙」 제58조에 따른 훈련 : 6,000,000원
- 직업훈련비용의 범위 및 직업훈련비용의 세부기준은 「직업재활업무

처리규정」에서 확인할 수 있습니다.
- 부당이득 징수
  거짓이나 그 밖의 부정한 방법으로 직업훈련비용을 지급받은 사람은
  그 금액의 2배에 해당하는 금액을 징수받습니다.

1-3. 훈련대상자에 대한 직업훈련수당 지급

1-3-1. 직업훈련수당의 청구 등

① 직업훈련수당의 청구

훈련대상자가 직업훈련수당을 받으려면 직업훈련을 시작한 날부터
1개월(직업훈련 기간이 1개월 미만인 경우에는 그 기간)이 지난 후
에 월 단위로 직업훈련수당청구서를 근로복지공단에 제출해야 합니
다. 직업훈련수당의 청구는 근로복지공단에 직접 청구하는 외에 근
로복지공단의 『고용·산재보험 토탈서비스』를 통해 인터넷으로도 청
구할 수 있습니다. 다만, 근로복지공단의 『고용·산재보험 토탈서비
스』를 통해 직업훈련수당을 청구하는 경우에는 해당 훈련직종 또는
훈련과정을 수료한 후에 청구해야 합니다.

② 직업훈련수당의 소멸시효

직업훈련수당 청구권은 근로자가 직업훈련을 시작한 날부터 1개월
(직업훈련 기간이 1개월 미만인 경우에는 그 기간)이 지난 다음 날
부터 3년간 행사하지 않으면 시효로 소멸합니다.

1-3-2. 직업훈련수당의 지급 기준

- 직업훈련수당은 해당 훈련직종 또는 훈련과정에서 훈련대상자의 출
  석률이 100분의 80 이상인 경우에 다음의 기준에 따라 지급합니다.
  ① 해당 훈련직종 또는 훈련과정의 직업훈련기간 또는 시간이 다음
    의 요건 모두에 해당하는 경우에 그 훈련기간의 일수에 대해 지급
    ⓐ 1일 4시간 이상일 것
    ⓑ 1주 동안 20시간 이상이면서 4일 이상일 것
    ⓒ 1개월 동안 80시간 이상일 것

② 해당 훈련직종 또는 훈련과정의 직업훈련기간 또는 시간이 위의
   ⓐ,ⓑ,ⓒ의 기준에 미치지 못하는 경우에는 다음의 구분에 따라
   지급
   ⓓ 4시간 이상의 직업훈련을 받은 일수에 대해 직업훈련수당 지급
   ⓔ 2시간 이상 4시간 미만의 직업훈련을 받은 날에 대해서는 직
      업훈련수당의 2분의 1에 해당하는 금액 지급
- 위에도 불구하고 정보통신망을 이용한 훈련직종 또는 훈련 과정을
  수료한 경우에는 직업훈련을 받은 총시간을 8로 나누어 나온 값을
  직업훈련을 받은 일수로 보고 그 일수에 해당하는 직업훈련수당을
  지급합니다. 이 경우 8로 나누어 남은 시간이 4시간 이상이면 1일
  로 봅니다.
- 특정일에 정보통신망을 이용하여 직업훈련을 받은 시간이 8시간을
  넘는 경우에는 그 직업훈련을 받은 시간 전부에 대해 1일분의 직업
  훈련수당을 지급합니다.

1-3-3. 직업훈련수당의 지급
- 직업훈련수당 지급 기한
  직업훈련수당은 직업훈련수당 지급 결정일부터 14일 이내에 지급
  해야 합니다.
- 직업훈련수당 지급액
  ① 직업훈련수당은 직업훈련을 받는 훈련대상자에게 그 직업훈련으
     로 인해 취업하지 못하는 기간에 대해 지급하되, 1일당 지급액은
     최저임금액에 상당하는 금액으로 합니다. 다만, 휴업급여나 상병
     보상연금을 받는 훈련대상자에게는 직업훈련수당을 지급하지 않
     습니다.
  ② 직업훈련수당을 받는 자가 장해보상연금을 받는 경우에는 1일당
     장해보상연금액과 1일당 직업훈련수당을 합한 금액이 그 근로자
     의 장해보상연금 산정에 적용되는 평균임금의 100분의 70을 초
     과하면 그 초과하는 금액 중 직업훈련수당에 해당하는 금액은
     지급하지 않습니다.

- 수급권의 보호
  ① 직업훈련수당을 받을 권리는 양도 또는 압류하거나 담보로 제공할 수 없습니다.
  ② 직업훈련수당으로 지급된 금품에 대해서는 국가나 지방자치단체의 공과금이 부과되지 않습니다.
- 부당이득 징수
  거짓이나 그 밖의 부정한 방법으로 직업훈련수당을 지급받은 사람은 그 금액의 2배에 해당하는 금액을 징수받습니다.

2. 직장복귀지원금 등

2-1. 직장복귀지원금의 수급자격자

직장복귀지원금, 직장적응훈련비 및 재활운동비는 다음의 어느 하나에 해당하는 장해급여자(이하, "장해급여자"라 함)에 대해 고용을 유지하거나 직장적응훈련 또는 재활운동을 실시하는 사업주에게 각각 지급합니다.
① 해당 사업에 복귀할 때 장해등급 등 제1급부터 제12급까지의 어느 하나에 해당할 것
② 해당 사업에 복귀할 때 업무상의 사유로 발생한 부상 또는 질병으로 인해 요양 중으로서 그 부상 또는 질병의 상태가 치유 후에도 장해등급 제1급부터 제12급까지의 어느 하나에 해당할 것이라는 내용의 의학적 소견이 있을 것

2-2. 직장복귀지원금 등의 지급 요건 등

- 직장복귀지원금은 사업주가 장해급여자에 대해 요양종결일 또는 직장복귀일부터 6개월 이상 고용을 유지하고 그에 따른 임금을 지급한 경우에 지급합니다.
- 다만, 장해급여자가 요양종결일 또는 직장복귀일부터 6개월이 되기 전에 자발적으로 퇴직한 경우에는 그 퇴직한 날까지의 직장복귀지원금을 지급합니다.
- 직장적응훈련비는 사업주가 장해급여자에 대해 그 직무수행이나 다

른 직무로 전환하는 데에 필요한 직장적응훈련을 실시한 경우로서 다음의 요건 모두에 해당하는 경우에 지급합니다.

① 요양종결일 또는 직장복귀일 직전 3개월부터 요양종결일 또는 직장복귀일 이후 6개월 이내에 직장적응훈련을 시작하였을 것

② 직장적응훈련이 끝난 날의 다음 날부터 6개월 이상 고용을 유지하였을 것(장해급여자가 직장적응훈련이 끝난 다음 날부터 6개월이 되기 전에 자발적으로 퇴직한 경우는 제외함)

- 재활운동비는 사업주가 장해급여자에 대하여 그 직무수행이나 다른 직무로 전환하는 데 필요한 재활운동을 실시한 경우로서 다음의 요건 모두에 해당하는 경우에 지급합니다.

① 요양종결일 또는 직장복귀일부터 6개월 이내에 재활운동을 시작하였을 것

② 재활운동이 끝난 날의 다음 날부터 6개월 이상 해당 장해급여자에 대한 고용을 유지하였을 것(다만, 장해급여자가 재활운동이 끝난 날의 다음 날부터 6개월이 되기 전에 자발적으로 퇴직한 경우에는 그렇지 않음)

- 위의 요양종결일 또는 직장복귀일을 적용할 때, 장해급여자 중 장해급여를 받은 자는 요양종결일을 적용하고 장해급여를 받을 것이 명백한 자는 직장복귀일을 적용합니다.

2-3. 직장복귀지원금 등의 청구

2-3-1. 직장복귀지원금 등의 청구 시기

직장복귀지원금, 직장적응훈련비 또는 재활운동비(이하 "직장복귀지원금등"이라 함)를 받으려는 사업주는 다음의 어느 하나에 해당하는 날부터 1개월이 지난 후에 청구해야 합니다.

① 직장복귀지원금: 장해급여자가 업무상 재해가 발생할 당시의 사업장에 복귀한 날

② 직장적응훈련비 및 재활운동비: 장해급여자가 직장적응훈련 또는 재활운동을 시작한 날

2-3-2. 직장복귀지원금 등의 청구

- 직장복귀지원금을 청구하려는 자는 직장복귀지원금 청구서를 근로복지공단에 제출해야 합니다.
- 이 경우「산업재해보상보험법」제72조제1항제2호에 따른 장해급여자의 고용을 유지한 사업주가 장해등급을 받지 않은 상태에서 직장복귀지원금을 청구하려는 때에는 장해등급을 확인할 수 있는 의학적 소견을 제출해야 합니다. 다만, 장해보상청구서를 제출한 경우에는 그러하지 않습니다.

2-4. 직장복귀지원금 등의 지급

2-4-1. 직장복귀지원금액 및 지급기간

- 직장복귀지원금은 다음 금액의 범위에서 사업주가 장해급여자에게 지급한 임금액으로 하되, 그 지급기간은 12개월 이내로 합니다.
  ① 장해등급 제1급 ~ 제3급: 월 800,000원
  ② 장해등급 제4급 ~ 제9급: 월 600,000원
  ③ 장해등급 제10급 ~ 제12급: 월 450,000원
- 직장적응훈련비 및 재활운동비는 다음의 금액의 범위에서 실제 드는 비용으로 하되, 그 지급기간은 3개월 이내로 합니다.
  ④ 직장적응훈련비 상한 금액: 월 450,000원
  ⑤ 재활운동비 상한 금액: 월 150,000원

2-4-2. 직장복귀지원금 등의 지급 제한

- 장해급여자를 고용하고 있는 사업주가 다음의 어느 하나에 해당하는 경우에는 그 받은 금액을 빼고 직장복귀지원금등을 지급합니다.
  ①「고용보험법」제23조·제27조·제32조에 따른 지원을 받은 경우
  ②「장애인고용촉진 및 직업재활법」제30조에 따른 고용장려금을 받은 경우
  ③「근로자직업능력 개발법」제20조제1항에 따른 지원을 받은 경우
  ④ 그 밖에 법이나 다른 법령에 따라 직장복귀지원금·직장적응훈련비 또는 재활운동비에 해당하는 금액을 받은 경우

- 장해급여자를 고용한 사업주가 다음의 어느 하나에 해당하는 경우에는 직장복귀지원금등을 지급하지 않습니다.
  ① 「장애인고용촉진 및 직업재활법」 제28조에 따른 고용의무가 있는 장애인을 고용한 경우(직장복귀지원금만을 지급하지 않음)
  ② 직장복귀지원금을 받을 목적으로 장해급여자가 사업에 복귀하기 3개월 전부터 복귀 후 6개월 이내에 다른 장해급여자 또는 「장애인고용촉진 및 직업재활법」에 따른 장애인을 그 사업에서 퇴직하게 한 경우

2-4-3. 부당이득 징수
거짓이나 그 밖의 부정한 방법으로 직장복귀지원금 등을 지급받은 사람은 그 금액의 2배에 해당하는 금액을 징수받습니다.

2-4-4. 부당수급자 명단 공개
공단은 거짓이나 그 밖의 부정한 방법으로 보험급여, 진료비, 약제비를 지급받은 부정수급자로서 매년 직전 연도부터 과거 3년간 다음의 어느 하나에 해당하는 자의 명단을 공개할 수 있습니다. 이 경우 연대책임자의 명단을 함께 공개할 수 있습니다.
① 부정수급 횟수가 2회 이상이고 부정수급액의 합계가 1억원 이상인 자
② 1회의 부정수급액이 2억원 이상인 자

제3절 그 밖의 재활지원

1. 맞춤형통합서비스

1-1. 맞춤형통합서비스 개요

1-1-1. 맞춤형통합서비스란

맞춤형통합서비스란 산재근로자의 직업복귀 및 사회복귀 촉진을 위하여 산재근로자를 직업복귀 취약정도에 따라 분류하고 요양·재활·보상 서비스를 적기에 체계적으로 제공하는 통합형 업무 프로세스를 말합니다.

1-1-2. 맞춤형통합서비스의 종류

- 맞춤형통합서비스는 잡코디네이터가 수행하는 내일찾기서비스와 그외 직원이 수행하는 일반서비스로 구분하여 운영합니다. 잡코디네이터란, 잡코디네이터 3급 이상의 교육과정을 수료한 사람중 소속기관에서 내일찾기서비스 업무를 담당하는 직원을 말합니다.
- 내일찾기서비스란 원직장 복귀에 어려움을 가진 산재근로자에 대해 재활계획에 따라 요양초기단계부터 요양·재활·보상 서비스를 적기에 체계적으로 지원하고 내·외부 자원을 활용함으로써 손상된 신체기능을 최대로 회복하고 사회심리적 안정을 도모하여 원활한 원직장 복귀를 지원하는 일련의 서비스를 말합니다. 원직장이란,「산업재해보상보험법」제37조에 따른 업무상의 재해가 발생할 당시의 사업 또는 사업장을 말합니다.
- 일반서비스란 내일찾기서비스 비대상자에게 제공하는 일련의 서비스를 말합니다. 근로복지공단의 지역본부장 또는 지사장은 내일찾기서비스 대상자로 선정되지 않은 산재근로자에게 각종 신청(청구)서, 상담 등의 경로를 통해 심리안정 및 직업복귀 등의 재활욕구를 조기에 파악하고, 필요한 사회심리재활서비스 및 직업재활서비스 등을 지원해야 합니다.

1-2. 상담

1-2-1. 재해상담

재해상담이란「산업재해보상보험법」제41조에 따라 최초 요양급여를 신청한 근로자에게 실시하는 상담으로 직업복귀 유무 및 심리적 어려움에 대한 욕구파악으로 조기 재활개입을 위한 상담을 말합니다.

1-2-2. 최초상담

- 최초상담이란「산업재해보상보험법」제37조에 따라 업무상의 재해로 요양 결정된 산재근로자에게 요양·재활·보상 서비스의 기본 정보를 제공하고 서비스 욕구를 파악하기 위한 상담을 말하며 원칙적으로 대면을 통한 방법으로 실시합니다.
- 이 경우 장해예상군 중 원직장의 상시근로자수가 300인 미만인 산재근로자에 대한 최초상담은 최초 요양결정일부터 21일 이내에 실시해야 합니다.
- 장해예산군이란 산재근로자 중증도지수에 따른 중증도 범주가 극도에서 경미로 분류된 대상자로 치료종결 후 장해가 남을 것으로 예상되는 산재근로자를 말합니다.

1-2-3. 지원상담

지원상담이란 위에 따른 최초상담 이후, 산재근로자에 대한 추가적인 정보제공, 의료·사회심리·직업적 정보 및 서비스 욕구 파악, 진행경과 확인 등 산재근로자의 원활한 직업·사회복귀를 위하여 필요한 경우 실시하는 상담을 말합니다.

1-2-4. 감성터치상담

- 감성터치상담이란「산업재해보상보험법」제41조에 따라 최초 요양급여를 신청하였거나「산업재해보상보험법」제37조에 따라 업무상의 재해로 요양 결정된 근로자와 그 가족을 위로하고 고충사항이나 의견 청취 등을 통한 신뢰관계 형성을 위하여 소속기관 재활보상 업무를 담당하는 부서의 장이 실시하는 상담을 말합니다.

- 다음의 어느 하나에 해당하는 경우 감성터치상담을 실시해야 합니다.
  ① 최초 요양급여 신청 후 그 처리가 장기간 지연되고 있는 경우
  ② 통원 또는 취업 요양 중인 경우
  ③ 최초상담이 이루어지지 않은 경우
  ④ 그 밖에 감성터치상담이 필요하다고 소속기관장이 인정하는 경우
- 감성터치상담은 월 1회 이상 산재보험 의료기관을 방문하여 실시함을 원칙으로 하고, 부득이 한 경우에는 유선을 통한 방법으로 실시할 수 있습니다.

1-3. 내일찾기서비스

1-3-1. 내일찾기서비스 대상자 선정 기준

- 근로복지공단 지역본부장 또는 지사장(이하 "소속기관장"이라 함)은 상담을 실시한 장해예상군 중에서 원직장의 상시근로자수가 300인 미만(유기사업장 또는 폐업사업장 제외)이고 원직장 복귀를 희망하는 산재근로자를 내일찾기서비스 대상자로 선정하되, 선정순위는 다음의 순서에 따릅니다.
  ① 산재근로자 중증도지수에 따른 중증도 범주가 극도로 예상되는 사람
  ② 산재근로자 중증도지수에 따른 중증도 범주가 고도로 예상되는 사람
  ③ 산재근로자 중증도지수에 따른 중증도 범주가 중등도로 예상되는 사람
  ④ 산재근로자 중증도지수에 따른 중증도 범주가 경도, 경미로 예상되는 사람
- 산재근로자 중증도지수는 해당 근로자의 요양승인된 모든 상병(중한 상병 순으로 최대 10개)의 회복률을 곱하여 산정합니다.
- 소속기관장은 내일찾기서비스 대상자를 선정한 경우 별지 제3호서식의 내일찾기서비스 대상자 결정통지서에 따라 선정 결과를 통지해야 합니다.

1-3-2. 평가

소속기관장은「산업재해보상보험법」제47조에 따른 진료계획서와 「산재보험 의료기관 관리규정」(근로복지공단 규정 제1074호 2018.5.17.

발령, 2018.6.1. 시행) 별표 1의 산재보험 의료기관 지정조건 제10호에 따른 주치의 면담 내용 등을 통하여 집중재활치료 대상 여부 및 상병상태를 확인하고, 다차원심리검사, 관절기능평가 등 각종 평가를 통하여 대상자의 욕구와 재활의지, 신체능력 회복 가능성, 원직장 복귀 가능 정도 등을 평가해야 합니다.

1-3-3. 재활계획 수립 및 변경
- 소속기관장은 내일찾기서비스 대상자 선정 후 각종 상담 내용, 평가 결과, 서비스 욕구, 원직장 복귀 목표(원직장 원직무 또는 원직장 타직무) 등을 종합적으로 고려하고 산재근로자와의 충분한 상담과 합의를 통해 내일찾기서비스 취지에 부합하도록 산재근로자의 특성에 맞는 계획(이하 "재활계획"이라 한다)을 수립해야 합니다.
- 소속기관장은 재활계획 수립 시 요양과정상 필요할 것으로 예상되는 의료·사회심리·원직장 복귀 등에 대한 각종 서비스를 반영하고, 요양 중에는 의료기관 및 치료의 적정성, 입·통원의 적정성 등 기능회복에 중점을 두면서 재활서비스가 적정 시기에 연계 제공될 수 있도록 노력하여야 하며, 원직장 복귀를 목표로 설정하고 필요한 서비스를 재활계획에 반영해야 합니다.
- 소속기관장은 위에 따른 재활계획에 따라 서비스를 진행하는 과정에서 부득이한 사정으로 원직장 복귀 목표, 서비스 종류 및 제공 시기 등을 변경할 필요가 있는 경우에는 내일찾기서비스 대상자와 충분한 상담과 합의를 통해 재활계획을 변경할 수 있습니다.

1-3-4. 재활서비스 제공
- 소속기관장은 재활계획에 따라 의료재활 지원(후유증상관리), 사회생활 지원, 사회생활 지원 생활지원 등 필요한 재활서비스가 적기에 제공될 수 있도록 노력해야 합니다.
- 소속기관장은 재활계획 수립 이후 지체 없이 사업주 상담 및 원직장 복귀 가능 여부를 확인하는 등 원직장 복귀에 필요한 조치를 취해야 합니다.

1-3-5. 재활서비스 연계 제공

- 소속기관장은 산재근로자의 서비스 욕구를 적기에 발굴하고 서비스를 효과적으로 제공하기 위하여 각종 신청(청구)서, 상담 등의 경로를 통해 파악된 서비스 욕구를 전산연계시스템을 통해 각 업무담당자에게 연계하여 서비스를 제공하거나 파악된 서비스 욕구와 관련된 업무를 수행하는 소속기관장에게 신속히 연계하여 적기에 서비스가 제공될 수 있도록 해야 합니다.
- 소속기관장은 위에 따라 재활서비스를 의뢰받은 산재근로자가 재활서비스 이용에 동의를 하는 경우 별지 제1호서식의 재활서비스 의뢰(연계)서에 따라 서비스를 제공해야 합니다.
- 소속기관장은 위에 따라 재활서비스가 연계된 경우 이사장이 따로 정하는 기한 내에 사회심리재활서비스 및 직업재활서비스 등을 제공하고, 그 사실을 산재근로자에게 통지해야 합니다.
- 소속기관장은 특별진찰 또는 전원을 통하여 소속병원의 집중재활 및 직장복귀지원 프로그램을 적극적으로 활용함으로써 산재근로자의 신체기능 회복 및 원직장 복귀 등을 위한 재활서비스가 적기에 효과적으로 제공될 수 있도록 노력해야 합니다.

1-3-6. 사후관리

- 내일찾기서비스 대상자가 원직장에 복귀한 경우에는 안정적인 고용관계를 유지할 수 있도록 직무 및 작업환경에 대한 적응여부를 확인하고, 적응이 원활하지 못한 경우에는 이에 필요한 서비스를 제공하는 등의 사후관리를 해야 합니다.
- 사후관리는 원직장 복귀일 부터 3개월간 실시하되, 사후관리기간 동안 내일찾기서비스 대상자, 사업주, 가족, 동료 등을 대상으로 1회 이상 상담을 실시해야 합니다.

1-3-7. 종결기준

소속기관장은 내일찾기서비스 대상자가 다음 어느 하나에 해당하는 경우에는 내일찾기서비스를 종결처리 해야 합니다.
① 사망한 경우

② 사후관리기간이 경과한 경우

③ 내일찾기서비스 대상자가 원직장 복귀 또는 서비스를 더 이상 희망하지 않는 경우

④ 3개월간 연락이 두절된 경우

⑤ 요양종결 후 3개월이 경과한 경우

⑥ 재해발생일부터 1년 이상 요양 승인된 경우

⑦ 상병상태, 작업능력평가 또는 사업주와의 관계 등으로 보아 원직장 복귀가 불가능하다고 판단되는 경우

- 위의 규정에도 불구하고 소속기관장은 다음 어느 하나에 해당하는 경우에는 내일찾기서비스를 종결하지 않을 수 있습니다.

  ①위의 ⑤, ⑥또는 ⑦에 따른 내일찾기서비스 종결일 이후에도 재활서비스(심리상담, 희망찾기프로그램, 사회적응프로그램, 재활스포츠 등)가 진행 중인 경우

  ② ⑥ 또는 ⑦에 따라 내일찾기서비스를 종결하여야 하나 사례회의에서 계속적으로 내일찾기서비스가 필요하다고 인정하는 경우

2. 창업지원

2-1. 산재근로자 창업지원사업

근로복지공단은 업무상 장해를 입은 산재근로자(이하, "산재근로자"라 함)의 자립기반 구축 등 복지증진을 위해 근로복지공단 명의로 점포를 임차하여 산재근로자에게 운영하도록 하는 산재근로자 창업지원사업을 시행하고 있습니다.

2-2. 산재근로자 창업지원 대상

2-2-1. 산재근로자 창업지원 대상

산재근로자 창업지원 대상은 다음의 어느 하나에 해당하는 2개월 이상 요양한 산재근로자로서 훈련직종 또는 취득자격증이나 일정기간 이상 종사한 업종과 관련된 업종으로 창업을 원하는 사람 또는 법인으로 합니다.

① 「산업재해보상보험법」 제73조 또는 근로복지공단이 지원하는 직업훈련사업에 따라 정해진 직업훈련과정을 수료한 사람(1997.3.1 이후 근로복지공단 재활훈련원 훈련과정을 100분의 80이상 이수한 자를 포함함)

② 「근로자직업능력 개발법」의 직업능력개발훈련시설에서 그 밖의 다른 법령에 따라 2008.7.1. 이후 직업훈련과정을 수료한 사람

③ 그 밖의 다른 법령에 따라 예산 및 기금이 지원되는 창업훈련과정을 수료한 사람

④ 「자격기본법」 또는 「국가기술자격법」에 따른 자격증(공인받지 아니한 민간자격증과 「도로교통법」에 따른 운전면허증은 제외함)을 취득한 사람

⑤ 「산업재해보상보험법」에 따른 진폐장해등급 결정을 받았거나 진폐의증(0/1)에 활동성 폐결핵이 합병되어 같은 법에 따른 요양급여를 수급한 후 요양종결한 사람

⑥ 2년 이상 종사한 업종과 관련 있는 업종으로 창업을 희망하는 사람

⑦ 창업점포지원 신청 당시 「사회적기업 육성법」 제8조제1항제2호에 따른 유급근로자를 1명 이상 고용하고 근로자의 30% 이상이 산재

장해인인 사회적기업, 예비사회적기업

⑧ 사회적기업 인증을 준비 중인 사실이 정관이나 규약 등으로 확인 가능하며, 창업점포지원 신청 당시「사회적기업 육성법」제8조제1항 제2호에 따른 유급근로자를 1명 이상 고용하고 근로자의 30% 이상이 산재장해인인 예비사회적기업 인증을 준비 중인 법인

2-2-2. 산재근로자 창업지원 대상 제외

- 위의 산재근로자 창업지원 대상에 해당하더라도 다음의 어느 하나에 해당하는 사람은 산재근로자 창업지원 대상에서 제외됩니다.

  ① 산재근로자 창업지원 신청일 현재 요양 중이거나 자영업 운영(배우자 포함) 또는 직업생활을 하는 사람

  ② 근로복지공단 또는 한국장애인고용공단으로부터 생업·영업자금 대부(융자), 자영업 점포지원 또는 영업소 지원을 받고 있거나 받았던 사람

  ③ 주점업, 성인오락실 등 성인전용의 유흥 및 사치 향락성 업종에 속하거나 사채, 도박장 등 국민경제상 불요불급한 업종으로 창업을 희망하는 사람

  ④ 산재근로자 창업지원 신청일 현재 미성년자

  ⑤ 「신용정보의 이용 및 보호에 관한 법률」과 전국은행연합회의 금융기관 신용정보관리규약에 따라 연체 등의 신용도판단정보가 등록된 사람

  ⑥ 우리나라 국적을 가지고 있지 않은 사람(다만, 영주권을 취득하고 관련 법령에 따라 사업자등록을 할 수 있는 자는 창업지원 대상으로 함)

  ⑦ 산재근로자 창업지원결정자가 신청서 제출일로부터 30일(지원결정자가 채권보전 여부 조회의뢰 기한 연장을 신청하는 경우 5개월에 한해 연장가능 함) 이내에 채권보전이 가능한 점포를 확보하지 못해 지원결정이 2회 이상 취소된 사람

  ⑧ 「산업재해보상보험법」제84조제1항제1호에 따른 부당이득금에 대해 납부할 금액이 있는 사람

- 다음의 어느 하나에 해당하는 사람 중 1개월 미만의 훈련과정(다만,

총 훈련시간이 50시간 이상인 훈련과정은 제외함) 및 운전면허 과정을 수료한 자는 산재근로자 창업지원 대상에서 제외됩니다.

① 「산업재해보상보험법」 제73조 또는 근로복지공단이 지원하는 직업훈련사업에 따라 정해진 직업훈련과정을 수료한 사람 (1997.3.1. 이후 근로복지공단 재활훈련원 훈련과정을 100분의 80이상 이수한 자를 포함함)

② 「근로자직업능력 개발법」의 직업능력개발훈련시설에서 그 밖의 다른 법령에 따라 2008.7.1. 이후 직업훈련과정을 수료한 사람

③ 그 밖의 다른 법령에 따라 예산 및 기금이 지원되는 창업훈련과정을 수료한 사람

2-3. 산재근로자 창업지원 내용 및 금액 등

2-3-1. 산재근로자 창업지원 내용 및 금액

- 근로복지공단은 산재근로자 창업지원 대상자에 대해 임차보증금 1억5천만원 이내의 임대점포(배우자 및 직계가족이 소유하는 점포는 제외함)를 지원할 수 있습니다.
- 다만, 월세가 포함된 점포를 지원하려면 지원대상자가 부담하는 월세금이 월 250만원 이내이어야 합니다.

2-3-2. 산재근로자 창업지원 기간

점포지원기간은 임대차계약기간을 1년 또는 2년 단위로 하여 최장 6년 이내로 합니다.

2-3-3. 이율 및 이자납부

점포운영자는 해당 점포의 임차보증금에 대해 연리 100분의 2에 해당하는 이자를 근로복지공단에 납부해야 합니다.

2-4. 산재근로자 창업지원결정자 선정 및 창업컨설팅

2-4-1. 산재근로자 창업지원 신청

- 임대점포를 지원받으려는 사람은 산재근로자 창업 지원신청서 및 사업계획서 등을 근로복지공단에 제출해야 합니다.
- 사업계획서에는 다음의 사항이 포함되어야 합니다(「직업재활업무 처리규정」 제47조제2항).
  ① 업종
  ② 사업(예정)장소
  ③ 사업(예정)장소의 전세금 또는 월세금
  ④ 운영자금, 권리금, 그 밖의 임차보증금 이외의 예상 필요자금 및 그 조달 방법
  ⑤ 투자전략 및 구체적인 사업운영 계획
  ⑥ 사업 시작(예정)일 등 그 밖의 필요한 사항

2-4-2. 산재근로자 창업지원 결정자 선정

- 산재근로자 창업지원 결정자는 아래에 따른 창업컨설팅을 실시한 결과 "창업적정여부평가의견서"에서 '보통' 이상인 자중에서 지원결정자로 선정됩니다.
- 다만, "창업적정여부평가의견서"에서 '미흡' 이하인 사람은 창업지원자 선정위원회의 심의를 거쳐 「직업재활업무 처리규정」 별표 4의 배점기준표에 따라 60점 이상인 자 중에서 고득점순으로 선정하되, 동점자가 있는 경우에는 다음의 순위에 따라 선정됩니다.
  ① 산재장해등급이 높은 자. 이 경우 산재장해등급이 같은 때에는 요양종결일이 최근인 사람
  ② 부양가족수가 많은 사람

2-4-3. 창업컨설팅

근로복지공단은 창업·경영컨설팅 전문 업체와 협약을 체결하여 산재근로자 창업지원 결정자자로 선정된 자에게 창업 성공률을 높이기 위한 창업컨설팅을 제공하되 인근 다른 소속기관에서 협약을 체결한 위탁기관을 활용할 수 있습니다.

3. 의료재활 지원(후유증상관리)

3-1. 관리 증상 및 관리기간

- 합병증 등 예방관리의 적용대상이 되는 증상은 다음과 같습니다.
  - ① 눈의 장해에 따른 예방관리
  - ② 귀의 장해에 따른 예방관리
  - ③ 코의 장해에 따른 예방관리
  - ④ 입의 장해에 따른 예방관리
  - ⑤ 두부, 안면부, 경부 흉터장해에 따른 예방관리
  - ⑥ 신경계통의 기능 또는 정신기능장해에 따른 예방관리
  - ⑦ 흉복부장기 장해에 따른 예방관리
  - ⑧ 척추 및 그 밖의 체간골의 장해에 따른 예방관리
  - ⑨ 팔(손가락), 다리(발가락)의 장해에 따른 예방관리
  - ⑩ 무장해지에 따른 예방관리
- 합병증 등 예방관리 증상별 단위기간은 증상에 따라 1년, 2년 또는 3년이며, 필요에 따라 연장되거나 1회에 한하여 연장될 수도 있습니다.

3-2. 합병증 및 후유증상 관리 대상자 결정

3-2-1. 대상자 결정

- 근로복지공단 지역본부장 또는 근로복지공단 지사장(이하 "소속기관장"이라 함)은 장해급여의 지급을 결정하는 때 또는 무장해자에 따른 예방관리 증상에 해당되는 상병의 치유를 결정할 때에 위의 관리 증상 범위에 해당하는 자 중 합병증 등 예방관리가 필요하다고 인정되는 경우에는 예방관리 대상자로 결정할 수 있습니다.
- 대상자 여부가 결정되지 않은 산재근로자가 합병증 등 예방관리를 받으려는 경우에는 합병증 등 예방관리 신청서를 제출해야 합니다.

3-3. 진료 및 약제 지급

3-3-1. 의료기관의 확인

소속기관장은 예방관리 대상자가 해당 증상별 관리내용으로 지정 의료기관에서 합병증 등 예방관리를 위한 진료를 받을 수 있도록 해야 합니다.

3-3-2. 약제의 처방 및 지급

- 소속기관장은 지정 의료기관이 예방관리 대상자에게 약제 등의 투여에 관한 처방전을 발행할 때에는 개인질환에 대한 약제와 합병증 등 예방관리에 필요한 약제의 처방전을 구분하여 발행하게 해야 합니다.
- 소속기관장은 예방관리 대상자에게 약제 등의 투여에 관한 의사의 처방전이 발행된 때에는 약국에서 약제 등을 받게 해야 합니다.
- 이 경우 예방관리 대상자는 약국에 처방전 또는 합병증 등 예방관리 결정통지서를 제시해야 합니다.

4. 사회생활 지원

4-1. 산재근로자 사회심리재활 지원

근로복지공단(이하 "공단"이라 함)은 업무상 재해를 당한 근로자(이하 "산재근로자"라 함)의 사회복귀 촉진을 지원하기 위해 심리상담, 희망찾기프로그램, 사회적응프로그램, 재활스포츠, 취미활동반, 지역사회자원 연계, 산재근로자 멘토링프로그램 등의 사업을 하고 있습니다.

4-2. 심리상담

4-2-1. 심리상담 지원

- 공단은 산재근로자 및 그 가족의 스트레스와 불안 해소를 통한 심리적 안정을 지원함으로써 조속한 사회 및 직업 복귀를 촉진하기 위하여 예산의 범위 내에서 개별 심리상담을 지원할 수 있습니다.
- 공단은 소속기관장이 지정한 심리상담 담당자가 실시하는 기초심리상담과 심리학회 또는 상담학회 등의 기관으로부터 심리상담 관련 자격을 취득한 사람으로서 해당 분야에서 3년 이상 실무에 종사한 사람이 실시하는 집중심리상담으로 구분하여 지원할 수 있습니다.

4-2-2. 심리상담 검사 및 대상

- 심리상담 지원 대상자로 선정되려면 다음의 심리검사를 받아야 합니다.
  ① 다차원심리검사(L형)
  ② 그 밖에 이사장의 승인을 얻은 심리검사 도구
- 다차원심리검사(L형)결과가 임상척도 총점 또는 임상척도별 점수가 60점 이상인 경우 심리상담을 지원받을 수 있습니다. 산재근로자의 가족에 대해서는 다음 어느 하나에 해당하는 경우에 심리상담을 지원할 수 있습니다.
  ① 「산업재해보상보험법」 제63조에 따른 유족보상연금 수급자격자
  ② 「산업재해보상보험법」 제61조에 따른 간병급여 대상자 또는 법 제66조에 따른 상병보상연금

4-3. 희망찾기프로그램

4-3-1. 희망찾기프로그램

근로복지공단은 산재근로자의 스트레스와 불안 해소를 통해 심리적 안정을 지원함으로써 조속한 사회 및 직업 복귀를 촉진하기 위하여 예산의 범위 내에서 동료 산재근로자와의 집단적 활동을 통한 희망찾기프로그램을 운영할 수 있습니다.

4-3-2. 대상

- 소속기관장은 업무상 재해로 요양 중인 사람에 대해 희망찾기프로그램을 이용하게 할 수 있습니다. 이때 정서적 지지를 위하여 가족 및 간병인을 참관하게 할 수 있습니다.
- 산재근로자가 동일한 위탁운영기관에서 실시하는 동일한 희망찾기프로그램을 중복하여 참가하는 것은 제한됩니다. 단, 신청 이후 불참하는 경우는 중복으로 보지 않습니다.
- 희망찾기프로그램 참가를 희망하는 사람은 소속기관의 장에게 사회심리재활 프로그램 신청서(「산재근로자 사회심리재활지원규정」 별지 제2호서식)를 제출해야 합니다.

4-4. 사회적응 프로그램

4-4-1. 사회적응 프로그램

근로복지공단은 산재근로자의 자기관리능력 및 사회적응능력, 직업적 응능력의 향상을 통해 조속한 사회 및 직업 복귀를 촉진하기 위하여 예산의 범위 내에서 동료 산재근로자와의 집단적 활동을 통한 사회적 응프로그램을 운영할 수 있습니다.

4-4-2. 대상자

- 장해급여 지급 결정을 받은 사람으로서 장해등급 판정일로부터 5년 이내인 사람 또는 업무상 재해로 통원요양 중인 사람으로 요양기간 이 2년 이상인 사람은 사회적응프로그램 이용 신청을 할 수 있습니다.
- 산재근로자가 동일한 위탁운영기관이 실시하는 동일한 사회적응프로 그램을 중복하여 참가하는 것은 제한됩니다. 단, 신청 이후 불참하 는 경우는 중복으로 보지 않습니다.
- 사회적응프로그램 참가를 희망하는 사람은 소속기관의 장에게 사회 심리재활 프로그램 신청서(「산재근로자 사회심리재활지원규정」 별지 제2호)를 제출해야 합니다.

4-5. 재활스포츠 지원

4-5-1. 재활스포츠 지원

근로복지공단은 산재근로자의 수상부위에 대한 기능강화와 신체적 잔 존능력 회복을 통해 조속한 사회 및 직업 복귀를 촉진하기 위하여 예 산의 범위 내에서 재활스포츠를 지원할 수 있습니다.

4-5-2. 대상자

- 다음의 어느 하나에 해당하는 사람은 재활스포츠 지원 신청을 할 수 있습니다.
  ① 치료 종결이 임박한 통원요양 중인 사람으로서 의학적 소견상 장해급여 결정을 받을 것이 예상되는 사람
  ② 요양 종결한 다음의 모두에 해당하는 사람
     ⓐ 장해급여 결정을 받은 사람
     ⓑ 지원신청일 현재 요양종결 후 6개월 이내의 사람. 이 경우 장해보상 청구일로부터 장해등급 결정일까지의 소요기간은 제외
- 특수재활스포츠는 치료종결이 임박한 통원요양 중인 사람으로 장해급여 결정을 받을 것이 예상되는 사람에게 지원합니다.

4-5-3. 재활스포츠 지원횟수

재활스포츠는 동일한 사유의 업무상재해에 대해 한 번만 지원됩니다.

4-5-4. 재활스포츠 지원종목

재활스포츠 지원종목은 다음과 같습니다.
① 일반재활스포츠: 수영, 헬스, 에어로빅, 아쿠아로빅, 탁구, 요가, 필라테스 중 1종목
② 특수재활스포츠 : 수중재활, 척추재활, 재활운동 중 1종목
③ 위 ①에 따른 스포츠 종목을 포함한 패키지프로그램
④ 그 밖에 근로복지공단 이사장의 승인을 받은 스포츠종목(여가성격이 강한 스포츠종목은 제외함)

4-5-5. 재활스포츠 지원 신청

재활스포츠를 지원받으려는 사람은 재활스포츠지원신청서(「산재근로자 사회심리재활지원규정」 별지 제44호)를 제출해야 합니다. 통원요양 중인 사람의 경우에는 추천 소견서(「산재근로자 사회심리재활지원규정」 별지 제45호)를 함께 제출해야 합니다.

4-6. 취미활동반 운영 지원

- 근로복지공단은 진폐증 등 진행성 질병으로 입원요양 중인 산재근로자의 정서적 안정과 재활 의욕 고취를 위하여 예산의 범위 내에서 취미활동반을 운영할 수 있습니다.
- 근로복지공단의 지역본부장 또는 지사장은 취미활동반 개설·운영과 관련하여 의료기관이 부담하는 비용 중 재료비, 강사료, 다과비, 그 밖의 운영비 등을 예산의 범위에서 지원할 수 있습니다.

5. 생활지원

5-1. 산재근로자 생활지원

근로복지공단은 업무상 재해를 당한 근로자(이하, "산재근로자"라 함)와 그 유족의 복지 증진을 위한 사업 수행을 위해 산재근로자 및 자녀 장학사업(이하 "장학사업"이라 함)과 산재근로자 생활안정자금 융자사업(이하 "생활안정자금 융자사업"이라 함) 그리고 산재근로자 및 자녀 대학학자금 융자사업(이하 "학자금 융자사업"이라 함)을 시행하고 있습니다.

5-2. 장학사업

5-2-1. 장학금 지급대상

- 장학금 지급대상은 다음의 어느 하나에 해당하는 사람 중에서 「산재근로자 생활지원규정」 제8조에 따라 선발된 사람으로 합니다.
  ① 「초·중등교육법」 제2조의 고등학교에 입학예정 또는 재학 중인 사람
  ② 「초·중등교육법」 제2조의 고등공민학교, 고등기술학교, 특수학교로서 법령에 따라 고등학교로 학력 인정을 받은 학교에 입학예정 또는 재학 중인 사람
  ③ 「평생교육법」 제31조제2항에 따라 평생교육시설 중 고등학교 졸업학력을 인정받은 시설에 입학예정 또는 재학 중인 사람
- 장학생 신청대상
  ① 장학생 선발신청 대상은 다음의 어느 하나에 해당하는 사람으로 합니다.

ⓐ 「산업재해보상보험법」에 따른 사망근로자의 배우자 및 자녀

ⓑ 「산업재해보상보험법」에 따른 상병보상연금 수급권자 본인, 그 배우자 및 자녀

ⓒ 「산업재해보상보험법」에 따른 장해등급 제1급부터 제7급까지로 판정된 사람, 그 배우자 및 자녀

ⓓ 「산업재해보상보험법」에 따른 업무상재해를 입은 근로자로서 5년 이상 장기 요양 중인 이황화탄소(CS2) 질병판정자 본인, 그 배우자 및 자녀

② 다음의 어느 하나에 해당하는 사람은 장학금 신청대상에서 제외됩니다.

ⓐ 다른 법에서 장학금을 지급 받거나 받기로 한 사람

ⓑ 다른 법인이나 개인으로부터 학비 전액을 지원 받거나 받기로 한 사람

ⓒ 산업재해보상 보험급여 및 연간 재산소득 수준이 사업계획에서 정한 일정 금액 이상인 사람

ⓓ 그 밖에 이에 준하는 경우로서 근로복지공단 이사장이 장학금 신청대상자로는 적합하지 않다고 인정한 사람

5-2-2. 장학생 선발 절차

- 장학생 선발신청

장학금을 받으려는 사람은 해당 연도 장학사업 시행계획에 따라 장학생 선발신청서를 근로복지공단에 제출해야 합니다.

- 장학생 선발

근로복지공단 이사장은 매년 해당 연도 예산 범위에서 신청자 중에서 장학생을 선발하되 지급 횟수가 동일한 경우에는 다음의 순위에 따라 선발하고 같은 순위인 경우에는 고학년 순으로 선발합니다.

① 제1순위: 산재근로자 본인

② 제2순위: 산재 사망근로자의 자녀

③ 제3순위: 장해 또는 중증요양상태 상위 등급 근로자의 자녀

④ 제4순위: 5년 이상 장기 요양자 중 이황화탄소(CS2) 질병판정된 근로자의 자녀

⑤ 제5순위: 산재 사망근로자의 배우자

⑥ 제6순위: 장해 또는 중증요양상태 상위 등급 근로자의 배우자

⑦ 제7순위: 5년 이상 장기 요양 중인 이황화탄소(CS2) 질병판정 근로자의 배우자

5-2-3. 장학금 지급

- 근로복지공단 지역본부장은 장학생 소속 학교장이 제출한 장학생 등록금 내역서에 따라 해당 납입금의 납입시기에 소속 학교로 장학금을 지급합니다.
- 장학생으로 선발된 사람에게는 고등학교를 졸업할 때까지 계속하여 장학금을 지급합니다.

5-3. 생활안정자금 융자사업

5-3-1. 생활안정자금 융자대상

- 생활안정자금 융자대상은 다음의 어느 하나에 해당하는 사람으로서 월평균소득이 중위소득 이하인 사람으로 하며, 월평균소득 산정항목 및 확인방법은 「산재근로자 생활지원규정」 별표 1에 따릅니다. 다만, 사업자금의 융자대상은 창업지원결정자로 한정합니다.
  ① 유족급여 수급권자
  ② 상병보상연금 수급권자
  ③ 장해등급 제1급부터 제9급까지로 결정받은 사람
  ④ 융자신청일 현재 5년 이상 장기 요양 중인 이황화탄소(CS2) 질병판정자
  ⑤ 융자신청일 현재 3개월 이상 요양 중인 산재근로자로서 평균임금이 최저임금 이하에 해당하는 사람(의료비, 혼례비, 장례비에 한정)
- 생활안정자금 융자대상 중 상병보상연금 수급권자 및 장해등급을 제1급부터 제3급까지 결정 받은 사람으로 노동능력이 100% 상실된 산재근로자의 경우에는 그 산재근로자와 생계를 같이 하는 배우자·자녀·부모(대상자 사이의 순위는 적힌 순서에 따름)도 융자대상으로 인정합니다.

5-3-2. 융자의 종류 및 융자 한도액

생활안정자금의 융자의 종류 및 한도액은 다음과 같습니다.

① 의료비: 산재근로자 본인 또는 배우자, 그 직계가족의 치료에 드는 비용(1,000만원 한도)

② 혼례비: 산재근로자 본인 또는 자녀의 혼례에 드는 비용(1,000만원 한도)

③ 장례비: 산재근로자 본인 또는 배우자, 그 직계가족의 사망에 따른 장례에 드는 비용(1,000만원 한도)

④ 차량구입비: 산재근로자 본인, 유족급여 수급권자, 상병보상연금 수급자의 가족(배우자, 자녀, 부모) 중 1순위자가 생계를 위해 차량을 구입하는 데 드는 비용(1,500만원 한도)

⑤ 주택이전비: 산재근로자 본인, 유족급여 수급권자, 상병보상연금 수급자의 가족(배우자, 자녀, 부모) 중 1순위자가 주택을 이전하는 데 드는 비용(1,500만원 한도)

⑥ 사업자금: 산재근로자 창업원사업의 지원이 확정되어 그 점포운영에 드는 비용(1,500만원 한도)

⑦ 취업안정자금: 장해판정자가 직업에 복귀하여 3개월 이상 취업 중인 경우 그 취업유지에 드는 비용(1,000만원 한도)

5-3-3. 생활안정자금 융자조건

- 생활안정자금 융자이율은 연리 1.25%로 합니다.다만, 「공공자금관리기금법」 제10조제1항에 따른 공공자금관리기금운용위원회가 결정한 융자사업 대출금리의 평균치에 ±1.0%p 범위를 벗어나는 등 융자이율을 조정할 필요가 있는 경우에는 기획재정부 장관과 협의하여 고용노동부장관의 승인을 받아 근로복지공단 이사장이 생활안정자금 융자이율을 조정할 수 있습니다.

- 생활안정자금의 융자기간은 5년 이내로 하며 융자금의 전부 또는 일부를 조기상환할 수 있습니다.

- 융자를 받으려는 사람은 다음의 상환방식 중 하나를 선택할 수 있습니다.
    ① 1년 거치 4년 원금균등분할 상환
    ② 2년 거치 3년 원금균등분할 상환
    ③ 3년 거치 2년 원금균등분할 상환

5-3-4. 생활안정자금 융자신청 및 융자예정자 선정

- 생활안정자금 융자신청

  생활안정자금을 융자받으려는 사람은 융자의 종류에 따라 다음의 기한 안에 생활안정자금 융자신청서를 소속기관에 제출해야 합니다. 「근로자신용보증사업 운영규정」제5조에 따라 보증지원이 되지 않는 자는 생활안정자금 융자대상에서 제외됩니다.

  ① 의료비: 진료일(또는 의료비 납부일)부터 1년 이내

  ② 혼례비: 결혼일 전·후 90일 이내 또는 혼인신고일부터 90일 이내

  ③ 장례비: 사망일부터 90일 이내

  ④ 차량구입비: 소유권 등록일(또는 매매계약일)부터 90일 이내

  ⑤ 주택이전비: 임대차계약일(또는 전입일)부터 90일 이내

  ⑥ 사업자금: 운영자금 소요 발생일부터 90일 이내

  ⑦ 취업안정자금: 직장복귀일부터 1년 이내

- 생활안정자금 융자예정자 선정 및 통지

  소속기관장은 생활안정자금 융자재원을 고려하여 융자사업 시행계획에 따라 융자예정자를 적절히 선정해야 합니다. 다만, 융자재원의 부족이 예상될 때에는 「산재근로자 생활지원규정」별표 2에 따라 종합점수를 산정한 후 점수가 높은 순으로 선발하고, 합계점수가 동일한 경우에는 다음의 순서에 따라 선정합니다.

  ① 제1순위: 생활수준(재산세 납부금액)이 낮은 사람

  ② 제2순위: 부양가족 수가 많은 사람

  ③ 제3순위: 재해정도(사망, 장해등급)가 높은 사람

  ④ 제4순위: 융자결정금액이 적은 사람

5-4. 학자금 융자사업

5-4-1. 학자금 융자대상

학자금 융자대상은 다음의 어느 하나에 해당하는 사람으로서「고등교육법」제2조의 대학, 산업대학, 교육대학, 전문대학에 입학 예정자 또는 재학 중인 자로 합니다.

① 사망근로자의 배우자 및 자녀

② 상병보상연금 수급권자, 그 배우자 및 자녀

③ 장해등급 제1급부터 제9급까지에 해당되는 사람, 그 배우자 및 자녀
④ 업무상재해를 입은 근로자로서 5년 이상 장기 요양자중인 이황화
탄소(CS2) 질병판정자 본인, 그 배우자 및 자녀

5-4-2. 학자금 융자한도
학자금 융자한도는 1인 융자횟수 한도와 세대 당 융자액 한도로 구분
하여 다음과 같이 합니다.
① 1인 융자횟수 한도는 신청자가 재학 중인 대학의 정규 수업연한에
2를 곱한 횟수로 합니다.
② 세대 당 융자액 한도는 2,000만원으로 합니다.

5-4-3. 학자금 융자기간
학자금 융자기간은 상환기간 및 거치기간으로 하되 다음과 같이 합니다.
① 상환기간은 4년 이내로 합니다.
② 거치기간은 학자금 융자예정자별로 학자금 융자일로부터 「고등교육
법」에서 정한 정규 수업 연한 중 잔존기간과 유예기간 1년을 더한
기간으로 하되, 군복무기간은 신청에 따라 연기할 수 있습니다.
③ 거치기간의 연장을 받고자 하는 사람은 신용보증기간연장신청서를
근로복지공단에 제출해야 합니다.

5-4-4. 학자금 융자이율
학자금 융자이율은 거치기간에는 연리 1%, 상환기간에는 연리 2%로
합니다. 다만, 금리의 변동 등으로 학자금 융자이율을 조정할 필요가
있을 경우에는 기획재정부 장관과 협의하여 고용노동부장관의 승인을
얻어 이사장이 이를 조정할 수 있습니다.

5-4-5. 학자금 융자신청 및 융자예정자 선정
- 학자금 융자신청
학자금을 융자받으려는 사람은 산재근로자 및 자녀 대학학자금 융자
신청서를 소속기관에 제출해야 합니다. 다음의 어느 하나에 해당하
는 사람은 신청대상에서 제외됩니다.
① 「근로자신용보증사업 운영규정」제5조에 따라 신용보증지원이 되
지 않는 사람

② 해당 학기의 학자금에 대한 장학금을 받았거나 받고 있는 사람. 다만, 학자금의 일부만을 장학금으로 받은 자는 그 차액을 신청할 수 있습니다.

③ 중퇴·휴학·무기정학·제적 등으로 학업중지 중인 사람

④ 다른 법에 따라 해당 학기의 학자금 납부를 위해 정부보증 대학 학자금 융자를 받은 사람

⑤ 그 밖에 이에 준하는 사유로서 근로복지공단 이사장이 학자금 융자대상자로는 적합하지 않다고 인정한 경우

- 학자금 융자예정자 선정

소속기관장은 대학학자금 융자재원을 고려하여 학자금 융자사업 시행계획에 따라 학자금 융자예정자를 선정해야 합니다. 다만, 융자재원의 부족이 예상될 때에는 「산재근로자 생활지원규정」 별표 3에 따라 종합점수를 산정한 후 점수가 높은 순으로 선발하고, 합계점수가 동일한 경우 다음의 순서에 따라 선정합니다.

① 제1순위: 생활수준(재산세 납부금액)이 낮은 사람

② 제2순위: 재해정도(사망, 장해등급)가 높은 사람

③ 제3순위: 융자결정금액이 적은 사람

- 학자금 수령

학자금 융자예정자는 융자예정자 결정확인서를 발급받은 날부터 30일 이내에 융자대행금융기관으로부터 학자금을 수령해야 합니다.

제6장

보험급여의 적정성 보장

제1절 보험급여의 적정성 보장

1. 보험급여의 적정성 보장 개관

1-1. 보험급여의 산정기준

1-1-1. 평균임금

- 산업재해보상 산업재해 보험급여(이하, "보험급여"라 함)는 평균임금을 기준으로 산정합니다.
- "평균임금"이란 평균임금을 산정해야 할 사유가 발생한 날 이전 3개월 동안에 그 근로자에게 지급된 임금의 총액을 그 기간의 총일수로 나눈 금액을 말합니다.

1-1-2. 평균임금의 최저한도

- 평균임금이 그 근로자의 통상임금보다 적으면 그 통상임금액을 평균임금으로 합니다.
- "통상임금"이란 근로자에게 정기적이고 일률적으로 소정(所定)근로 또는 총 근로에 대해 지급하기로 정한 시간급 금액, 일급 금액, 주급 금액, 월급 금액 또는 도급 금액을 말합니다.

1-1-3. 평균임금의 산정에서 제외되는 기간과 임금

평균임금 산정기간 중에 다음의 어느 하나에 해당하는 기간이 있는 경우에는 그 기간과 그 기간 중에 지급된 임금은 평균임금 산정기준이 되는 기간과 임금의 총액에서 각각 뺍니다.

① 근로계약을 체결하고 수습 중에 있는 근로자가 수습을 시작한 날부터 3개월 이내의 기간
② 사용자의 귀책사유로 휴업한 기간
③ 출산전후휴가 기간
④ 업무상 부상 또는 질병으로 요양하기 위해 휴업한 기간
⑤ 육아휴직 기간
⑥ 쟁의행위기간

⑦ 「병역법」, 「예비군법」 또는 「민방위기본법」에 따른 의무를 이행하기 위해 휴직하거나 근로하지 못한 기간
⑧ 업무 외 부상이나 질병, 그 밖의 사유로 사용자의 승인을 받아 휴업한 기간

1-2. 보험급여의 적정성 보장

1-2-1. 평균임금의 증감

- 근로복지공단은 다른 근로자의 평균임금 또는 물가변동으로 인한 보험급여의 실질가치 하락을 방지하기 위해 보험급여를 산정하는 경우 해당 근로자의 평균임금을 산정하여야 할 사유가 발생한 날부터 1년이 지난 이후에는 매년 전체 근로자의 임금 평균액의 증감률에 따라 평균임금을 증감시켜 보험급여를 산정하고 있습니다.
- 평균임금의 증감은 보험급여 수급권자의 신청을 받아 하거나 근로복지공단이 직권으로 할 수 있습니다.

1-2-2. 일용근로자의 평균임금 산정 특례

일용근로자는 근로형태가 특이하여 평균임금을 기준으로 보험급여를 지급하는 경우 산업재해보상 보험급여가 일용근로자의 실제 근로소득보다 많아지는 경우가 많기 때문에 이를 보완하기 위해 일용근로자의 평균임금은 일용근로자의 일당에 통상근로계수(73/100)를 곱하여 산정한 금액으로 합니다.

1-2-3. 직업병에 걸린 사람에 대한 평균임금 산정 특례

업무상 질병에 걸린 근로자는 유해·위험 요인에 노출되고 있는 기간이나 잠복기간이 장기간인 경우 그 기간 동안 임금 수준이 저하되어 평균임금이 낮아지는 문제가 있기 때문에 이를 보완하기 위해 전체 근로자의 임금 평균액을 고려하여 고용노동부장관이 매년 평균임금을 고시하거나 통계청에서 작성하는 사업체노동력조사에 따라 직업병에 걸린 근로자와 성별·직종 및 소속한 사업의 업종·규모가 비슷한 근로자의 월평균 임금총액을 기준으로 평균임금을 산정합니다.

1-2-4. 보험급여의 최고 보상기준 및 최저 보상기준

평균임금이 지나치게 높거나 낮은 근로자의 보험급여 수준을 조정하여 근로자간 보험급여의 형평성을 보장하기 위해 보험급여(장의비는 제외함)를 산정할 때 그 근로자의 평균임금 또는 평균임금의 증감에 의한 평균임금, 일용직 근로자의 평균임금, 직업병에 걸린 사람에 대한 평균임금이 전체 근로자의 임금 평균액의 1.8배를 초과하면 그 1.8배를 평균임금으로 하고, 전체 근로자의 임금 평균액의 2분의 1보다 적으면 그 2분의 1을 각각 그 근로자의 평균임금으로 합니다.

2. 평균임금의 증감

2-1. 평균임금 증감의 의의

"평균임금의 증감"이란 근로자의 평균임금을 산정해야 할 사유가 발생한 날부터 1년이 지난 이후에는 매년 전체 근로자의 임금 평균액의 증감률에 따라 평균임금을 증감시켜 산업재해보상 보험급여(이하, "보험급여"라 함)를 산정하는 것을 말합니다.

2-2. 평균임금의 증감 방법

2-2-1. 평균임금의 증감 방법

보험급여를 산정하는 경우 해당 근로자의 평균임금을 산정해야 할 사유가 발생한 날부터 1년이 지난 이후에는 매년 전체 근로자의 ① 임금 평균액의 증감률에 따라 평균임금을 증감하되, 그 근로자의 연령이 60세에 도달한 이후에는 ② 소비자물가변동률에 따라 평균임금을 증감합니다.

2-3. 평균임금의 증감 신청

- 평균임금의 증감은 보험급여 수급권자의 신청을 받아 하거나 근로복지공단이 직권으로 할 수 있습니다.
- 근로복지공단은 산재근로자의 평균임금을 산정해야 할 사유가 발생한 날부터 1년이 지난 이후에는 1년마다 직권으로 전체 근로자의 임금 평균액의 증감률 및 소비자물가변동률의 산정 기준과 방법에 따라 평균임금을 증감처리 해야 합니다.

- 보험급여 수급권자가 평균임금의 증감처리가 누락되는 등의 사유로 평균임금의 증감을 신청하려는 경우에는 평균임금 증감신청 및 보험급여 차액청구서를 근로복지공단에 제출해야 합니다.
- 근로복지공단은 평균임금의 증감신청을 받은 경우 평균임금 증감처리가 되지 않아서 지급하지 않은 보험급여가 있으면 그 차액을 지급해야 합니다.

2-4. 평균임금 증감제도에 관한 특례

근로자의 연령이 60세에 도달한 이후에는 ② 소비자물가변동률에 따라 평균임금을 증감해야 하지만, 2013년 이후에는 다음의 구분에 따른 연령에 도달한 이후에 소비자물가변동률에 따라 평균임금을 증감합니다.

① 2013년부터 2017년까지: 61세
② 2018년부터 2022년까지: 62세
③ 2023년부터 2027년까지: 63세
④ 2028년부터 2032년까지: 64세
⑤ 2033년 이후: 65세

3. 일용근로자의 평균임금 산정 특례

3-1. 일용근로자의 의의

- "일용근로자"란 1일 단위로 고용되거나 근로일에 따라 일당(미리 정해진 1일 동안의 근로시간에 대해 근로하는 대가로 지급되는 임금을 말함. 이하 같음) 형식의 임금을 지급받는 근로자를 말합니다.
- 다만, 일용근로자가 다음의 어느 하나에 해당하는 경우에는 일용근로자로 보지 않습니다
  ① 근로관계가 3개월 이상 계속되는 경우
  ② 그 근로자 및 같은 사업에서 같은 직종에 종사하는 다른 일용근로자의 근로조건, 근로계약의 형식 및 구체적인 고용 실태 등을 종합적으로 고려할 때 근로 형태가 상용근로자와 비슷하다고 인정되는 경우

3-2. 일용근로자의 평균임금

3-2-1. 일용근로자의 평균임금 산정 방법

일용근로자에게 평균임금을 적용하는 경우에는 해당근로자의 일당에 통상근로계수(73/100)를 곱하여 산정한 금액을 평균임금으로 합니다.

3-2-2. 일당의 확인 방법

- 근로복지공단은 평균임금을 산정할 때 해당 일용근로자의 일당에 관한 당사자 간의 근로계약 관련 자료가 제출된 경우에는 다음의 사항을 확인하여 통상의 경우보다 현저히 높거나 낮은지 여부를 조사해야 합니다.
  ① 재해발생 이전 고용보험의 일용근로자 근로내역 신고에 관한 사항
  ② 재해발생 이전 사업장에서 일용근로자로서 근로한 사실이 있는 경우에는 그 사업장의 일당에 관한 사항
  ③ 재해발생 이전 세법에 의거 신고한 근로소득 등에 관한 사항
  ④ 일용근로자의 직종 관련 자격여부, 실제 지급된 임금대장, 금융기관 계좌 입금 내역 등에 관한 사항
  ⑤ 해당 일용근로자와 같은 사업장에서 같은 업무에 종사하는 다른 일용근로자의 일당에 관한 사항
- 근로복지공단은 건설업 및 임업의 일용근로자 일당에 관한 객관적인 입증자료를 확인할 수 없는 경우에는 대한건설협회에서 발간한 건설업임금실태조사보고서상의 동일직종에 종사하는 노임단가(재해발생일과 가장 가까운 조사 기준) 및 산림청 '국유임산물 매각 예정가격 사정기준 등 시행요령'의 노임단가를 일당으로 결정할 수 있습니다.
- 근로복지공단은 건설업 및 임업 이외의 일용근로자 일당에 관한 객관적인 입증자료를 확인 할 수 없는 경우에는 해당 사업장의 소재 지역에서 그 사업과 업종·규모가 비슷하고 그 일용근로자와 성별이 같고, 직종·경력·기술·기능이 비슷한 일용근로자의 임금 수준을 고려하여 일당을 결정할 수 있습니다.

4. 직업병에 걸린 사람에 대한 평균임금 산정 특례

4-1. 직업병에 걸린 사람에 대한 평균임금 산정 특례

4-1-1. 직업병에 걸린 사람에 대한 평균임금 산정 특례

보험급여를 산정할 때 진폐 등 「산업재해보상보험법 시행령」 제25조 제1항의 어느 하나에 해당하는 직업병(유해·위험요인에 일시적으로 다량 노출되어 급성으로 발병한 질병은 제외함)으로 보험급여를 받게 되는 근로자에게 그 평균임금을 적용하는 것이 근로자의 보호에 적당하지 않다고 인정되면 일반적인 평균임금 산정 방식이 아닌 「산업재해보상보험법 시행령」 제25조제2항에 따라 산정한 금액을 그 근로자의 평균임금으로 합니다.

4-1-2. 직업병

"직업병'이란 업무상 질병으로서 다음의 어느 하나에 해당하는 질병(유해·위험요인에 일시적으로 다량 노출되어 급성으로 발병한 질병은 제외)을 말합니다.

① 진폐

② 다음의 어느 하나에 해당하는 직업병

    ⓐ 근골격계 질병

    ⓑ 호흡기계 질병

    ⓒ 신경정신계 질병

    ⓓ 림프조혈기계 질병

    ⓔ 피부 질병

    ⓕ 눈 또는 귀 질병

    ⓖ 간 질병

    ⓗ 감염성 질병

    ⓘ 직업성 암

    ⓚ 급성 중독 등 화학적 요인에 의한 질병

    ⓛ 물리적 요인에 의한 질병

③ 그 밖에 유해·위험요인에 장기간 노출되어 걸렸거나 유해·위험요인에 노출된 후 일정기간의 잠복기가 지난 후에 걸렸음이 의학적으로 인정되는 질병

4-2. 직업병에 걸린 사람의 평균임금 산정 방법

직업병에 걸린 사람의 평균임금은 다음의 구분에 따라 산정한 금액으로 합니다.

① 진폐의 경우: 1일당 123,468원93전(2020년1월1일부터 2020년12월 31일까지 적용)

② 그 밖의 직업병인 경우:「통계법」제3조제2호에 따른 지정통계로서 고용노동부장관이 작성하는 사업체노동력조사(이하 "사업체노동력 조사"라 함)에 따른 근로자의 월평균 임금총액에 관한 조사내용 중 해당 직업병에 걸린 근로자와 성별·직종 및 소속한 사업의 업종·규 모가 비슷한 근로자의 월평균 임금총액을 해당 근로자의 직업병이 확인된 날이 속하는 분기의 전전분기 말일 이전 1년 동안 합하여 산출한 금액을 그 기간의 총 일수로 나눈 금액

ⓐ 위의 "성별·직종 및 소속한 사업의 업종·규모가 비슷한 근로자" 란「통계법」에 따라 고용노동부장관이 작성하는 사업체노동력조 사(이하 '사업체노동력조사'라 함)상의 산업대분류의 구분에 따 라 해당 근로자가 소속한 사업 또는 사업장과 업종 및 규모가 같은 사업 중 그 근로자와 성별 및 직종이 같은 근로자를 말합 니다

ⓑ 위의 "직업병이 확인된 날"은 그 직업병이 보험급여의 지급 대 상이 된다고 확인될 당시에 발급된 진단서나 소견서의 발급일로 합니다

4-3. 근로자 소속 사업이 휴업 또는 폐업한 후 직업병이 확인된 경우의 산정 방법

- 진폐 외의 직업병에 걸린 사람에 대한 평균임금 산정 방법의 특례를 적용하는 경우 그 근로자가 소속된 사업이 휴업 또는 폐업한 후 직 업병이 확인된 경우(휴업 또는 폐업 전에 그 근로자가 퇴직한 경우 를 포함함)에는 그 사업이 휴업 또는 폐업한 날을 기준으로 위의 산 정방법에 따라 산정한 금액을 진폐 외의 직업병이 확인된 날까지 전 체 근로자의 임금 평균액의 증감률에 따라 증감하여 산정한 금액을

그 근로자의 평균임금으로 봅니다.
- 위에 따라 평균임금을 산정하는 경우 해당 사업이 사업체노동력조사
의 작성 이전에 휴업 또는 폐업한 경우에는 "사업체노동력조사가 작
성된 최초의 1년"을 「산업재해보상보험법 시행령」제25조제2항에 따
른 "전전분기 말일 이전 1년"으로 봅니다.
- 위에 따라 평균임금을 산정하는 경우 휴업 또는 폐업한 날을 확인할
수 없는 경우에는 해당 사업의 산업재해보상보험관계가 소멸된 날의
전날을 휴업 또는 폐업한 날로 봅니다.

4-4. 직업병에 걸린 사람에 대한 평균임금 산정 특례 적용 신청
- 직업병에 걸린 사람에 대한 평균임금 산정 특례는 보험급여 수급권
자의 신청이 있는 경우 또는 근로복지공단의 직권으로 적용할 수 있
습니다.
- 보험급여 수급권자가 직업병에 걸린 사람에 대한 평균임금 산정 특
례 적용을 신청하려면 평균임금산정 특례신청서를 근로복지공단에
제출해야 합니다.
- 근로복지공단은 평균임금 산정 특례 적용 신청을 받으면 그 신청을
받은 날부터 10일 이내에 평균임금 산정 방법의 특례를 적용할지를
결정하여 신청인에게 알려야 합니다.

4-5. 직업병에 걸린 사람에 대한 평균임금 적용 방법
근로복지공단은 직업병에 걸린 사람에 대한 평균임금 산정 특례를 적
용받는 경우에는 ① 「근로기준법」에 따라 산정한 평균임금과 ② '직업
병에 걸린 사람에 대한 평균임금 산정 특례에 따라 산정된 평균임금'
(「산업재해보상보험법 시행령」 제25조제2항에 따라 산정한 금액) 또는
'근로자 소속 사업이 휴업 또는 폐업한 후 직업병이 확인된 경우의 평
균임금'(「산업재해보상보험법 시행령」 제25조제5항에 따라 산정한 금
액)을 비교하여 그 중 높은 금액을 그 수급권자의 평균임금으로 적용
해야 합니다.

5. 보험급여의 최고 보상기준 및 최저보상기준

5-1. 보험급여의 최고 보상기준 및 최저 보상기준

5-1-1. 보험급여의 최고 보상기준 및 최저 보상기준 산정 방법

보험급여(장의비는 제외)를 산정할 때 그 근로자의 평균임금 또는 평균임금의 증감에 의한 평균임금, 일용직 근로자의 평균임금, 직업병에 걸린 사람에 대한 평균임금이「고용정책 기본법」제17조의 고용구조 및 인력수요 등에 관한 통계에 따른 상용근로자 5명 이상 사업체의 최고 보상기준 금액을 초과하거나, 최저 보상기준 금액보다 적으면 그 최고 보상기준 금액이나 최저 보상기준 금액을 각각 그 근로자의 평균임금으로 하되, 최저 보상기준 금액이「최저임금법」제5조제1항에 따른 시간급 최저임금액에 8을 곱한 금액 보다 적으면 그 최저임금액을 최저 보상기준 금액으로 합니다.

5-1-2. 전체 근로자의 임금 평균액

최고 보상기준 금액과 최저 보상기준 금액의 산정 기준이 되는 임금 평균액은「고용정책 기본법」제17조의 고용구조 및 인력수요 등에 관한 통계에 따른 전전 보험연도의 7월 1일부터 직전 보험연도의 6월 30일까지 상용근로자 5명 이상 사업체의 전체 근로자를 대상으로 산정한 근로자 1명당 월별 월평균 임금총액의 합계를 365(산정 기간에 속한 2월이 29일까지 있는 경우에는 366)로 나눈 금액으로 합니다.

5-2. 최고 보상기준 및 최저 보상기준 금액

- 최고 보상기준 금액은 전체 근로자의 임금 평균액의 1.8배입니다. 2020년 기준 최고 보상기준 금액은 1일당 222,224원입니다.
- 최저 보상기준 금액은 전체 근로자의 임금 평균액의 2분의 1입니다. 2020년 기준 최저 보상기준 금액은 1일당 68,720원입니다.

5-3. 평균임금 증감과 최고·최저 보상기준 금액의 적용 방법

- 최고·최저 보상기준 금액을 적용받는 산재근로자에 대해 평균임금을 증감하는 경우에는 그 산재근로자의 실제의 평균임금을 기준으로

「산업재해보상보험법 시행령」제22조제1항 별표2에 따라 증감하고, 그 증감된 평균임금을 산정 당시의 최고·최저 보상기준 금액과 비교하여 다음에서 정한 방법에 따라 적용합니다.

- 최고 보상기준 금액을 적용받던 산재근로자는 최고 보상기준 금액과 증감된 평균임금을 비교하여 낮은 금액을 적용합니다. 최저 보상기준 금액을 적용받던 산재근로자는 최저 보상기준 금액과 증감된 평균임금을 비교하여 높은 금액을 적용합니다.

제7장

보험급여 결정 등에 대한 불복절차

제1절 심사 청구 및 재심사 청구

1. 심사청구

1-1. 심사 청구의 당사자

1-1-1. 심사 청구인

심사 청구인은 심사 청구의 대상인 보험급여 결정 등에 불복하여 그 취소 또는 변경을 구할 수 있는 법률상 이익이 있는 자입니다.

1-1-2. 심사 청구인의 지위 승계

심사 청구인 또는 재심사 청구인이 사망한 경우 그 청구인이 보험급여의 수급권자이면 유족이, 그 밖의 자이면 상속인 또는 심사 청구나 재심사 청구의 대상인 보험급여에 관련된 권리·이익을 승계한 자가 각각 청구인의 지위를 승계합니다.

1-1-3. 피청구인

심사 청구의 피청구인은 해당 심사 청구 대상인 보험급여 결정 등을 한 근로복지공단입니다.

1-2. 심사 청구 제기

1-2-1. 심사 청구 대상

다음의 어느 하나에 해당하는 근로복지공단의 결정 등(이하 "보험급여 결정 등"이라 함)에 불복하는 자는 근로복지공단에 심사 청구를 할 수 있습니다.
① 보험급여에 관한 결정
② 진료비에 관한 결정
③ 약제비에 관한 결정
④ 진료계획 변경 조치 등
⑤ 보험급여의 일시지급에 관한 결정
⑥ 합병증 등 예방관리에 관한 조치

⑦ 부당이득의 징수에 관한 결정
⑧ 수급권의 대위에 관한 결정

1-2-2. 심사 청구 방법

- 심사 청구는 그 보험급여 결정 등을 한 근로복지공단의 분사무소(이 하, "지역본부 또는 지사"라 함)를 거쳐 근로복지공단에 제기해야 합니다.
- 심사 청구는 다음의 사항을 적은 문서(이하 "심사 청구서"라 함)로 해야 합니다.
    ① 심사 청구인의 이름 및 주소(심사 청구인이 법인인 경우에는 그 명칭·소재지 및 대표자의 이름)
    ② 보험급여 결정 등의 내용
    ③ 보험급여 결정 등이 있음을 안 날
    ④ 심사 청구의 취지 및 이유
    ⑤ 심사 청구에 관한 고지의 유무 및 고지의 내용
- 심사 청구인이 재해를 입은 근로자가 아닌 경우(위의 진료비에 대한 결정 및 약제비에 대한 결정에 대한 심사 청구의 경우는 제외함)에 는 심사 청구서에 위의 기재 사항 외에 다음의 사항을 적어야 합니다.
    ① 재해를 입은 근로자의 이름
    ② 재해를 입은 근로자의 재해 당시 소속 사업의 명칭 및 소재지
    ③ 심사 청구를 선정대표자 또는 대리인이 제기하는 경우 위의 각 기재 사항 외에 선정대표자 또는 대리인의 이름과 주소를 심사 청구서에 적어야 합니다.
- 심사 청구서에는 심사 청구인 또는 대리인이 서명하거나 날인해야 합니다.

1-2-3. 심사 청구 기간

심사 청구는 보험급여 결정 등이 있음을 안 날부터 90일 이내에 해야 합니다.

1-2-4. 심사 청구에 대한 보정 요구 및 각하

- 근로복지공단은 심사 청구가 심사 청구기간을 지나 제기되었거나 법령의 방식을 위반하여 보정(補正)할 수 없는 경우 또는 근로복지공단이 정한 보정 기간에 보정하지 않은 경우에는 각하결정을 해야 합니다.
- 심사 청구가 법령의 방식을 위반한 것이라도 보정할 수 있는 경우에는 근로복지공단은 상당한 기간을 정하여 심사 청구인에게 보정할 것을 요구할 수 있습니다.
- 다만, 보정할 사항이 경미한 경우에는 근로복지공단이 직권으로 보정할 수 있습니다.

1-3. 보험급여 결정 등의 집행정지

- 심사 청구는 해당 보험급여 결정 등의 집행을 정지시키지 않습니다. 다만, 근로복지공단은 그 집행으로 발생할 중대한 손실을 피하기 위해 긴급한 필요가 있다고 인정하면 그 집행을 정지시킬 수 있습니다.
- 근로복지공단이 보험급여 결정 등의 집행을 정지시킨 경우에는 지체없이 다음의 사항을 적은 문서로 심사 청구인에게 알려야 합니다.
  ① 심사 청구 사건명
  ② 집행정지 대상인 보험급여 결정 등 및 집행정지의 내용
  ③ 심사 청구인의 이름 및 주소
  ④ 집행정지의 이유

1-4. 심사 청구에 대한 심리

1-4-1. 심리 기간 및 절차

근로복지공단은 보험급여 결정 등에 대한 심사 청구서를 받은 날부터 60일 이내에 산업재해보상보험심사위원회(이하, "심사위원회"라 함)의 심의를 거쳐 심사 청구에 대한 결정을 해야 합니다. 다만, 부득이한 사유로 그 기간 이내에 결정을 할 수 없으면 한 차례만 20일을 넘지 않는 범위에서 그 기간을 연장할 수 있습니다.

1-4-2. 심사위원회의 심의를 제외 대상

다음의 어느 하나에 해당하는 사유에 해당하는 경우에는 심사위원회의 심의를 거치지 않고 결정할 수 있습니다.

① 업무상질병판정위원회의 심의를 거쳐 업무상 질병의 인정 여부가 결정된 경우
② 진폐인 경우
③ 이황화탄소 중독인 경우
④ 「산업재해보상보험법 시행령」 제97조제1항에 따른 각하 사유에 해당하는 경우
⑤ 그 밖에 심사 청구의 대상이 되는 보험급여 결정 등이 적법한지를 명백히 알 수 있는 경우

1-4-3. 심사위원회의 심의를 제외 대상

- 근로복지공단은 심사 청구에 대해 심사위원회의 심의를 거쳐 결정하는 경우 그 심리 경과에 관해 심리조서를 작성해야 합니다.
- 당사자 및 관계인은 문서로 심리조서의 열람을 신청할 수 있습니다.

1-5. 심사 청구에 대한 결정
1-5-1. 심사 청구에 대한 결정

심사 청구에 대한 결정은 다음의 사항을 적은 문서로 해야 합니다.

① 사건번호 및 사건명
② 심사 청구인의 이름 및 주소(심사 청구인이 법인인 경우에는 그 명칭·소재지 및 대표자의 이름)
③ 선정대표자 또는 대리인의 이름 및 주소(심사 청구를 선정대표자 또는 대리인이 제기하는 경우만 해당)
④ 심사 청구인이 재해를 입은 근로자가 아닌 경우에는 재해를 입은 근로자의 이름 및 주소
⑤ 주문
⑥ 심사 청구의 취지
⑦ 이유
⑧ 결정연월일

1-5-2. 심사 결정서 정본 송부 등

- 근로복지공단이 심사 청구에 대한 결정을 하면 심사 청구인에게 심사 결정서 정본을 보내야 합니다.
- 근로복지공단이 보험급여 결정 등을 하거나 심사 청구에 대한 결정을 할 때에는 그 상대방 또는 심사 청구인에게 그 보험급여 결정 등 또는 심사 청구에 대한 결정에 관해 심사 청구 또는 재심사 청구를 제기할 수 있는지 여부, 제기하는 경우의 절차 및 청구기간을 알려야 합니다.

1-6. 다른 법률과의 관계

1-6-1. 「행정심판법」과 관계

- 근로복지공단의 보험급여 결정 등에 대해서는 「행정심판법」에 따른 행정심판을 제기할 수 없습니다.
- 심사 청구에 관해 「산업재해보상보험법」에서 정하고 있지 않은 사항에 대해서는 「행정심판법」에 따릅니다.

1-6-2. 「민법」 제168조와의 관계

「산업재해보상보험법」 제103조 및 「산업재해보상보험법」 제106조에 따른 심사 청구의 제기는 시효의 중단에 관해 「민법」 제168조에 따른 재판상의 청구로 봅니다.

2. 재심사 청구

2-1. 재심사 청구의 당사자

2-1-1. 재심사 청구인

- 심사 청구에 대한 결정에 불복하는 자는 산업재해보상보험재심사위원회(이하 "재심사위원회"라 함)에 재심사 청구를 할 수 있습니다.
- 다만, 업무상질병판정위원회의 심의를 거친 보험급여에 관한 결정에 불복하는 자는 「산업재해보상보험법」 제103조에 따른 심사 청구를 하지 않고 재심사 청구를 할 수 있습니다.

2-1-2. 재심사 청구인의 지위 승계

재심사 청구인이 사망한 경우 그 청구인이 보험급여의 수급권자이면 규제「산업재해보상보험법」 제62조제1항 또는 「산업재해보상보험법」 제81조에 따른 유족이, 그 밖의 자이면 상속인 또는 심사 청구나 재심사 청구의 대상인 보험급여에 관련된 권리·이익을 승계한 자가 각각 청구인의 지위를 승계합니다.

2-1-3. 재심사 청구의 피청구인

재심사 청구에 대한 피청구인은 보험급여 결정 등을 한 근로복지공단입니다.

2-2. 재심사 청구의 제기

2-2-1. 재심사 청구 방법

- 재심사 청구는 그 보험급여 결정 등을 한 근로복지공단의 분사무소 (이하, "지역본부 또는 지사"라 함)를 거쳐 재심사위원회에 제기해야 합니다.
- 재심사 청구는 다음의 사항을 적은 문서로 해야 합니다.
  ① 재심사 청구인의 이름 및 주소(재심사 청구인이 법인인 경우에는 그 명칭·소재지 및 대표자의 이름)
  ② 재심사 청구의 대상이 되는 보험급여 결정 등의 내용
  ③ 심사 청구에 대한 결정(업무상질병판정위원회의 심의를 거친 보험급여에 관한 결정에 불복하는 자가 심사 청구를 거치지 않고 재심사 청구를 하는 경우에는 보험급여에 관한 결정 등)이 있음을 안 날
  ④ 재심사 청구의 취지 및 이유
  ⑤ 재심사 청구에 관한 고지 유무 및 그 내용
- 재심사 청구인이 재해를 입은 근로자가 아닌 경우(진료비에 대한 결정 및 약제비에 대한 결정에 대한 심사 청구의 경우는 제외)에는 재심사 청구서에 위의 기재 사항 외에 다음의 사항을 적어야 합니다.
  ① 재해를 입은 근로자의 이름

② 재해를 입은 근로자의 재해 당시 소속 사업의 명칭 및 소재지
③ 재심사 청구를 선정대표자 또는 대리인이 제기하는 경우 위의
   각 기재 사항 외에 선정대표자 또는 대리인의 이름과 주소를 재
   심사 청구서에 적어야 합니다.
- 재심사 청구서에는 재심사 청구인 또는 대리인이 서명하거나 날인해
  야 합니다.

2-2-2. 재심사 청구 기간

- 재심사 청구는 심사 청구에 대한 결정이 있음을 안 날부터 90일 이
  내에 제기해야 합니다.
- 다만, 업무상질병판정위원회의 심의를 거친 보험급여에 관한 결정에
  불복하는 자가 심사 청구를 거치지 않고 재심사 청구를 하는 경우에
  는 보험급여에 관한 결정이 있음을 안 날부터 90일 이내에 제기해
  야 합니다.

2-2-3. 재심사 청구에 대한 보정 요구 및 각하

- 재심사위원회는 재심사 청구가 재심사 청구기간을 지나 제기되었거
  나 법령의 방식을 위반하여 보정(補正)할 수 없는 경우 또는 재심사
  위원회가 정한 보정 기간에 보정하지 않은 경우에는 각하결정을 해
  야 합니다.
- 재심사 청구가 법령의 방식을 위반한 것이라도 보정할 수 있는 경우
  에는 재심사위원회는 상당한 기간을 정하여 재심사 청구인에게 보정
  할 것을 요구할 수 있습니다.
- 다만, 보정할 사항이 경미한 경우에는 재심사위원회는 직권으로 보
  정할 수 있습니다.

2-3. 보험급여 결정 등의 집행정지

- 재심사 청구는 해당 보험급여 결정 등의 집행을 정지시키지 않습니
  다. 다만, 재심사위원회는 그 집행으로 발생할 중대한 손실을 피하
  기 위해 긴급한 필요가 있다고 인정하면 그 집행을 정지시킬 수 있

습니다.
- 재심사위원회가 보험급여 결정 등의 집행을 정지시킨 경우에는 지체 없이 다음의 사항을 적은 문서로 심사 청구인에게 알려야 합니다.
  ① 재심사 청구 사건명
  ② 집행정지 대상인 보험급여 결정 등 및 집행정지의 내용
  ③ 재심사 청구인의 이름 및 주소
  ④ 집행정지의 이유

2-4. 재심사 청구에 대한 심리

2-4-1. 재심사 청구에 대한 심리 기간

재심사위원회는 재심사 청구서를 받은 날부터 60일 이내에 재심사 청구에 대한 재결을 해야 합니다. 다만, 부득이한 사유로 그 기간 이내에 재결을 할 수 없으면 한 차례만 20일을 넘지 않는 범위에서 그 기간을 연장할 수 있습니다.

2-4-2. 재심사 심리기일 및 장소의 통지 등

재심사위원회는 재심사 청구서를 접수하면 그 청구에 대한 심리기일 및 장소를 정해서 심리기일 5일 전까지 당사자 및 근로복지공단에 각각 문서로 알려야 합니다.

2-4-3. 심리의 공개

재심사위원회의 심리는 공개해야 합니다. 다만, 재심사 청구인의 신청이 있으면 공개하지 않을 수 있습니다.

2-4-4. 심리조서 작성 및 열람

- 재심사위원회는 재심사의 심리 경과에 관해 다음의 사항을 적은 심리조서를 작성해야 합니다.
  ① 사건번호 및 사건명
  ② 심리일시 및 장소
  ③ 출석한 위원의 이름

④ 출석한 당사자의 이름

⑤ 심리의 내용

⑥ 그 밖에 필요한 사항

- 당사자 또는 관계인은 문서로 심리조서의 열람을 신청할 수 있습니다.

2-5. 재심사 청구에 대한 재결

2-5-1. 재심사 청구에 대한 재결의 방법

재심사 청구에 대한 재결은 다음의 사항을 적은 문서로 해야 합니다.

① 사건번호 및 사건명

② 재심사 청구인의 이름 및 주소(재심사 청구인이 법인인 경우에는 그 명칭·소재지 및 대표자의 이름)

③ 선정대표자 또는 대리인의 이름 및 주소(재심사 청구를 선정대표자 또는 대리인이 제기하는 경우만 해당함)

④ 재심사 청구인이 재해를 입은 근로자가 아닌 경우에는 재해를 입은 근로자의 이름 및 주소

⑤ 주문

⑥ 재심사 청구의 취지

⑦ 이유

⑧ 재결연월일

2-5-2. 재결서 정본 송부 등

- 근로복지공단이 재심사 청구에 대한 재결을 하면 근로복지공단 및 재심사 청구인에게 재결서 정본을 보내야 합니다.

- 재심사위원회가 재심사 청구에 대한 재결을 하는 경우에는 재심사 청구인에게 재심사 청구에 대한 재결에 관해 행정소송을 제기할 수 있는지 여부, 행정소송을 제기하는 경우의 절차 및 청구기간을 알려 줘야 합니다.

2-5-3. 재심사위원회의 재결의 효력

재심사위원회의 재결은 근로복지공단을 기속(羈束)합니다.

2-6. 다른 법률과의 관계

2-6-1.「행정심판법」과의 관계

- 재심사위원회의 재심사 청구에 대한 재결은 「행정소송법」 제18조를 적용할 때 행정심판에 대한 재결로 봅니다.
- 재심사 청구에 관해 「산업재해보상보험법」에서 정하고 있지 않은 사항에 대해서는 「행정심판법」에 따릅니다.

2-6-2.「민법」 제168조와의 관계

재심사 청구의 제기는 시효의 중단에 관해 「민법」 제168조에 따른 재판상의 청구로 봅니다.

제2절 행정소송

1. 행정소송의 의의

"행정소송"이란 공법상의 법률관계에 관한 분쟁에 대해 하는 재판절차 즉, 행정청의 위법한 처분 그 밖의 공권력의 행사, 불행사 등으로 인한 국민의 권리 또는 이익의 침해를 구제하고 공법상의 권리관계 또는 법적용에 관한 분쟁을 해결하는 재판절차를 말합니다.

2. 취소소송의 의의

"취소소송"이란 행정청의 위법한 처분 등을 취소 또는 변경하는 소송을 말합니다.

3. 취소소송의 대상

- 취소소송은 처분 등을 대상으로 합니다.
- "처분 등"이란 행정청이 행하는 구체적 사실에 관한 법집행으로서의 공권력의 행사 또는 그 거부와 그 밖에 이에 준하는 행정작용(이하 "처분"이라 함) 및 행정심판에 대한 재결을 말합니다.

4. 취소소송의 당사자

4-1. 원고

- 취소소송은 처분 등의 취소를 구할 법률상 이익이 있는 자가 제기할 수 있습니다.
- 따라서, 「산업재해보상보험법」 제10조에 따라 근로복지공단이 고용노동부장관으로부터 위탁받아 행한 처분인 근로복지공단의 보험급여의 결정 및 심사청구에 대한 결정, 재심사청구에 대한 재결에 대해 불복하는 보험료 수급권자는 행정소송을 제기할 수 있습니다.

4-2. 피고

- 취소소송은 다른 법률에 특별한 규정이 없는 한 그 처분 등을 행한 행정청을 피고로 합니다.
- 위의 행정청에는 법령에 의해 행정권한의 위임 또는 위탁을 받은 행정기관, 공공단체 및 그 기관 또는 사인이 포함됩니다.
- 따라서 보험급여의 결정, 심사청구에 대한 결정은 고용노동부장관으로부터 보험급여의 결정, 심사청구에 대한 결정 업무를 위탁받은 근로복지공단이 피고가 되며, 재심사청구에 대한 재결에 대한 취소소송의 피고는 고용노동부장관으로부터 재심사청구에 대한 재결에 관한 업무를 위탁받은 산업재해보상보험재심사위원회가 됩니다.

5. 취소소송의 제기

5-1. 소장의 제출

- 근로복지공단의 보험급여 결정 등에 대한 취소소송을 제기하려는 자는 행정법원에 소장을 제출하여 소를 제기할 수 있습니다.
- 소장에는 소송가액에 따라 일정액의 인지를 첨부해야 하고, 행정법원 구내에 설치된 수납은행에 송달료를 납부한 뒤, 그 납부서를 첨부해야 합니다.
- 서울지역은 서울지방법원 산하에 설치된 행정법원에 소장을 제출하고, 행정법원을 설치하지 않은 그 밖의 지역에서는 행정법원이 설치될 때까지 해당 지방법원본원에 소장을 제출해야 합니다.

5-2. 소장의 기재사항

소장에는 다음의 사항을 적고, 당사자 또는 대리인이 기명날인 또는 서명합니다.
① 당사자의 성명·명칭 또는 상호와 주소
② 대리인의 성명과 주소
③ 사건의 표시
④ 공격 또는 방어의 방법
⑤ 상대방의 청구와 공격 또는 방어의 방법에 대한 진술

⑥ 덧붙인 서류의 표시
⑦ 작성한 날짜
⑧ 법원의 표시

5-3. 제소기간

- 취소소송은 처분 등이 있음을 안 날부터 90일 이내에 제기해야 합니다.
- 취소소송은 처분 등이 있은 날부터 1년을 경과하면 제기하지 못합니다. 다만, 정당한 사유가 있는 경우에는 1년이 경과해도 취소소송을 제기할 수 있습니다.

5-4. 행정소송과 심사청구·재심사청구와의 관계

근로복지공단의 보험급여 결정 등에 대해 불복이 있는 사람은 ① 심사청구 및 재심사청구를 거치지 않고 바로 취소소송을 제기할 수 있고, ② 임의적으로 심사청구 및 재심사청구를 모두 거친 후에 취소소송을 제기할 수 있으며, ③ 임의적으로 심사청구만 하고 그 결정을 받은 후 바로 취소소송을 제기할 수도 있습니다.

6. 취소소송에 대한 심리

6-1. 요건심리

- 요건심리는 제기된 소가 소송요건을 갖추었는지의 여부를 심리하는 것으로서, 소송요건을 갖추지 못한 경우에는 부적법 각하됩니다.
- 요건심리 사항은 행정소송의 대상, 당사자적격, 제소기간, 전심절차 등으로 본안판단의 전제요건으로서 직권조사사항입니다.

6-2. 본안심리

본안심리는 요건심리의 결과 적법한 것으로 인정된 소의 실체적 내용을 심리하여 원고의 청구를 인용할 것인가 또는 기각할 것인가를 심리하는 것으로서, 본안심리의 결과 청구의 내용이 이유 있는 경우는 인용되고, 그렇지 않은 때에는 기각됩니다.

7. 판결의 확정과 효력

7-1. 판결의 선고

법원은 소송요건이 갖추어지지 않은 경우에 각하 판결을 하며, 본안심리 결과 원고의 주장이 이유가 없는 경우에는 기각판결, 원고의 주장이 이유가 있는 경우에는 취소판결을 합니다.

7-2. 판결의 확정

판결은 상소를 제기할 수 있는 기간 또는 그 기간 이내에 적법한 상소제기가 있을 때에는 확정되지 않습니다.

7-3. 판결의 확정의 효력

① 형식적 확정력

　판결이 확정되면 더 이상 재판을 통해 그 당부(當否)를 다툴 수 없게 됩니다.

② 실질적 확정력(기판력)

　판결이 확정되면 법원도 더 이상 그 내용을 변경하거나 그와 다른 판결을 할 수가 없을 뿐만 아니라 당사자 또한 확정된 권리관계에 관해 다른 내용의 권리를 주장할 수 없게 됩니다.

③ 반복금지효

　취소소송에서 인용판결이 확정되면 관계행정청은 동일한 사실관계 아래서 동일한 당사자에게 동일한 내용의 처분을 반복해서는 안됩니다.

④ 취소판결 등의 기속력

　처분 등을 취소하는 확정판결은 그 사건에 관해 당사자인 행정청과 그 밖의 관계행정청을 기속합니다.

⑤ 재처분 의무

　판결에 의해 취소되는 처분이 당사자의 신청을 거부하는 것을 내용으로 하는 경우에는 그 처분을 행한 행정청은 판결의 취지에 따라 다시 이전의 신청에 대한 처분을 해야 합니다.

(산업재해보상보험법)

산업재해보상보험법 (약칭: 산재보험법)

[시행 2020.6.9] [법률 제17434호, 2020.6.9, 일부개정]

제1장 총칙

제1조(목적)

이 법은 산업재해보상보험 사업을 시행하여 근로자의 업무상의 재해를 신속하고 공정하게 보상하며, 재해근로자의 재활 및 사회 복귀를 촉진하기 위하여 이에 필요한 보험시설을 설치·운영하고, 재해 예방과 그 밖에 근로자의 복지 증진을 위한 사업을 시행하여 근로자 보호에 이바지하는 것을 목적으로 한다.

제2조(보험의 관장과 보험연도)

① 이 법에 따른 산업재해보상보험 사업(이하 "보험사업"이라 한다)은 고용노동부장관이 관장한다. <개정 2010.6.4.>

② 이 법에 따른 보험사업의 보험연도는 정부의 회계연도에 따른다.

제3조(국가의 부담 및 지원)

① 국가는 회계연도마다 예산의 범위에서 보험사업의 사무 집행에 드는 비용을 일반회계에서 부담하여야 한다.

② 국가는 회계연도마다 예산의 범위에서 보험사업에 드는 비용의 일부를 지원할 수 있다.

제4조(보험료)

이 법에 따른 보험사업에 드는 비용에 충당하기 위하여 징수하는 보험료나 그 밖의 징수금에 관하여는 「고용보험 및 산업재해보상보험의 보험료징수 등에 관한 법률」(이하 "보험료징수법"이라 한다)에서 정하는 바에 따른다.

제5조(정의)

이 법에서 사용하는 용어의 뜻은 다음과 같다.
<개정 2010.1.27., 2010.5.20., 2010.6.4., 2012.12.18., 2017.10.24., 2018.6.12., 2020.5.26.>

1. "업무상의 재해"란 업무상의 사유에 따른 근로자의 부상·질병·장해 또는 사망을 말한다.
2. "근로자"·"임금"·"평균임금"·"통상임금"이란 각각 「근로기준법」에 따른 "근로자"·"임금"·"평균임금"·"통상임금"을 말한다. 다만, 「근로기준법」에 따라 "임금" 또는 "평균임금"을 결정하기 어렵다고 인정되면 고용노동부장관이 정하여 고시하는 금액을 해당 "임금" 또는 "평균임금"으로 한다.
3. "유족"이란 사망한 사람의 배우자(사실상 혼인 관계에 있는 사람을 포함한다. 이하 같다)·자녀·부모·손자녀·조부모 또는 형제자매를 말한다.
4. "치유"란 부상 또는 질병이 완치되거나 치료의 효과를 더 이상 기대할 수 없고 그 증상이 고정된 상태에 이르게 된 것을 말한 다.
5. "장해"란 부상 또는 질병이 치유되었으나 정신적 또는 육체적 훼손으로 인하여 노동능력이 상실되거나 감소된 상태를 말한다.
6. "중증요양상태"란 업무상의 부상 또는 질병에 따른 정신적 또는 육체적 훼손으로 노동능력이 상실되거나 감소된 상태로서 그 부상 또는 질병이 치유되지 아니한 상태를 말한다.
7. "진폐"(塵肺)란 분진을 흡입하여 폐에 생기는 섬유증식성(纖維增殖性) 변화를 주된 증상으로 하는 질병을 말한다.
8. "출퇴근"이란 취업과 관련하여 주거와 취업장소 사이의 이동 또는 한 취업장소에서 다른 취업장소로의 이동을 말한다.

제6조(적용 범위)
이 법은 근로자를 사용하는 모든 사업 또는 사업장(이하 "사업"이라 한다)에 적용한다. 다만, 위험률·규모 및 장소 등을 고려하여 대통령령으로 정하는 사업에 대하여는 이 법을 적용하지 아니한다.

제7조(보험 관계의 성립·소멸)
이 법에 따른 보험 관계의 성립과 소멸에 대하여는 보험료징수법으로 정하는 바에 따른다.

제8조(산업재해보상보험및예방심의위원회)

① 산업재해보상보험 및 예방에 관한 중요 사항을 심의하게 하기 위하여 고용노동부에 산업재해보상보험및예방심의위원회(이하 "위원회"라 한다)를 둔다. <개정 2009.10.9., 2010.6.4.>

② 위원회는 근로자를 대표하는 사람, 사용자를 대표하는 사람 및 공익을 대표하는 사람으로 구성하되, 그 수는 각각 같은 수로 한다. <개정 2020.5.26.>

③ 위원회는 그 심의 사항을 검토하고, 위원회의 심의를 보조하게 하기 위하여 위원회에 전문위원회를 둘 수 있다. <개정 2009.10.9.>

④ 위원회 및 전문위원회의 조직·기능 및 운영에 필요한 사항은 대통령령으로 정한다. <개정 2009.10.9.>

[제목개정 2009.10.9.]

제9조(보험사업 관련 조사·연구)

① 고용노동부장관은 보험사업을 효율적으로 관리·운영하기 위하여 조사·연구 사업 등을 할 수 있다. <개정 2010.6.4.>

② 고용노동부장관은 필요하다고 인정하면 제1항에 따른 업무의 일부를 대통령령으로 정하는 자에게 대행하게 할 수 있다. <개정 2010.6.4.>

제2장 근로복지공단

제10조(근로복지공단의 설립)
고용노동부장관의 위탁을 받아 제1조의 목적을 달성하기 위한 사업을 효율적으로 수행하기 위하여 근로복지공단(이하 "공단"이라 한다)을 설립한다. <개정 2010.6.4.>

제11조(공단의 사업)
① 공단은 다음 각 호의 사업을 수행한다. <개정 2010.1.27., 2015.1.20.>
　　1. 보험가입자와 수급권자에 관한 기록의 관리·유지
　　2. 보험료징수법에 따른 보험료와 그 밖의 징수금의 징수
　　3. 보험급여의 결정과 지급
　　4. 보험급여 결정 등에 관한 심사 청구의 심리·결정
　　5. 산업재해보상보험 시설의 설치·운영
　　5의2. 업무상 재해를 입은 근로자 등의 진료·요양 및 재활
　　5의3. 재활보조기구의 연구개발·검정 및 보급
　　5의4. 보험급여 결정 및 지급을 위한 업무상 질병 관련 연구
　　5의5. 근로자 등의 건강을 유지·증진하기 위하여 필요한 건강진단 등 예방 사업
　　6. 근로자의 복지 증진을 위한 사업
　　7. 그 밖에 정부로부터 위탁받은 사업
　　8. 제5호·제5호의2부터 제5호의5까지·제6호 및 제7호에 따른 사업에 딸린 사업
② 공단은 제1항제5호의2부터 제5호의5까지의 사업을 위하여 의료기관, 연구기관 등을 설치·운영할 수 있다. <신설 2010.1.27., 2015.1.20.>
③ 제1항제3호에 따른 사업의 수행에 필요한 자문을 하기 위하여 공단에 관계 전문가 등으로 구성되는 보험급여자문위원회를 둘 수 있다. <개정 2010.1.27.>
④ 제3항에 따른 보험급여자문위원회의 구성과 운영에 필요한 사항은 공단이 정한다. <개정 2010.1.27.>
⑤ 정부는 예산의 범위에서 공단의 사업과 운영에 필요한 비용을 출연할 수 있다. <신설 2015.1.20.>

제12조(법인격)
공단은 법인으로 한다.

제13조(사무소)
① 공단의 주된 사무소 소재지는 정관으로 정한다.
② 공단은 필요하면 정관으로 정하는 바에 따라 분사무소를 둘 수 있다.

제14조(정관)
① 공단의 정관에는 다음 각 호의 사항을 적어야 한다.
1. 목적
2. 명칭
3. 주된 사무소와 분사무소에 관한 사항
4. 임직원에 관한 사항
5. 이사회에 관한 사항
6. 사업에 관한 사항
7. 예산 및 결산에 관한 사항
8. 자산 및 회계에 관한 사항
9. 정관의 변경에 관한 사항
10. 내부규정의 제정·개정 및 폐지에 관한 사항
11. 공고에 관한 사항

② 공단의 정관은 고용노동부장관의 인가를 받아야 한다. 이를 변경하려는 때에도 또한 같다. <개정 2010.6.4.>

제15조(설립등기)
공단은 그 주된 사무소의 소재지에서 설립등기를 함으로써 성립한다.

제16조(임원)
① 공단의 임원은 이사장 1명과 상임이사 4명을 포함한 15명 이내의 이사와 감사 1명으로 한다. <개정 2010.1.27.>
② 이사장·상임이사 및 감사의 임면(任免)에 관하여는 「공공기관의 운영에 관한 법률」 제26조에 따른다. <개정 2010.1.27.>
③ 비상임이사(제4항에 따라 당연히 비상임이사로 선임되는 사람은 제외한다)는 다음 각 호의 어느 하나에 해당하는 사람 중에서 「공공

기관의 운영에 관한 법률」 제26조제3항에 따라 고용노동부장관이 임명한다. 이 경우 제1호와 제2호에 해당하는 비상임이사는 같은 수로 하되, 노사 어느 일방이 추천하지 아니하는 경우에는 그러하지 아니하다. <신설 2010.1.27., 2010.5.20., 2010.6.4.>

1. 총연합단체인 노동조합이 추천하는 사람
2. 전국을 대표하는 사용자단체가 추천하는 사람
3. 사회보험 또는 근로복지사업에 관한 학식과 경험이 풍부한 사람으로서 「공공기관의 운영에 관한 법률」 제29조에 따른 임원추천위원회가 추천하는 사람

④ 당연히 비상임이사로 선임되는 사람은 다음 각 호와 같다. <신설 2010.1.27., 2010.6.4.>

1. 기획재정부에서 공단 예산 업무를 담당하는 3급 공무원 또는 고위공무원단에 속하는 일반직공무원 중에서 기획재정부장관이 지명하는 1명
2. 고용노동부에서 산업재해보상보험 업무를 담당하는 3급 공무원 또는 고위공무원단에 속하는 일반직공무원 중에서 고용노동부장관이 지명하는 1명

⑤ 비상임이사에게는 보수를 지급하지 아니한다. 다만, 직무 수행에 드는 실제 비용은 지급할 수 있다. <개정 2010.1.27.>

제17조(임원의 임기)
이사장의 임기는 3년으로 하고, 이사와 감사의 임기는 2년으로 하되, 각각 1년 단위로 연임할 수 있다. <개정 2010.1.27.>

제18조(임원의 직무)
① 이사장은 공단을 대표하고 공단의 업무를 총괄한다.
② 상임이사는 정관으로 정하는 바에 따라 공단의 업무를 분장하고, 이사장이 부득이한 사유로 직무를 수행할 수 없을 때에는 정관으로 정하는 순서에 따라 그 직무를 대행한다. <개정 2020.5.26.>
③ 감사(監事)는 공단의 업무와 회계를 감사(監査)한다.

제19조(임원의 결격사유와 당연퇴직)

다음 각 호의 어느 하나에 해당하는 사람은 공단의 임원이 될 수 없다.

1. 「국가공무원법」 제33조 각 호의 어느 하나에 해당하는 사람
2. 「공공기관의 운영에 관한 법률」 제34조제1항제2호에 해당하는 사람

[전문개정 2010.1.27.]

제20조(임원의 해임)

임원의 해임에 관하여는 「공공기관의 운영에 관한 법률」 제22조제1항, 제31조제6항, 제35조제2항·제3항, 제36조제2항 및 제48조제4항·제8항에 따른다.

[전문개정 2010.1.27.]

제21조(임직원의 겸직 제한 등)

① 공단의 상임임원과 직원은 그 직무 외에 영리를 목적으로 하는 업무에 종사하지 못한다. <개정 2010.1.27.>

② 상임임원이 「공공기관의 운영에 관한 법률」 제26조에 따른 임명권자나 제청권자의 허가를 받은 경우와 직원이 이사장의 허가를 받은 경우에는 비영리 목적의 업무를 겸할 수 있다. <신설 2010.1.27.>

③ 공단의 임직원이나 그 직에 있었던 사람은 그 직무상 알게 된 비밀을 누설하여서는 아니된다. <개정 2010.1.27., 2020.5.26.>

제22조(이사회)

① 공단에 「공공기관의 운영에 관한 법률」 제17조제1항 각 호의 사항을 심의·의결하기 위하여 이사회를 둔다.

② 이사회는 이사장을 포함한 이사로 구성한다.

③ 이사장은 이사회의 의장이 된다.

④ 이사회의 회의는 이사회 의장이나 재적이사 3분의 1 이상의 요구로 소집하고, 재적이사 과반수의 찬성으로 의결한다.

⑤ 감사는 이사회에 출석하여 의견을 진술할 수 있다.

[전문개정 2010.1.27.]

제23조(직원의 임면 및 대리인의 선임)

① 이사장은 정관으로 정하는 바에 따라 공단의 직원을 임명하거나 해임한다.

② 이사장은 정관으로 정하는 바에 따라 직원 중에서 업무에 관한 재판상 행위 또는 재판 외의 행위를 할 수 있는 권한을 가진 대리인을 선임할 수 있다.

제24조(벌칙 적용에서의 공무원 의제)

공단의 임원과 직원은 「형법」 제129조부터 제132조까지의 규정에 따른 벌칙의 적용에서는 공무원으로 본다.

제25조(업무의 지도·감독)

① 공단은 대통령령으로 정하는 바에 따라 회계연도마다 사업 운영계획과 예산에 관하여 고용노동부장관의 승인을 받아야 한다. <개정 2010.6.4.>

② 공단은 회계연도마다 회계연도가 끝난 후 2개월 이내에 사업 실적과 결산을 고용노동부장관에게 보고하여야 한다. <개정 2010.6.4.>

③ 고용노동부장관은 공단에 대하여 그 사업에 관한 보고를 명하거나 사업 또는 재산 상황을 검사할 수 있고, 필요하다고 인정하면 정관을 변경하도록 명하는 등 감독을 위하여 필요한 조치를 할 수 있다. <개정 2010.6.4., 2020.5.26.>

제26조(공단의 회계)

① 공단의 회계연도는 정부의 회계연도에 따른다.

② 공단은 보험사업에 관한 회계를 공단의 다른 회계와 구분하여 회계처리하여야 한다. <개정 2018.6.12.>

③ 공단은 고용노동부장관의 승인을 받아 회계규정을 정하여야 한다. <개정 2010.6.4.>

제26조의2(공단의 수입)

공단의 수입은 다음 각 호와 같다.

1. 정부나 정부 외의 자로부터 받은 출연금 또는 기부금
2. 제11조에 따른 공단의 사업수행으로 발생한 수입 및 부대수입
3. 제27조에 따른 차입금 및 이입충당금
4. 제28조에 따른 잉여금
5. 그 밖의 수입금

[본조신설 2018.6.12.]

제27조(자금의 차입 등)

① 공단은 제11조에 따른 사업을 위하여 필요하면 고용노동부장관의 승인을 받아 자금을 차입(국제기구·외국 정부 또는 외국인으로부터의 차입을 포함한다)할 수 있다. <개정 2010.6.4.>

② 공단은 회계연도마다 보험사업과 관련하여 지출이 수입을 초과하게 되면 제99조에 따른 책임준비금의 범위에서 고용노동부장관의 승인을 받아 제95조에 따른 산업재해보상보험 및 예방 기금에서 이입(移入)하여 충당할 수 있다. <개정 2010.6.4.>

제28조(잉여금의 처리)

공단은 회계연도 말에 결산상 잉여금이 있으면 공단의 회계규정으로 정하는 바에 따라 회계별로 구분하여 손실금을 보전(補塡)하고 나머지는 적립하여야 한다.

제29조(권한 또는 업무의 위임·위탁)

① 이 법에 따른 공단 이사장의 대표 권한 중 일부를 대통령령으로 정하는 바에 따라 공단의 분사무소(이하 "소속 기관"이라 한다)의 장에게 위임할 수 있다.

② 이 법에 따른 공단의 업무 중 일부를 대통령령으로 정하는 바에 따라 체신관서나 금융기관에 위탁할 수 있다.

제30조(수수료 등의 징수)

공단은 제11조에 따른 사업에 관하여 고용노동부장관의 승인을 받아 공단 시설의 이용료나 업무위탁 수수료 등 그 사업에 필요한 비용을 수익자가 부담하게 할 수 있다. <개정 2010.6.4.>

제31조(자료 제공의 요청)

① 공단은 보험사업을 효율적으로 수행하기 위하여 필요하면 국세청·지방자치단체 등 관계 행정기관이나 보험사업과 관련되는 기관·단체 등에 필요한 자료의 제공을 요청할 수 있다. <개정 2020.5.26.>

② 제1항에 따라 자료의 제공을 요청받은 관계 행정기관이나 관련 기관·단체 등은 정당한 사유 없이 그 요청을 거부할 수 없다.

③ 제1항에 따라 공단에 제공되는 자료에 대하여는 수수료나 사용료 등을 면제한다.

제32조(출자 등)

① 공단은 공단의 사업을 효율적으로 수행하기 위하여 필요하면 제11조제1항제5호·제5호의2부터 제5호의5까지·제6호 및 제7호에 따른 사업에 출자하거나 출연할 수 있다. <개정 2010.1.27., 2015.1 20.>

② 제1항에 따른 출자·출연에 필요한 사항은 대통령령으로 정한다.

제33조

삭제 <2010.1.27.>

제34조(유사명칭의 사용 금지)

공단이 아닌 자는 근로복지공단 또는 이와 비슷한 명칭을 사용하지 못한다.

[전문개정 2010.1.27.]

제35조(「민법」의 준용)

공단에 관하여는 이 법과 「공공기관의 운영에 관한 법률」에 규정된 것 외에는 「민법」 중 재단법인에 관한 규정을 준용한다.

<개정 2010.1.27.>

제3장 보험급여

제36조(보험급여의 종류와 산정 기준 등)

① 보험급여의 종류는 다음 각 호와 같다. 다만, 진폐에 따른 보험급여의 종류는 제1호의 요양급여, 제4호의 간병급여, 제7호의 장의비, 제8호의 직업재활급여, 제91조의3에 따른 진폐보상연금 및 제91조의4에 따른 진폐유족연금으로 한다. <개정 2010.5.20.>

1. 요양급여
2. 휴업급여
3. 장해급여
4. 간병급여
5. 유족급여
6. 상병(傷病)보상연금
7. 장의비(葬儀費)
8. 직업재활급여

② 제1항에 따른 보험급여는 제40조, 제52조부터 제57조까지, 제60조부터 제62조까지, 제66조부터 제69조까지, 제71조, 제72조, 제91조의3 및 제91조의4에 따른 보험급여를 받을 수 있는 사람(이하 "수급권자"라 한다)의 청구에 따라 지급한다. <개정 2010.5.20., 2020.5.26.>

③ 보험급여를 산정하는 경우 해당 근로자의 평균임금을 산정하여야 할 사유가 발생한 날부터 1년이 지난 이후에는 매년 전체 근로자의 임금 평균액의 증감률에 따라 평균임금을 증감하되, 그 근로자의 연령이 60세에 도달한 이후에는 소비자물가변동률에 따라 평균임금을 증감한다. 다만, 제6항에 따라 산정한 금액을 평균임금으로 보는 진폐에 걸린 근로자에 대한 보험급여는 제외한다. <개정 2010.5.20.>

④ 제3항에 따른 전체 근로자의 임금 평균액의 증감률 및 소비자물가변동률의 산정 기준과 방법은 대통령령으로 정한다. 이 경우 산정된 증감률 및 변동률은 매년 고용노동부장관이 고시한다. <개정 2010.6.4.>

⑤ 보험급여(진폐보상연금 및 진폐유족연금은 제외한다)를 산정할 때 해당 근로자의 근로 형태가 특이하여 평균임금을 적용하는 것이 적당하지 아니하다고 인정되는 경우로서 대통령령으로 정하는 경우에는 대통령령으로 정하는 산정 방법에 따라 산정한 금액을 평균임금으로 한다. <개정 2010.5.20.>

⑥ 보험급여를 산정할 때 진폐 등 대통령령으로 정하는 직업병으로 보험급여를 받게 되는 근로자에게 그 평균임금을 적용하는 것이 근로자의 보호에 적당하지 아니하다고 인정되면 대통령령으로 정하는 산정 방법에 따라 산정한 금액을 그 근로자의 평균임금으로 한다. <개정 2010.5.20.>

⑦ 보험급여(장의비는 제외한다)를 산정할 때 그 근로자의 평균임금 또는 제3항부터 제6항까지의 규정에 따라 보험급여의 산정 기준이 되는 평균임금이 「고용정책 기본법」 제17조의 고용구조 및 인력수요 등에 관한 통계에 따른 상용근로자 5명 이상 사업체의 전체 근로자의 임금 평균액의 1.8배(이하 "최고 보상기준 금액"이라 한다)를 초과하거나, 2분의 1(이하 "최저 보상기준 금액"이라 한다)보다 적으면 그 최고 보상기준 금액이나 최저 보상기준 금액을 각각 그 근로자의 평균임금으로 하되, 최저 보상기준 금액이 「최저임금법」 제5조제1항에 따른 시간급 최저임금액에 8을 곱한 금액(이하 "최저임금액"이라 한다)보다 적으면 그 최저임금액을 최저 보상기준 금액으로 한다. 다만, 휴업급여 및 상병보상연금을 산정할 때에는 최저 보상기준 금액을 적용하지 아니한다. <개정 2018.6.12.>

⑧ 최고 보상기준 금액이나 최저 보상기준 금액의 산정방법 및 적용기간은 대통령령으로 정한다. 이 경우 산정된 최고 보상기준 금액 또는 최저 보상기준 금액은 매년 고용노동부장관이 고시한다. <개정 2010.6.4.>

제37조(업무상의 재해의 인정 기준)

① 근로자가 다음 각 호의 어느 하나에 해당하는 사유로 부상·질병 또는 장해가 발생하거나 사망하면 업무상의 재해로 본다. 다만, 업무와 재해 사이에 상당인과관계(相當因果關係)가 없는 경우에는 그러하지 아니하다. <개정 2010.1.27., 2017.10.24., 2019.1.15.>

1. 업무상 사고

　가. 근로자가 근로계약에 따른 업무나 그에 따르는 행위를 하던 중 발생한 사고

　나. 사업주가 제공한 시설물 등을 이용하던 중 그 시설물 등의 결함이나 관리소홀로 발생한 사고

　다. 삭제 <2017.10.24.>

　라. 사업주가 주관하거나 사업주의 지시에 따라 참여한 행사나 행사준비 중에 발생한 사고

　마. 휴게시간 중 사업주의 지배관리하에 있다고 볼 수 있는 행위로 발생한 사고

　바. 그 밖에 업무와 관련하여 발생한 사고

2. 업무상 질병

　가. 업무수행 과정에서 물리적 인자(因子), 화학물질, 분진, 병원체, 신체에 부담을 주는 업무 등 근로자의 건강에 장해를 일으킬 수 있는 요인을 취급하거나 그에 노출되어 발생한 질병

　나. 업무상 부상이 원인이 되어 발생한 질병

　다. 「근로기준법」 제76조의2에 따른 직장 내 괴롭힘, 고객의 폭언 등으로 인한 업무상 정신적 스트레스가 원인이 되어 발생한 질병

　라. 그 밖에 업무와 관련하여 발생한 질병

3. 출퇴근 재해

　가. 사업주가 제공한 교통수단이나 그에 준하는 교통수단을 이용하는 등 사업주의 지배관리하에서 출퇴근하는 중 발생한 사고

　나. 그 밖에 통상적인 경로와 방법으로 출퇴근하는 중 발생한 사고

② 근로자의 고의·자해행위나 범죄행위 또는 그것이 원인이 되어 발생한 부상·질병·장해 또는 사망은 업무상의 재해로 보지 아니한다. 다만, 그 부상·질병·장해 또는 사망이 정상적인 인식능력 등

이 뚜렷하게 낮아진 상태에서 한 행위로 발생한 경우로서 대통령령으로 정하는 사유가 있으면 업무상의 재해로 본다. <개정 2020.5.26.>

③ 제1항제3호나목의 사고 중에서 출퇴근 경로 일탈 또는 중단이 있는 경우에는 해당 일탈 또는 중단 중의 사고 및 그 후의 이동 중의 사고에 대하여는 출퇴근 재해로 보지 아니한다. 다만, 일탈 또는 중단이 일상생활에 필요한 행위로서 대통령령으로 정하는 사유가 있는 경우에는 출퇴근 재해로 본다. <신설 2017.10.24.>

④ 출퇴근 경로와 방법이 일정하지 아니한 직종으로 대통령령으로 정하는 경우에는 제1항제3호나목에 따른 출퇴근 재해를 적용하지 아니한다. <신설 2017.10.24.>

⑤ 업무상의 재해의 구체적인 인정 기준은 대통령령으로 정한다. <개정 2017.10.24.>

[2017.10.24. 법률 제14933호에 의하여 2016.9.29. 헌법재판소에서 헌법불합치 결정된 이 조 제1항제1호다목을 삭제함.]

제38조(업무상질병판정위원회)

① 제37조제1항제2호에 따른 업무상 질병의 인정 여부를 심의하기 위하여 공단 소속 기관에 업무상질병판정위원회(이하 "판정위원회"라 한다)를 둔다.

② 판정위원회의 심의에서 제외되는 질병과 판정위원회의 심의 절차는 고용노동부령으로 정한다. <개정 2010.6.4.>

③ 판정위원회의 구성과 운영에 필요한 사항은 고용노동부령으로 정한다. <개정 2010.6.4.>

제39조(사망의 추정)

① 사고가 발생한 선박 또는 항공기에 있던 근로자의 생사가 밝혀지지 아니하거나 항행(航行) 중인 선박 또는 항공기에 있던 근로자가 행방불명 또는 그 밖의 사유로 그 생사가 밝혀지지 아니하면 대통령령으로 정하는 바에 따라 사망한 것으로 추정하고, 유족급여와 장의비에 관한 규정을 적용한다.

② 공단은 제1항에 따른 사망의 추정으로 보험급여를 지급한 후에 그 근로자의 생존이 확인되면 그 급여를 받은 사람이 선의(善意)인 경우에는 받은 금액을, 악의(惡意)인 경우에는 받은 금액의 2배에 해당하는 금액을 징수하여야 한다. <개정 2020.5.26.>

제40조(요양급여)

① 요양급여는 근로자가 업무상의 사유로 부상을 당하거나 질병에 걸린 경우에 그 근로자에게 지급한다.

② 제1항에 따른 요양급여는 제43조제1항에 따른 산재보험 의료기관에서 요양을 하게 한다. 다만, 부득이한 경우에는 요양을 갈음하여 요양비를 지급할 수 있다.

③ 제1항의 경우에 부상 또는 질병이 3일 이내의 요양으로 치유될 수 있으면 요양급여를 지급하지 아니한다.

④ 제1항의 요양급여의 범위는 다음 각 호와 같다. <개정 2010.6.4.>

　1. 진찰 및 검사

　2. 약제 또는 진료재료와 의지(義肢) 그 밖의 보조기의 지급

　3. 처치, 수술, 그 밖의 치료

　4. 재활치료

　5. 입원

　6. 간호 및 간병

　7. 이송

　8. 그 밖에 고용노동부령으로 정하는 사항

⑤ 제2항 및 제4항에 따른 요양급여의 범위나 비용 등 요양급여의 산정 기준은 고용노동부령으로 정한다. <개정 2010.6.4.>

⑥ 업무상의 재해를 입은 근로자가 요양할 산재보험 의료기관이 제43조제1항제2호에 따른 상급종합병원인 경우에는 「응급의료에 관한 법률」 제2조제1호에 따른 응급환자이거나 그 밖에 부득이한 사유가 있는 경우를 제외하고는 그 근로자가 상급종합병원에서 요양할 필요가 있다는 의학적 소견이 있어야 한다. <개정 2010.5.20.>

제41조(요양급여의 신청)

① 제40조제1항에 따른 요양급여(진폐에 따른 요양급여는 제외한다. 이하 이 조에서 같다)를 받으려는 사람은 소속 사업장, 재해발생 경위, 그 재해에 대한 의학적 소견, 그 밖에 고용노동부령으로 정하는 사항을 적은 서류를 첨부하여 공단에 요양급여의 신청을 하여야 한다. 이 경우 요양급여 신청의 절차와 방법은 고용노동부령으로 정한다. <개정 2010.5.20., 2010.6.4., 2020.5.26.>

② 근로자를 진료한 제43조제1항에 따른 산재보험 의료기관은 그 근로자의 재해가 업무상의 재해로 판단되면 그 근로자의 동의를 받아 요양급여의 신청을 대행할 수 있다.

제42조(건강보험의 우선 적용)

① 제41조제1항에 따라 요양급여의 신청을 한 사람은 공단이 이 법에 따른 요양급여에 관한 결정을 하기 전에는 「국민건강보험법」 제41조에 따른 요양급여 또는 「의료급여법」 제7조에 따른 의료급여(이하 "건강보험 요양급여등"이라 한다)를 받을 수 있다. <개정 2011.12.31., 2020.5.26.>

② 제1항에 따라 건강보험 요양급여등을 받은 사람이 「국민건강보험법」 제44조 또는 「의료급여법」 제10조에 따른 본인 일부 부담금을 산재보험 의료기관에 납부한 후에 이 법에 따른 요양급여 수급권자로 결정된 경우에는 그 납부한 본인 일부 부담금 중 제40조제5항에 따른 요양급여에 해당하는 금액을 공단에 청구할 수 있다. <개정 2011.12.31., 2020.5.26.>

제43조(산재보험 의료기관의 지정 및 지정취소 등)

① 업무상의 재해를 입은 근로자의 요양을 담당할 의료기관(이하 "산재보험 의료기관"이라 한다)은 다음 각 호와 같다. <개정 2010.1.27., 2010.5.20., 2010.6.4., 2015.5.18.>

1. 제11조제2항에 따라 공단에 두는 의료기관
2. 「의료법」 제3조의4에 따른 상급종합병원
3. 「의료법」 제3조에 따른 의료기관과 「지역보건법」 제10조에 따른 보건소(「지역보건법」 제12조에 따른 보건의료원을 포함한다. 이하 같다)로서 고용노동부령으로 정하는 인력·시설 등의 기준에 해당하는 의료기관 또는 보건소 중 공단이 지정한 의료기관 또는 보건소

② 공단은 제1항제3호에 따라 의료기관이나 보건소를 산재보험 의료기관으로 지정할 때에는 다음 각 호의 요소를 고려하여야 한다.

1. 의료기관이나 보건소의 인력·시설·장비 및 진료과목
2. 산재보험 의료기관의 지역별 분포

③ 공단은 제1항제2호 및 제3호에 따른 산재보험 의료기관이 다음 각 호의 어느 하나의 사유에 해당하면 그 지정을 취소(제1항제3호의 경우만 해당된다)하거나 12개월의 범위에서 업무상의 재해를 입은 근로자를 진료할 수 없도록 하는 진료제한 조치 또는 개선명령(이하 "진료제한등의 조치"라 한다)을 할 수 있다.
1. 업무상의 재해와 관련된 사항을 거짓이나 그 밖에 부정한 방법으로 진단하거나 증명한 경우
2. 제45조에 따른 진료비를 거짓이나 그 밖에 부정한 방법으로 청구한 경우
3. 제50조에 따른 평가 결과 지정취소나 진료제한등의 조치가 필요한 경우
4. 「의료법」 위반이나 그 밖의 사유로 의료업을 일시적 또는 영구적으로 할 수 없게 되거나, 소속 의사가 의료행위를 일시적 또는 영구적으로 할 수 없게 된 경우
5. 제1항제3호에 따른 인력·시설 등의 기준에 미치지 못하게 되는 경우
6. 진료제한등의 조치를 위반하는 경우
④ 제3항에 따라 지정이 취소된 산재보험 의료기관은 지정이 취소된 날부터 1년의 범위에서 고용노동부령으로 정하는 기간 동안은 산재보험 의료기관으로 다시 지정받을 수 없다. <신설 2010.1.27., 2010.6.4.>
⑤ 공단은 제1항제2호 및 제3호에 따른 산재보험 의료기관이 다음 각 호의 어느 하나의 사유에 해당하면 12개월의 범위에서 진료제한 등의 조치를 할 수 있다. <개정 2010.1.27., 2010.5.20., 2020.5.26.>
1. 제40조제5항 및 제91조의9제3항에 따른 요양급여의 산정 기준을 위반하여 제45조에 따른 진료비를 부당하게 청구한 경우
2. 제45조제1항을 위반하여 공단이 아닌 자에게 진료비를 청구한 경우
3. 제47조제1항에 따른 진료계획을 제출하지 아니하는 경우
4. 제118조에 따른 보고, 제출 요구 또는 조사에 따르지 아니하는 경우
5. 산재보험 의료기관의 지정 조건을 위반한 경우
⑥ 공단은 제3항 또는 제5항에 따라 지정을 취소하거나 진료제한 조치를 하려는 경우에는 청문을 실시하여야 한다. <개정 2010.1.27.>

⑦ 제1항제3호에 따른 지정절차, 제3항 및 제5항에 따른 지정취소, 진료제한등의 조치의 기준 및 절차는 고용노동부령으로 정한다. <개정 2010.1.27., 2010.6.4.>

제44조(산재보험 의료기관에 대한 과징금 등)

① 공단은 제43조제3항제1호·제2호 및 같은 조 제5항제1호 중 어느 하나에 해당하는 사유로 진료제한 조치를 하여야 하는 경우로서 그 진료제한 조치가 그 산재보험 의료기관을 이용하는 근로자에게 심한 불편을 주거나 그 밖에 특별한 사유가 있다고 인정되면, 그 진료제한 조치를 갈음하여 거짓이나 부정한 방법으로 지급하게 한 보험급여의 금액 또는 거짓이나 부정·부당하게 지급받은 진료비의 5배 이하의 범위에서 과징금을 부과할 수 있다. <개정 2010.1.27.>

② 제1항에 따라 과징금을 부과하는 위반행위의 종류와 위반정도 등에 따른 과징금의 금액 등에 관한 사항은 대통령령으로 정한다.

③ 제1항에 따라 과징금 부과 처분을 받은 자가 과징금을 기한 내에 내지 아니하면 고용노동부장관의 승인을 받아 국세 체납처분의 예에 따라 징수한다. <개정 2010.1.27., 2010.6.4.>

제45조(진료비의 청구 등)

① 산재보험 의료기관이 제40조제2항 또는 제91조의9제1항에 따라 요양을 실시하고 그에 드는 비용(이하 "진료비"라 한다)을 받으려면 공단에 청구하여야 한다. <개정 2010.5.20.>

② 제1항에 따라 청구된 진료비에 관한 심사 및 결정, 지급 방법 및 지급 절차는 고용노동부령으로 정한다. <개정 2010.6.4.>

제46조(약제비의 청구 등)

① 공단은 제40조제4항제2호에 따른 약제의 지급을 「약사법」 제20조에 따라 등록한 약국을 통하여 할 수 있다.

② 제1항에 따른 약국이 약제비를 받으려면 공단에 청구하여야 한다.

③ 제2항에 따라 청구된 약제비에 관한 심사 및 결정, 지급 방법 및 지급 절차는 고용노동부령으로 정한다. <개정 2010.6.4.>

제47조(진료계획의 제출)

① 산재보험 의료기관은 제41조 또는 제91조의5에 따라 요양급여를 받고 있는 근로자의 요양기간을 연장할 필요가 있는 때에는 그 근로자의 부상·질병 경과, 치료예정기간 및 치료방법 등을 적은 진료계획을 대통령령으로 정하는 바에 따라 공단에 제출하여야 한다. <개정 2010.5.20., 2020.5.26.>

② 공단은 제1항에 따라 제출된 진료계획이 적절한지를 심사하여 산재보험 의료기관에 대하여 치료기간의 변경을 명하는 등 대통령령으로 정하는 필요한 조치(이하 "진료계획 변경 조치등"이라 한다)를 할 수 있다.

제48조(전원 요양)

① 공단은 다음 각 호의 어느 하나에 해당하는 사유가 있으면 요양 중인 근로자를 다른 산재보험 의료기관으로 옮겨 요양하게 할 수 있다. <개정 2010.5.20.>

  1. 요양 중인 산재보험 의료기관의 인력·시설 등이 그 근로자의 전문적인 치료 또는 재활치료에 맞지 아니하여 다른 산재보험 의료기관으로 옮길 필요가 있는 경우

  2. 생활근거지에서 요양하기 위하여 다른 산재보험 의료기관으로 옮길 필요가 있는 경우

  3. 제43조제1항제2호에 따른 상급종합병원에서 전문적인 치료 후 다른 산재보험 의료기관으로 옮길 필요가 있는 경우

  4. 그 밖에 대통령령으로 정하는 절차를 거쳐 부득이한 사유가 있다고 인정되는 경우

② 요양 중인 근로자는 제1항제1호부터 제3호까지의 어느 하나에 해당하는 사유가 있으면 공단에 전원(轉院) 요양을 신청할 수 있다.

제49조(추가상병 요양급여의 신청)

업무상의 재해로 요양 중인 근로자는 다음 각 호의 어느 하나에 해당하는 경우에는 그 부상 또는 질병(이하 "추가상병"이라 한다)에 대한 요양급여를 신청할 수 있다.

1. 그 업무상의 재해로 이미 발생한 부상이나 질병이 추가로 발견되어

요양이 필요한 경우

2. 그 업무상의 재해로 발생한 부상이나 질병이 원인이 되어 새로운 질병이 발생하여 요양이 필요한 경우

제50조(산재보험 의료기관의 평가)

① 공단은 업무상의 재해에 대한 의료의 질 향상을 촉진하기 위하여 제43조제1항제3호의 산재보험 의료기관 중 대통령령으로 정하는 의료기관에 대하여 인력·시설·의료서비스나 그 밖에 요양의 질과 관련된 사항을 평가할 수 있다. 이 경우 평가의 방법 및 기준은 대통령령으로 정한다.

② 공단은 제1항에 따라 평가한 결과를 고려하여 평가한 산재보험 의료기관을 행정적·재정적으로 우대하거나 제43조제3항제3호에 따라 지정취소 또는 진료제한등의 조치를 할 수 있다.

제51조(재요양)

① 제40조에 따른 요양급여를 받은 사람이 치유 후 요양의 대상이 되었던 업무상의 부상 또는 질병이 재발하거나 치유 당시보다 상태가 악화되어 이를 치유하기 위한 적극적인 치료가 필요하다는 의학적 소견이 있으면 다시 제40조에 따른 요양급여(이하 "재요양"이라 한다)를 받을 수 있다. <개정 2020.5.26.>

② 재요양의 요건과 절차 등에 관하여 필요한 사항은 대통령령으로 정한다.

제52조(휴업급여)

휴업급여는 업무상 사유로 부상을 당하거나 질병에 걸린 근로자에게 요양으로 취업하지 못한 기간에 대하여 지급하되, 1일당 지급액은 평균임금의 100분의 70에 상당하는 금액으로 한다. 다만, 취업하지 못한 기간이 3일 이내이면 지급하지 아니한다.

제53조(부분휴업급여)

① 요양 또는 재요양을 받고 있는 근로자가 그 요양기간 중 일정기간 또는 단시간 취업을 하는 경우에는 그 취업한 날 또는 취업한 시간에 해당하는 그 근로자의 평균임금에서 그 취업한 날 또는 취업한 시간에 대한 임금을 뺀 금액의 100분의 90에 상당하는 금액을 지급할 수 있다. 다만, 제54조제2항 및 제56조제2항에 따라 최저임금액을 1일당 휴업급여 지급액으로 하는 경우에는 최저임금액(별표 1 제2호에 따라 감액하는 경우에는 그 감액한 금액)에서 취업한 날 또는 취업한 시간에 대한 임금을 뺀 금액을 지급할 수 있다.

② 제1항에 따라 단시간 취업하는 경우 취업하지 못한 시간(8시간에서 취업한 시간을 뺀 시간을 말한다)에 대하여는 제52조 또는 제54조부터 제56조까지의 규정에 따라 산정한 1일당 휴업급여 지급액에 8시간에 대한 취업하지 못한 시간의 비율을 곱한 금액을 지급한다.

③ 제1항에 따른 부분휴업급여의 지급 요건 및 지급 절차는 대통령령으로 정한다.

제54조(저소득 근로자의 휴업급여)

① 제52조에 따라 산정한 1일당 휴업급여 지급액이 최저 보상기준 금액의 100분의 80보다 적거나 같으면 그 근로자에 대하여는 평균임금의 100분의 90에 상당하는 금액을 1일당 휴업급여 지급액으로 한다. 다만, 그 근로자의 평균임금의 100분의 90에 상당하는 금액이 최저 보상기준 금액의 100분의 80보다 많은 경우에는 최저 보상기준 금액의 100분의 80에 상당하는 금액을 1일당 휴업급여 지급액으로 한다.

② 제1항 본문에 따라 산정한 휴업급여 지급액이 최저임금액보다 적으면 그 최저임금액을 그 근로자의 1일당 휴업급여 지급액으로 한다. <개정 2018.6.12.>

제55조(고령자의 휴업급여)

휴업급여를 받는 근로자가 61세가 되면 그 이후의 휴업급여는 별표 1에 따라 산정한 금액을 지급한다. 다만, 61세 이후에 취업 중인 사람이 업무상의 재해로 요양하거나 61세 전에 제37조제1항제2호에 따른 업무상 질병으로 장해급여를 받은 사람이 61세 이후에 그 업무상 질

병으로 최초로 요양하는 경우 대통령령으로 정하는 기간에는 별표 1
을 적용하지 아니한다. <개정 2020.5.26.>

제56조(재요양 기간 중의 휴업급여)

① 재요양을 받는 사람에 대하여는 재요양 당시의 임금을 기준으로
산정한 평균임금의 100분의 70에 상당하는 금액을 1일당 휴업급여
지급액으로 한다. 이 경우 평균임금 산정사유 발생일은 대통령령으
로 정한다. <개정 2020.5.26.>

② 제1항에 따라 산정한 1일당 휴업급여 지급액이 최저임금액보다 적
거나 재요양 당시 평균임금 산정의 대상이 되는 임금이 없으면 최
저임금액을 1일당 휴업급여 지급액으로 한다.

③ 장해보상연금을 지급받는 사람이 재요양하는 경우에는 1일당 장해
보상연금액(별표 2에 따라 산정한 장해보상연금액을 365로 나눈
금액을 말한다. 이하 같다)과 제1항 또는 제2항에 따라 산정한 1일
당 휴업급여 지급액을 합한 금액이 장해보상연금의 산정에 적용되
는 평균임금의 100분의 70을 초과하면 그 초과하는 금액 중 휴업
급여에 해당하는 금액은 지급하지 아니한다. <개정 2020.5.26.>

④ 재요양 기간 중의 휴업급여를 산정할 때에는 제54조를 적용하지
아니한다.

제57조(장해급여)

① 장해급여는 근로자가 업무상의 사유로 부상을 당하거나 질병에 걸
려 치유된 후 신체 등에 장해가 있는 경우에 그 근로자에게 지급
한다.

② 장해급여는 장해등급에 따라 별표 2에 따른 장해보상연금 또는 장해
보상일시금으로 하되, 그 장해등급의 기준은 대통령령으로 정한다.

③ 제2항에 따른 장해보상연금 또는 장해보상일시금은 수급권자의 선
택에 따라 지급한다. 다만, 대통령령으로 정하는 노동력을 완전히
상실한 장해등급의 근로자에게는 장해보상연금을 지급하고, 장해급
여 청구사유 발생 당시 대한민국 국민이 아닌 사람으로서 외국에
서 거주하고 있는 근로자에게는 장해보상일시금을 지급한다. <개정
2020.5.26.>

④ 장해보상연금은 수급권자가 신청하면 그 연금의 최초 1년분 또는 2년분(제3항 단서에 따른 근로자에게는 그 연금의 최초 1년분부터 4년분까지)의 2분의 1에 상당하는 금액을 미리 지급할 수 있다. 이 경우 미리 지급하는 금액에 대하여는 100분의 5의 비율 범위에서 대통령령으로 정하는 바에 따라 이자를 공제할 수 있다.

⑤ 장해보상연금 수급권자의 수급권이 제58조에 따라 소멸한 경우에 이미 지급한 연금액을 지급 당시의 각각의 평균임금으로 나눈 일수(日數)의 합계가 별표 2에 따른 장해보상일시금의 일수에 못 미치면 그 못 미치는 일수에 수급권 소멸 당시의 평균임금을 곱하여 산정한 금액을 유족 또는 그 근로자에게 일시금으로 지급한다.

제58조(장해보상연금 등의 수급권의 소멸)

장해보상연금 또는 진폐보상연금의 수급권자가 다음 각 호의 어느 하나에 해당하면 그 수급권이 소멸한다. <개정 2010.5.20.>

1. 사망한 경우
2. 대한민국 국민이었던 수급권자가 국적을 상실하고 외국에서 거주하고 있거나 외국에서 거주하기 위하여 출국하는 경우
3. 대한민국 국민이 아닌 수급권자가 외국에서 거주하기 위하여 출국하는 경우
4. 장해등급 또는 진폐장해등급이 변경되어 장해보상연금 또는 진폐보상연금의 지급 대상에서 제외되는 경우

[제목개정 2010.5.20.]

제59조(장해등급등의 재판정)

① 공단은 장해보상연금 또는 진폐보상연금 수급권자 중 그 장해상태가 호전되거나 악화되어 이미 결정된 장해등급 또는 진폐장해등급(이하 이 조에서 "장해등급등"이라 한다)이 변경될 가능성이 있는 사람에 대하여는 그 수급권자의 신청 또는 직권으로 장해등급등을 재판정할 수 있다. <개정 2010.5.20., 2020.5.26.>

② 제1항에 따른 장해등급등의 재판정 결과 장해등급등이 변경되면 그 변경된 장해등급등에 따라 장해급여 또는 진폐보상연금을 지급한다. <개정 2010.5.20.>

③ 제1항과 제2항에 따른 장해등급등 재판정은 1회 실시하되 그 대상자·시기 및 재판정 결과에 따른 장해급여 또는 진폐보상연금의 지급 방법은 대통령령으로 정한다. <개정 2010.5.20.>
[제목개정 2010.5.20.]

제60조(재요양에 따른 장해급여)

① 장해보상연금의 수급권자가 재요양을 받는 경우에도 그 연금의 지급을 정지하지 아니한다.

② 재요양을 받고 치유된 후 장해상태가 종전에 비하여 호전되거나 악화된 경우에는 그 호전 또는 악화된 장해상태에 해당하는 장해등급에 따라 장해급여를 지급한다. 이 경우 재요양 후의 장해급여의 산정 및 지급 방법은 대통령령으로 정한다.

제61조(간병급여)

① 간병급여는 제40조에 따른 요양급여를 받은 사람 중 치유 후 의학적으로 상시 또는 수시로 간병이 필요하여 실제로 간병을 받는 사람에게 지급한다. <개정 2020.5.26.>

② 제1항에 따른 간병급여의 지급 기준과 지급 방법 등에 관하여 필요한 사항은 대통령령으로 정한다.

제62조(유족급여)

① 유족급여는 근로자가 업무상의 사유로 사망한 경우에 유족에게 지급한다.

② 유족급여는 별표 3에 따른 유족보상연금이나 유족보상일시금으로 하되, 유족보상일시금은 근로자가 사망할 당시 제63조제1항에 따른 유족보상연금을 받을 수 있는 자격이 있는 사람이 없는 경우에 지급한다. <개정 2020.5.26.>

③ 제2항에 따른 유족보상연금을 받을 수 있는 자격이 있는 사람이 원하면 별표 3의 유족보상일시금의 100분의 50에 상당하는 금액을 일시금으로 지급하고 유족보상연금은 100분의 50을 감액하여 지급한다. <개정 2020.5.26.>

④ 유족보상연금을 받던 사람이 그 수급자격을 잃은 경우 다른 수급자격자가 없고 이미 지급한 연금액을 지급 당시의 각각의 평균임

금으로 나누어 산정한 일수의 합계가 1,300일에 못 미치면 그 못 미치는 일수에 수급자격 상실 당시의 평균임금을 곱하여 산정한 금액을 수급자격 상실 당시의 유족에게 일시금으로 지급한다. <개정 2020.5.26.>

⑤ 제2항에 따른 유족보상연금의 지급 기준 및 방법, 그 밖에 필요한 사항은 대통령령으로 정한다.

제63조(유족보상연금 수급자격자의 범위)

① 유족보상연금을 받을 수 있는 자격이 있는 사람(이하 "유족보상연금 수급자격자"라 한다)은 근로자가 사망할 당시 그 근로자와 생계를 같이 하고 있던 유족(그 근로자가 사망할 당시 대한민국 국민이 아닌 사람으로서 외국에서 거주하고 있던 유족은 제외한다) 중 배우자와 다음 각 호의 어느 하나에 해당하는 사람으로 한다. 이 경우 근로자와 생계를 같이 하고 있던 유족의 판단 기준은 대통령령으로 정한다. <개정 2010.6.4., 2012.12.18., 2017.12.19., 2018.6.12., 2020.5.26.>

1. 부모 또는 조부모로서 각각 60세 이상인 사람
2. 자녀로서 25세 미만인 사람
2의2. 손자녀로서 19세 미만인 사람
3. 형제자매로서 19세 미만이거나 60세 이상인 사람
4. 제1호부터 제3호까지의 규정 중 어느 하나에 해당하지 아니하는 자녀·부모·손자녀·조부모 또는 형제자매로서 「장애인복지법」 제2조에 따른 장애인 중 고용노동부령으로 정한 장애 정도에 해당하는 사람

② 제1항을 적용할 때 근로자가 사망할 당시 태아(胎兒)였던 자녀가 출생한 경우에는 출생한 때부터 장래에 향하여 근로자가 사망할 당시 그 근로자와 생계를 같이 하고 있던 유족으로 본다.

③ 유족보상연금 수급자격자 중 유족보상연금을 받을 권리의 순위는 배우자·자녀·부모·손자녀·조부모 및 형제자매의 순서로 한다.

제64조(유족보상연금 수급자격자의 자격 상실과 지급 정지 등)

① 유족보상연금 수급자격자인 유족이 다음 각 호의 어느 하나에 해당하면 그 자격을 잃는다. <개정 2012.12.18., 2018.6.12., 2020.5.26.>

1. 사망한 경우
2. 재혼한 때(사망한 근로자의 배우자만 해당하며, 재혼에는 사실상 혼인 관계에 있는 경우를 포함한다)
3. 사망한 근로자와의 친족 관계가 끝난 경우
4. 자녀가 25세가 된 때

4의2. 손자녀 또는 형제자매가 19세가 된 때

5. 제63조제1항제4호에 따른 장애인이었던 사람으로서 그 장애 상태가 해소된 경우
6. 근로자가 사망할 당시 대한민국 국민이었던 유족보상연금 수급자격자가 국적을 상실하고 외국에서 거주하고 있거나 외국에서 거주하기 위하여 출국하는 경우
7. 대한민국 국민이 아닌 유족보상연금 수급자격자가 외국에서 거주하기 위하여 출국하는 경우

② 유족보상연금을 받을 권리가 있는 유족보상연금 수급자격자(이하 "유족보상연금 수급권자"라 한다)가 그 자격을 잃은 경우에 유족보상연금을 받을 권리는 같은 순위자가 있으면 같은 순위자에게, 같은 순위자가 없으면 다음 순위자에게 이전된다.

③ 유족보상연금 수급권자가 3개월 이상 행방불명이면 대통령령으로 정하는 바에 따라 연금 지급을 정지하고, 같은 순위자가 있으면 같은 순위자에게, 같은 순위자가 없으면 다음 순위자에게 유족보상연금을 지급한다. <개정 2010.1.27.>

제65조(수급권자인 유족의 순위)

① 제57조제5항·제62조제2항(유족보상일시금에 한정한다) 및 제4항에 따른 유족 간의 수급권의 순위는 다음 각 호의 순서로 하되, 각 호의 사람 사이에서는 각각 그 적힌 순서에 따른다. 이 경우 같은 순위의 수급권자가 2명 이상이면 그 유족에게 똑같이 나누어 지급한다. <개정 2020.5.26.>

1. 근로자가 사망할 당시 그 근로자와 생계를 같이 하고 있던 배우자·자녀·부모·손자녀 및 조부모

2. 근로자가 사망할 당시 그 근로자와 생계를 같이 하고 있지 아니하던 배우자·자녀·부모·손자녀 및 조부모 또는 근로자가 사망할 당시 근로자와 생계를 같이 하고 있던 형제자매

3. 형제자매

② 제1항의 경우 부모는 양부모(養父母)를 선순위로, 실부모(實父母)를 후순위로 하고, 조부모는 양부모의 부모를 선순위로, 실부모의 부모를 후순위로, 부모의 양부모를 선순위로, 부모의 실부모를 후순위로 한다.

③ 수급권자인 유족이 사망한 경우 그 보험급여는 같은 순위자가 있으면 같은 순위자에게, 같은 순위자가 없으면 다음 순위자에게 지급한다.

④ 제1항부터 제3항까지의 규정에도 불구하고 근로자가 유언으로 보험급여를 받을 유족을 지정하면 그 지정에 따른다.

제66조(상병보상연금)

① 요양급여를 받는 근로자가 요양을 시작한 지 2년이 지난 날 이후에 다음 각 호의 요건 모두에 해당하는 상태가 계속되면 휴업급여 대신 상병보상연금을 그 근로자에게 지급한다. <개정 2010.1.27., 2018.6.12.>

1. 그 부상이나 질병이 치유되지 아니한 상태일 것

2. 그 부상이나 질병에 따른 중증요양상태의 정도가 대통령령으로 정하는 중증요양상태등급 기준에 해당할 것

3. 요양으로 인하여 취업하지 못하였을 것

② 상병보상연금은 별표 4에 따른 중증요양상태등급에 따라 지급한다. <개정 2018.6.12.>

제67조(저소득 근로자의 상병보상연금)

① 제66조에 따라 상병보상연금을 산정할 때 그 근로자의 평균임금이 최저임금액에 70분의 100을 곱한 금액보다 적을 때에는 최저임금액의 70분의 100에 해당하는 금액을 그 근로자의 평균임금으로 보아 산정한다.

② 제66조 또는 제1항에서 정한 바에 따라 산정한 상병보상연금액을 365로 나눈 1일당 상병보상연금 지급액이 제54조에서 정한 바에 따라 산정한 1일당 휴업급여 지급액보다 적으면 제54조에서 정한 바에 따라 산정한 금액을 1일당 상병보상연금 지급액으로 한다. <개정 2010.1.27.>

제68조(고령자의 상병보상연금)

상병보상연금을 받는 근로자가 61세가 되면 그 이후의 상병보상연금은 별표 5에 따른 1일당 상병보상연금 지급기준에 따라 산정한 금액을 지급한다. <개정 2010.1.27.>

제69조(재요양 기간 중의 상병보상연금)

① 재요양을 시작한 지 2년이 지난 후에 부상·질병 상태가 제66조제1항 각 호의 요건 모두에 해당하는 사람에게는 휴업급여 대신 별표 4에 따른 중증요양상태등급에 따라 상병보상연금을 지급한다. 이 경우 상병보상연금을 산정할 때에는 재요양 기간 중의 휴업급여 산정에 적용되는 평균임금을 적용하되, 그 평균임금이 최저임금액에 70분의 100을 곱한 금액보다 적거나 재요양 당시 평균임금 산정의 대상이 되는 임금이 없을 때에는 최저임금액의 70분의 100에 해당하는 금액을 그 근로자의 평균임금으로 보아 산정한다. <개정 2018.6.12., 2020.5.26.>

② 제1항에 따른 상병보상연금을 받는 근로자가 장해보상연금을 받고 있으면 별표 4에 따른 중증요양상태등급별 상병보상연금의 지급일수에서 별표 2에 따른 장해등급별 장해보상연금의 지급일수를 뺀 일수에 제1항 후단에 따른 평균임금을 곱하여 산정한 금액을 그 근로자의 상병보상연금으로 한다. <개정 2018.6.12.>

③ 제2항에 따른 상병보상연금을 받는 근로자가 61세가 된 이후에는 별표 5에 따라 산정한 1일당 상병보상연금 지급액에서 제1항 후단

에 따른 평균임금을 기준으로 산정한 1일당 장해보상연금 지급액
을 뺀 금액을 1일당 상병보상연금 지급액으로 한다. <신설 2010.1.27.>

④ 제1항부터 제3항까지의 규정에도 불구하고 제57조제3항 단서에 따
른 장해보상연금을 받는 근로자가 재요양하는 경우에는 상병보상
연금을 지급하지 아니한다. 다만, 재요양 중에 중증요양상태등급이
높아지면 제1항 전단에도 불구하고 재요양을 시작한 때부터 2년이
지난 것으로 보아 제2항 및 제3항에 따라 산정한 상병보상연금을
지급한다. <개정 2010.1.27., 2018.6.12., 2020.5.26.>

⑤ 재요양 기간 중 상병보상연금을 산정할 때에는 제67조를 적용하지
아니한다. <개정 2010.1.27.>

제70조(연금의 지급기간 및 지급시기)

① 장해보상연금, 유족보상연금, 진폐보상연금 또는 진폐유족연금의
지급은 그 지급사유가 발생한 달의 다음 달 첫날부터 시작되며,
그 지급받을 권리가 소멸한 달의 말일에 끝난다. <개정 2010.5.20.,
2020.5.26.>

② 장해보상연금, 유족보상연금, 진폐보상연금 또는 진폐유족연금은
그 지급을 정지할 사유가 발생한 때에는 그 사유가 발생한 달의
다음 달 첫날부터 그 사유가 소멸한 달의 말일까지 지급하지 아니
한다. <개정 2010 5.20., 2020.5.26.>

③ 장해보상연금, 유족보상연금, 진폐보상연금 또는 진폐유족연금은
매년 이를 12등분하여 매달 25일에 그 달 치의 금액을 지급하되,
지급일이 토요일이거나 공휴일이면 그 전날에 지급한다. <개정 2010.5.20.>

④ 장해보상연금, 유족보상연금, 진폐보상연금 또는 진폐유족연금을
받을 권리가 소멸한 경우에는 제3항에 따른 지급일 전이라도 지급
할 수 있다. <개정 2010.5.20.>

제71조(장의비)

① 장의비는 근로자가 업무상의 사유로 사망한 경우에 지급하되, 평균
임금의 120일분에 상당하는 금액을 그 장제(葬祭)를 지낸 유족에게
지급한다. 다만, 장제를 지낼 유족이 없거나 그 밖에 부득이한 사
유로 유족이 아닌 사람이 장제를 지낸 경우에는 평균임금의 120일
분에 상당하는 금액의 범위에서 실제 드는 비용을 그 장제를 지낸

사람에게 지급한다. <개정 2020.5.26.>

② 제1항에 따른 장의비가 대통령령으로 정하는 바에 따라 고용노동
부장관이 고시하는 최고 금액을 초과하거나 최저 금액에 미달하면
그 최고 금액 또는 최저 금액을 각각 장의비로 한다. <개정 2010.6.4.>

제72조(직업재활급여)

① 직업재활급여의 종류는 다음 각 호와 같다. <개정 2010.1.27., 2010.5.20.,
2018.6.12., 2020.5.26.>

1. 장해급여 또는 진폐보상연금을 받은 사람이나 장해급여를 받을
것이 명백한 사람으로서 대통령령으로 정하는 사람(이하 "장해
급여자"라 한다) 중 취업을 위하여 직업훈련이 필요한 사람(이
하 "훈련대상자"라 한다)에 대하여 실시하는 직업훈련에 드는
비용 및 직업훈련수당

2. 업무상의 재해가 발생할 당시의 사업에 복귀한 장해급여자에 대
하여 사업주가 고용을 유지하거나 직장적응훈련 또는 재활운동을
실시하는 경우(직장적응훈련의 경우에는 직장 복귀 전에 실시한
경우도 포함한다)에 각각 지급하는 직장복귀지원금, 직장적응훈
련비 및 재활운동비

② 제1항제1호의 훈련대상자 및 같은 항 제2호의 장해급여자는 장해
정도 및 연령 등을 고려하여 대통령령으로 정한다.

제73조(직업훈련비용)

① 훈련대상자에 대한 직업훈련은 공단과 계약을 체결한 직업훈련기관
(이하 "직업훈련기관"이라 한다)에서 실시하게 한다.

② 제72조제1항제1호에 따른 직업훈련에 드는 비용(이하 "직업훈련비
용"이라 한다)은 제1항에 따라 직업훈련을 실시한 직업훈련기관에
지급한다. 다만, 직업훈련기관이 「장애인고용촉진 및 직업재활법」,
「고용보험법」 또는 「근로자직업능력 개발법」이나 그 밖에 다른 법
령에 따라 직업훈련비용에 상당한 비용을 받은 경우 등 대통령령
으로 정하는 경우에는 지급하지 아니한다.

③ 직업훈련비용의 금액은 고용노동부장관이 훈련비용, 훈련기간 및
노동시장의 여건 등을 고려하여 고시하는 금액의 범위에서 실제

드는 비용으로 하되, 직업훈련비용을 지급하는 훈련기간은 12개월 이내로 한다. <개정 2010.6.4.>

④ 직업훈련비용의 지급 범위·기준·절차 및 방법, 직업훈련기관과의 계약 및 해지 등에 필요한 사항은 고용노동부령으로 정한다. <개정 2010.6.4.>

제74조(직업훈련수당)

① 제72조제1항제1호에 따른 직업훈련수당은 제73조제1항에 따라 직업훈련을 받는 훈련대상자에게 그 직업훈련으로 인하여 취업하지 못하는 기간에 대하여 지급하되, 1일당 지급액은 최저임금액에 상당하는 금액으로 한다. 다만, 휴업급여나 상병보상연금을 받는 훈련대상자에게는 직업훈련수당을 지급하지 아니한다. <개정 2010.1.27.>

② 제1항에 따른 직업훈련수당을 받는 사람이 장해보상연금 또는 진폐보상연금을 받는 경우에는 1일당 장해보상연금액 또는 1일당 진폐보상연금액(제91조의3제2항에 따라 산정한 진폐보상연금액을 365로 나눈 금액을 말한다)과 1일당 직업훈련수당을 합한 금액이 그 근로자의 장해보상연금 또는 진폐보상연금 산정에 적용되는 평균임금의 100분의 70을 초과하면 그 초과하는 금액 중 직업훈련수당에 해당하는 금액은 지급하지 아니한다. <개정 2010.5.20., 2020.5.26.>

③ 제1항에 따른 직업훈련수당 지급 등에 필요한 사항은 고용노동부령으로 정한다. <개정 2010.6.4.>

제75조(직장복귀지원금 등)

① 제72조제1항제2호에 따른 직장복귀지원금, 직장적응훈련비 및 재활운동비는 장해급여자에 대하여 고용을 유지하거나 직장적응훈련 또는 재활운동을 실시하는 사업주에게 각각 지급한다. 이 경우 직장복귀지원금, 직장적응훈련비 및 재활운동비의 지급요건은 각각 대통령령으로 정한다.

② 제1항에 따른 직장복귀지원금은 고용노동부장관이 임금수준 및 노동시장의 여건 등을 고려하여 고시하는 금액의 범위에서 사업주가 장해급여자에게 지급한 임금액으로 하되, 그 지급기간은 12개월 이내로 한다. <개정 2010.6.4.>

③ 제1항에 따른 직장적응훈련비 및 재활운동비는 고용노동부장관이 직장적응훈련 또는 재활운동에 드는 비용을 고려하여 고시하는 금액의 범위에서 실제 드는 비용으로 하되, 그 지급기간은 3개월 이내로 한다. <개정 2010.6.4.>

④ 장해급여자를 고용하고 있는 사업주가 「고용보험법」 제23조에 따른 지원금, 「장애인고용촉진 및 직업재활법」 제30조에 따른 장애인고용장려금이나 그 밖에 다른 법령에 따라 직장복귀지원금, 직장적응훈련비 또는 재활운동비(이하 "직장복귀지원금등"이라 한다)에 해당하는 금액을 받은 경우 등 대통령령으로 정하는 경우에는 그 받은 금액을 빼고 직장복귀지원금등을 지급한다. <개정 2010.1.27.>

⑤ 사업주가 「장애인고용촉진 및 직업재활법」 제28조에 따른 의무로써 장애인을 고용한 경우 등 대통령령으로 정하는 경우에는 직장복귀지원금등을 지급하지 아니한다. <신설 2010.1.27.>

제76조(보험급여의 일시지급)

① 대한민국 국민이 아닌 근로자가 업무상의 재해에 따른 부상 또는 질병으로 요양 중 치유되기 전에 출국하기 위하여 보험급여의 일시지급을 신청하는 경우에는 출국하기 위하여 요양을 중단하는 날 이후에 청구 사유가 발생할 것으로 예상되는 보험급여를 한꺼번에 지급할 수 있다. <개정 2010.1.27.>

② 제1항에 따라 한꺼번에 지급할 수 있는 금액은 다음 각 호의 보험급여를 미리 지급하는 기간에 따른 이자 등을 고려하여 대통령령으로 정하는 방법에 따라 각각 환산한 금액을 합한 금액으로 한다. 이 경우 해당 근로자가 제3호 및 제4호에 따른 보험급여의 지급사유 모두에 해당될 것으로 의학적으로 판단되는 경우에는 제4호에 해당하는 보험급여의 금액은 합산하지 아니한다. <개정 2010.1.27., 2010.5.20., 2018.6.12., 2020.5.26.>

1. 출국하기 위하여 요양을 중단하는 날부터 업무상의 재해에 따른 부상 또는 질병이 치유될 것으로 예상되는 날까지의 요양급여

2. 출국하기 위하여 요양을 중단하는 날부터 업무상 부상 또는 질병이 치유되거나 그 부상·질병 상태가 취업할 수 있게 될 것으로 예상되는 날(그 예상되는 날이 요양 개시일부터 2년이 넘는 경우

에는 요양 개시일부터 2년이 되는 날)까지의 기간에 대한 휴업급여
3. 출국하기 위하여 요양을 중단할 당시 업무상의 재해에 따른 부상 또는 질병이 치유된 후에 남을 것으로 예상되는 장해의 장해등급에 해당하는 장해보상일시금
4. 출국하기 위하여 요양을 중단할 당시 요양 개시일부터 2년이 지난 후에 상병보상연금의 지급대상이 되는 중증요양상태가 지속될 것으로 예상되는 경우에는 그 예상되는 중증요양상태등급(요양 개시일부터 2년이 지난 후 출국하기 위하여 요양을 중단하는 경우에는 그 당시의 부상·질병 상태에 따른 중증요양상태등급)과 같은 장해등급에 해당하는 장해보상일시금에 해당하는 금액
5. 요양 당시 받고 있는 진폐장해등급에 따른 진폐보상연금
③ 제1항에 따른 일시지급의 신청 및 지급 절차는 고용노동부령으로 정한다. <개정 2010.6.4.>

제77조(합병증 등 예방관리)
① 공단은 업무상의 부상 또는 질병이 치유된 사람 중에서 합병증 등 재요양 사유가 발생할 우려가 있는 사람에게 산재보험 의료기관에서 그 예방에 필요한 조치를 받도록 할 수 있다. <개정 2018.6.12., 2020.5.26.>
② 제1항에 따른 조치대상, 조치내용 및 조치비용 산정 기준 등 예방관리에 필요한 구체적인 사항은 대통령령으로 정한다. <신설 2018.6.12.>
[전문개정 2010.1.27.]

제78조(장해특별급여)
① 보험가입자의 고의 또는 과실로 발생한 업무상의 재해로 근로자가 대통령령으로 정하는 장해등급 또는 진폐장해등급에 해당하는 장해를 입은 경우에 수급권자가 「민법」에 따른 손해배상청구를 갈음하여 장해특별급여를 청구하면 제57조의 장해급여 또는 제91조의3의 진폐보상연금 외에 대통령령으로 정하는 장해특별급여를 지급할 수 있다. 다만, 근로자와 보험가입자 사이에 장해특별급여에 관하여 합의가 이루어진 경우에 한정한다. <개정 2010.5.20., 2020.5.26.>
② 수급권자가 제1항에 따른 장해특별급여를 받으면 동일한 사유에 대하여 보험가입자에게 「민법」이나 그 밖의 법령에 따른 손해배상

을 청구할 수 없다.

③ 공단은 제1항에 따라 장해특별급여를 지급하면 대통령령으로 정하는 바에 따라 그 급여액 모두를 보험가입자로부터 징수한다.

제79조(유족특별급여)

① 보험가입자의 고의 또는 과실로 발생한 업무상의 재해로 근로자가 사망한 경우에 수급권자가 「민법」에 따른 손해배상청구를 갈음하여 유족특별급여를 청구하면 제62조의 유족급여 또는 제91조의4의 진폐유족연금 외에 대통령령으로 정하는 유족특별급여를 지급할 수 있다. <개정 2010.5.20.>

② 유족특별급여에 관하여는 제78조제1항 단서·제2항 및 제3항을 준용한다. 이 경우 "장해특별급여"는 "유족특별급여"로 본다.

제80조(다른 보상이나 배상과의 관계)

① 수급권자가 이 법에 따라 보험급여를 받았거나 받을 수 있으면 보험가입자는 동일한 사유에 대하여 「근로기준법」에 따른 재해보상 책임이 면제된다.

② 수급권자가 동일한 사유에 대하여 이 법에 따른 보험급여를 받으면 보험가입자는 그 금액의 한도 안에서 「민법」이나 그 밖의 법령에 따른 손해배상의 책임이 면제된다. 이 경우 장해보상연금 또는 유족보상연금을 받고 있는 사람은 장해보상일시금 또는 유족보상일시금을 받은 것으로 본다. <개정 2020.5.26.>

③ 수급권자가 동일한 사유로 「민법」이나 그 밖의 법령에 따라 이 법의 보험급여에 상당한 금품을 받으면 공단은 그 받은 금품을 대통령령으로 정하는 방법에 따라 환산한 금액의 한도 안에서 이 법에 따른 보험급여를 지급하지 아니한다. 다만, 제2항 후단에 따라 수급권자가 지급받은 것으로 보게 되는 장해보상일시금 또는 유족보상일시금에 해당하는 연금액에 대하여는 그러하지 아니하다.

④ 요양급여를 받는 근로자가 요양을 시작한 후 3년이 지난 날 이후에 상병보상연금을 지급받고 있으면 「근로기준법」 제23조제2항 단서를 적용할 때 그 사용자는 그 3년이 지난 날 이후에는 같은 법 제84조에 따른 일시보상을 지급한 것으로 본다.

제81조(미지급의 보험급여)

① 보험급여의 수급권자가 사망한 경우에 그 수급권자에게 지급하여야 할 보험급여로서 아직 지급되지 아니한 보험급여가 있으면 그 수급권자의 유족(유족급여의 경우에는 그 유족급여를 받을 수 있는 다른 유족)의 청구에 따라 그 보험급여를 지급한다.

② 제1항의 경우에 그 수급권자가 사망 전에 보험급여를 청구하지 아니하면 같은 항에 따른 유족의 청구에 따라 그 보험급여를 지급한다.

제82조(보험급여의 지급)

① 보험급여는 지급 결정일부터 14일 이내에 지급하여야 한다. <개정 2018.6.12.>

② 공단은 수급권자의 신청이 있는 경우에는 보험급여를 수급권자 명의의 지정된 계좌(이하 "보험급여수급계좌"라 한다)로 입금하여야 한다. 다만, 정보통신장애나 그 밖에 대통령령으로 정하는 불가피한 사유로 보험급여를 보험급여수급계좌로 이체할 수 없을 때에는 대통령령으로 정하는 바에 따라 보험급여를 지급할 수 있다. <신설 2018.6.12.>

③ 보험급여수급계좌의 해당 금융기관은 이 법에 따른 보험급여만이 보험급여수급계좌에 입금되도록 관리하여야 한다. <신설 2018.6.12.>

④ 제2항에 따른 신청의 방법ㆍ절차와 제3항에 따른 보험급여수급계좌의 관리에 필요한 사항은 대통령령으로 정한다. <신설 2018.6.12.>

제83조(보험급여 지급의 제한)

① 공단은 근로자가 다음 각 호의 어느 하나에 해당되면 보험급여의 전부 또는 일부를 지급하지 아니할 수 있다. <개정 2010.5.20.>

　1. 요양 중인 근로자가 정당한 사유 없이 요양에 관한 지시를 위반하여 부상ㆍ질병 또는 장해 상태를 악화시키거나 치유를 방해한 경우

　2. 장해보상연금 또는 진폐보상연금 수급권자가 제59조에 따른 장해등급 또는 진폐장해등급 재판정 전에 자해(自害) 등 고의로 장해 상태를 악화시킨 경우

② 공단은 제1항에 따라 보험급여를 지급하지 아니하기로 결정하면 지체 없이 이를 관계 보험가입자와 근로자에게 알려야 한다.

③ 제1항에 따른 보험급여 지급 제한의 대상이 되는 보험급여의 종류 및 제한 범위는 대통령령으로 정한다.

제84조(부당이득의 징수)

① 공단은 보험급여를 받은 사람이 다음 각 호의 어느 하나에 해당하면 그 급여액에 해당하는 금액(제1호의 경우에는 그 급여액의 2배에 해당하는 금액)을 징수하여야 한다. 이 경우 공단이 제90조제2항에 따라 국민건강보험공단등에 청구하여 받은 금액은 징수할 금액에서 제외한다. <개정 2020.5.26.>

1. 거짓이나 그 밖의 부정한 방법으로 보험급여를 받은 경우
2. 수급권자 또는 수급권이 있었던 사람이 제114조제2항부터 제4항까지의 규정에 따른 신고의무를 이행하지 아니하여 부당하게 보험급여를 지급받은 경우
3. 그 밖에 잘못 지급된 보험급여가 있는 경우

② 제1항제1호의 경우 보험급여의 지급이 보험가입자·산재보험 의료기관 또는 직업훈련기관의 거짓된 신고, 진단 또는 증명으로 인한 것이면 그 보험가입자·산재보험 의료기관 또는 직업훈련기관도 연대하여 책임을 진다.

③ 공단은 산재보험 의료기관이나 제46조제1항에 따른 약국이 다음 각 호의 어느 하나에 해당하면 그 진료비나 약제비에 해당하는 금액을 징수하여야 한다. 다만, 제1호의 경우에는 그 진료비나 약제비의 2배에 해당하는 금액(제44조제1항에 따라 과징금을 부과하는 경우에는 그 진료비에 해당하는 금액)을 징수한다. <개정 2010.5.20., 2018.6.12.>

1. 거짓이나 그 밖의 부정한 방법으로 진료비나 약제비를 지급받은 경우
2. 제40조제5항 또는 제91조의9제3항에 따른 요양급여의 산정 기준 및 제77조제2항에 따른 조치비용 산정 기준을 위반하여 부당하게 진료비나 약제비를 지급받은 경우
3. 그 밖에 진료비나 약제비를 잘못 지급받은 경우

④ 제1항 및 제3항 단서에도 불구하고 공단은 거짓이나 그 밖의 부정한 방법으로 보험급여, 진료비 또는 약제비를 받은 자(제2항에 따라 연대책임을 지는 자를 포함한다)가 부정수급에 대한 조사가 시작되기 전에 부정수급 사실을 자진 신고한 경우에는 그 보험급여액, 진료비 또는 약제비에 해당하는 금액을 초과하는 부분은 징수를 면제할 수 있다. <신설 2018.6.12.>

제84조의2(부정수급자 명단 공개 등)

① 공단은 제84조제1항제1호 또는 같은 조 제3항제1호에 해당하는 자 (이하 "부정수급자"라 한다)로서 매년 직전 연도부터 과거 3년간 다음 각 호의 어느 하나에 해당하는 자의 명단을 공개할 수 있다. 이 경우 같은 조 제2항에 따른 연대책임자의 명단을 함께 공개할 수 있다.

1. 부정수급 횟수가 2회 이상이고 부정수급액의 합계가 1억원 이상인 자
2. 1회의 부정수급액이 2억원 이상인 자

② 부정수급자 또는 연대책임자의 사망으로 명단 공개의 실효성이 없는 경우 등 대통령령으로 정하는 경우에는 제1항에 따른 명단을 공개하지 아니할 수 있다.

③ 공단은 이의신청이나 그 밖의 불복절차가 진행 중인 부당이득징수 결정처분에 대해서는 해당 이의신청이나 불복절차가 끝난 후 명단을 공개할 수 있다.

④ 공단은 제1항에 따른 공개대상자에게 고용노동부령으로 정하는 바에 따라 미리 그 사실을 통보하고 소명의 기회를 주어야 한다.

⑤ 그 밖에 명단 공개의 방법 및 절차 등에 필요한 사항은 고용노동부령으로 정한다.

[본조신설 2018.6.12.]

제85조(징수금의 징수)

제39조제2항에 따른 보험급여액의 징수, 제78조에 따른 장해특별급여액의 징수, 제79조에 따른 유족특별급여액의 징수 및 제84조에 따른 부당이득의 징수에 관하여는 보험료징수법 제27조, 제28조, 제29조, 제30조, 제32조, 제39조, 제41조 및 제42조를 준용한다. 이 경우 "건강보험공단"은 "공단"으로 본다. <개정 2010.1.27.>

제86조(보험급여 등의 충당)

① 공단은 제84조제1항 및 제3항에 따라 부당이득을 받은 자, 제84조제2항에 따라 연대책임이 있는 보험가입자 또는 산재보험 의료기관에 지급할 보험급여·진료비 또는 약제비가 있으면 이를 제84조에 따라 징수할 금액에 충당할 수 있다.

② 보험급여·진료비 및 약제비의 충당 한도 및 충당 절차는 대통령령으로 정한다.

제87조(제3자에 대한 구상권)

① 공단은 제3자의 행위에 따른 재해로 보험급여를 지급한 경우에는 그 급여액의 한도 안에서 급여를 받은 사람의 제3자에 대한 손해배상청구권을 대위(代位)한다. 다만, 보험가입자인 둘 이상의 사업주가 같은 장소에서 하나의 사업을 분할하여 각각 행하다가 그 중 사업주를 달리하는 근로자의 행위로 재해가 발생하면 그러하지 아니하다. <개정 2020.5.26.>

② 제1항의 경우에 수급권자가 제3자로부터 동일한 사유로 이 법의 보험급여에 상당하는 손해배상을 받으면 공단은 그 배상액을 대통령령으로 정하는 방법에 따라 환산한 금액의 한도 안에서 이 법에 따른 보험급여를 지급하지 아니한다.

③ 수급권자 및 보험가입자는 제3자의 행위로 재해가 발생하면 지체 없이 공단에 신고하여야 한다.

제87조의2(구상금협의조정기구 등)

① 공단은 제87조에 따라 「자동차손해배상 보장법」 제2조제7호가목에 따른 보험회사등(이하 이 조에서 "보험회사등"이라 한다)에게 구상권을 행사하는 경우 그 구상금 청구액을 협의·조정하기 위하여 보험회사등과 구상금협의조정기구를 구성하여 운영할 수 있다.

② 공단과 보험회사등은 제1항에 따른 협의·조정을 위하여 상대방에게 필요한 자료의 제출을 요구할 수 있다. 이 경우 자료의 제출을 요구받은 상대방은 특별한 사정이 없으면 그 요구에 따라야 한다.

③ 제1항 및 제2항에 따른 구상금협의조정기구의 구성 및 운영 등에 관하여 필요한 사항은 공단이 정한다.
[본조신설 2017.10.24.]

제88조(수급권의 보호)

① 근로자의 보험급여를 받을 권리는 퇴직하여도 소멸되지 아니한다.

② 보험급여를 받을 권리는 양도 또는 압류하거나 담보로 제공할 수 없다.

③ 제82조제2항에 따라 지정된 보험급여수급계좌의 예금 중 대통령령으로 정하는 액수 이하의 금액에 관한 채권은 압류할 수 없다. <신설 2018.6.12.>

제89조(수급권의 대위)

보험가입자(보험료징수법 제2조제5호에 따른 하수급인을 포함한다. 이하 이 조에서 같다)가 소속 근로자의 업무상의 재해에 관하여 이 법에 따른 보험급여의 지급 사유와 동일한 사유로 「민법」이나 그 밖의 법령에 따라 보험급여에 상당하는 금품을 수급권자에게 미리 지급한 경우로서 그 금품이 보험급여에 대체하여 지급한 것으로 인정되는 경우에 보험가입자는 대통령령으로 정하는 바에 따라 그 수급권자의 보험급여를 받을 권리를 대위한다.

제90조(요양급여 비용의 정산)

① 공단은 「국민건강보험법」 제13조에 따른 국민건강보험공단 또는 「의료급여법」 제5조에 따른 시장, 군수 또는 구청장(이하 "국민건강보험공단등"이라 한다)이 제42조제1항에 따라 이 법에 따른 요양급여의 수급권자에게 건강보험 요양급여등을 우선 지급하고 그 비용을 청구하는 경우에는 그 건강보험 요양급여등이 이 법에 따라 지급할 수 있는 요양급여에 상당한 것으로 인정되면 그 요양급여에 해당하는 금액을 지급할 수 있다. <개정 2011.12.31.>
② 공단이 수급권자에게 요양급여를 지급한 후 그 지급결정이 취소된 경우로서 그 지급한 요양급여가 「국민건강보험법」 또는 「의료급여법」에 따라 지급할 수 있는 건강보험 요양급여등에 상당한 것으로 인정되면 공단은 그 건강보험 요양급여등에 해당하는 금액을 국민건강보험공단등에 청구할 수 있다.

제90조의2(국민건강보험 요양급여 비용의 정산)

① 제40조에 따른 요양급여나 재요양을 받은 사람이 요양이 종결된 후 2년 이내에 「국민건강보험법」 제41조에 따른 요양급여를 받은 경우(종결된 요양의 대상이 되었던 업무상의 부상 또는 질병의 증상으로 요양급여를 받은 경우로 한정한다)에는 공단은 그 요양급여 비용 중 국민건강보험공단이 부담한 금액을 지급할 수 있다.
② 제1항에 따른 요양급여 비용의 지급 절차와 그 밖에 필요한 사항은 고용노동부령으로 정한다.
[본조신설 2015.1.20.]

제91조(공과금의 면제)

보험급여로서 지급된 금품에 대하여는 국가나 지방자치단체의 공과금을 부과하지 아니한다.

제3장의2 진폐에 따른 보험급여의 특례

제91조의2(진폐에 대한 업무상의 재해의 인정기준)

근로자가 진폐에 걸릴 우려가 있는 작업으로서 암석, 금속이나 유리섬유 등을 취급하는 작업 등 고용노동부령으로 정하는 분진작업(이하 "분진작업"이라 한다)에 종사하여 진폐에 걸리면 제37조제1항제2호가목에 따른 업무상 질병으로 본다. <개정 2010.6.4.>

[본조신설 2010.5.20.]

제91조의3(진폐보상연금)

① 진폐보상연금은 업무상 질병인 진폐에 걸린 근로자(이하 "진폐근로자"라 한다)에게 지급한다.

② 진폐보상연금은 제5조제2호 및 제36조제6항에 따라 정하는 평균임금을 기준으로 하여 별표 6에 따라 산정하는 진폐장해등급별 진폐장해연금과 기초연금을 합산한 금액으로 한다. 이 경우 기초연금은 최저임금액의 100분의 60에 365를 곱하여 산정한 금액으로 한다.

③ 진폐보상연금을 받던 사람이 그 진폐장해등급이 변경된 경우에는 변경된 날이 속한 달의 다음 달부터 기초연금과 변경된 진폐장해등급에 해당하는 진폐장해연금을 합산한 금액을 지급한다.

[본조신설 2010.5.20.]

제91조의4(진폐유족연금)

① 진폐유족연금은 진폐근로자가 진폐로 사망한 경우에 유족에게 지급한다.

② 진폐유족연금은 사망 당시 진폐근로자에게 지급하고 있거나 지급하기로 결정된 진폐보상연금과 같은 금액으로 한다. 이 경우 진폐유족연금은 제62조제2항 및 별표 3에 따라 산정한 유족보상연금을 초과할 수 없다.

③ 제91조의6에 따른 진폐에 대한 진단을 받지 아니한 근로자가 업무상 질병인 진폐로 사망한 경우에 그 근로자에 대한 진폐유족연금은 제91조의3제2항에 따른 기초연금과 제91조의8제3항에 따라 결정되는 진폐장해등급별로 별표 6에 따라 산정한 진폐장해연금을 합산한 금액으로 한다.

④ 진폐유족연금을 받을 수 있는 유족의 범위 및 순위, 자격 상실과 지급 정지 등에 관하여는 제63조 및 제64조를 준용한다. 이 경우 "유족보상연금"은 "진폐유족연금"으로 본다.
[본조신설 2010.5.20.]

제91조의5(진폐에 대한 요양급여 등의 청구)

① 분진작업에 종사하고 있거나 종사하였던 근로자가 업무상 질병인 진폐로 요양급여 또는 진폐보상연금을 받으려면 고용노동부령으로 정하는 서류를 첨부하여 공단에 청구하여야 한다. <개정 2010.6.4.>
② 제1항에 따라 요양급여 등을 청구한 사람이 제91조의8제2항에 따라 요양급여 등의 지급 또는 부지급 결정을 받은 경우에는 제91조의6에 따른 진단이 종료된 날부터 1년이 지나거나 요양이 종결되는 때에 다시 요양급여 등을 청구할 수 있다. 다만, 제91조의6제1항에 따른 건강진단기관으로부터 합병증「진폐의 예방과 진폐근로자의 보호 등에 관한 법률」(이하 "진폐근로자보호법"이라 한다) 제2조제2호에 따른 합병증을 말한다. 이하 같다]이나 심폐기능의 고도 장해 등으로 응급진단이 필요하다는 의학적 소견이 있으면 1년이 지나지 아니한 경우에도 요양급여 등을 청구할 수 있다.
[본조신설 2010.5.20.]

제91조의6(진폐의 진단)

① 공단은 근로자가 제91조의5에 따라 요양급여 등을 청구하면 진폐근로자보호법 제15조에 따른 건강진단기관(이하 "건강진단기관"이라 한다)에 제91조의8의 진폐판정에 필요한 진단을 의뢰하여야 한다.
② 건강진단기관은 제1항에 따라 진폐에 대한 진단을 의뢰받으면 고용노동부령으로 정하는 바에 따라 진폐에 대한 진단을 실시하고 그 진단결과를 공단에 제출하여야 한다. <개정 2010.6.4.>
③ 근로자가 진폐근로자보호법 제11조부터 제13조까지의 규정에 따른 건강진단을 받은 후에 건강진단기관이 같은 법 제16조제1항 후단 및 같은 조 제3항 후단에 따라 해당 근로자의 흉부 엑스선 사진 등을 고용노동부장관에게 제출한 경우에는 제91조의5제1항 및 이 조 제2항에 따라 요양급여 등을 청구하고 진단결과를 제출한 것으로 본다. <개정 2010.6.4.>

④ 공단은 제2항에 따라 진단을 실시한 건강진단기관에 그 진단에 드는 비용을 지급한다. 이 경우 그 비용의 산정 기준 및 청구 등에 관하여는 제40조제5항 및 제45조를 준용한다.

⑤ 제2항에 따라 진단을 받는 근로자에게는 고용노동부장관이 정하여 고시하는 금액을 진단수당으로 지급할 수 있다. 다만, 장해보상연금 또는 진폐보상연금을 받고 있는 사람에게는 진단수당을 지급하지 아니한다. <개정 2010.6.4.>

⑥ 제1항, 제2항 및 제5항에 따른 진단의뢰, 진단결과의 제출 및 진단수당의 구체적인 지급절차 등에 관한 사항은 고용노동부령으로 정한다. <개정 2010.6.4.>

[본조신설 2010.5.20.]

제91조의7(진폐심사회의)

① 제91조의6에 따른 진단결과에 대하여 진폐병형 및 합병증 등을 심사하기 위하여 공단에 관계 전문가 등으로 구성된 진폐심사회의(이하 "진폐심사회의"라 한다)를 둔다.

② 진폐심사회의의 위원 구성 및 회의 운영이나 그 밖에 필요한 사항은 고용노동부령으로 정한다. <개정 2010.6.4.>

[본조신설 2010.5.20.]

제91조의8(진폐판정 및 보험급여의 결정 등)

① 공단은 제91조의6에 따라 진단결과를 받으면 진폐심사회의의 심사를 거쳐 해당 근로자의 진폐병형, 합병증의 유무 및 종류, 심폐기능의 정도 등을 판정(이하 "진폐판정"이라 한다)하여야 한다. 이 경우 진폐판정에 필요한 기준은 대통령령으로 정한다.

② 공단은 제1항의 진폐판정 결과에 따라 요양급여의 지급 여부, 진폐장해등급과 그에 따른 진폐보상연금의 지급 여부 등을 결정하여야 한다. 이 경우 진폐장해등급 기준 및 합병증 등에 따른 요양대상인정기준은 대통령령으로 정한다.

③ 공단은 합병증 등으로 심폐기능의 정도를 판정하기 곤란한 진폐근로자에 대하여는 제2항의 진폐장해등급 기준에도 불구하고 진폐병형을 고려하여 진폐장해등급을 결정한다. 이 경우 진폐장해등급 기준은 대통령령으로 정한다.

④ 공단은 제2항 및 제3항에 따라 보험급여의 지급 여부 등을 결정하면 그 내용을 해당 근로자에게 알려야 한다.

[본조신설 2010.5.20.]

제91조의9(진폐에 따른 요양급여의 지급 절차와 기준 등)

① 공단은 제91조의8제2항에 따라 요양급여를 지급하기로 결정된 진폐근로자에 대하여는 제40조제2항 본문에도 불구하고 산재보험 의료기관 중 진폐근로자의 요양을 담당하는 의료기관(이하 "진폐요양 의료기관"이라 한다)에서 요양을 하게 한다.

② 고용노동부장관은 진폐요양 의료기관이 적정한 요양을 제공하는 데 활용할 수 있도록 전문가의 자문 등을 거쳐 입원과 통원의 처리기준, 표준적인 진료기준 등을 정하여 고시할 수 있다. <개정 2010.6.4.>

③ 공단은 진폐요양 의료기관에 대하여 시설, 인력 및 의료의 질 등을 고려하여 3개 이내의 등급으로 나누어 등급화할 수 있다. 이 경우 그 등급의 구분 기준, 등급별 요양대상 환자 및 등급별 요양급여의 산정 기준은 고용노동부령으로 정한다. <개정 2010.6.4.>

④ 진폐요양 의료기관을 평가하는 업무에 대하여 자문하기 위하여 공단에 진폐요양의료기관평가위원회를 둔다. 이 경우 진폐요양의료기관평가위원회의 구성·운영이나 그 밖에 필요한 사항은 고용노동부령으로 정한다. <개정 2010.6.4.>

⑤ 진폐요양 의료기관에 대한 평가에 관하여는 제50조를 준용한다. 이 경우 제50조제1항 중 "제43조제1항제3호의 산재보험 의료기관 중 대통령령으로 정하는 의료기관"은 "진폐요양 의료기관"으로 본다.

[본조신설 2010.5.20.]

제91조의10(진폐에 따른 사망의 인정 등)

분진작업에 종사하고 있거나 종사하였던 근로자가 진폐, 합병증이나 그 밖에 진폐와 관련된 사유로 사망하였다고 인정되면 업무상의 재해로 본다. 이 경우 진폐에 따른 사망 여부를 판단하는 때에 고려하여야 하는 사항은 대통령령으로 정한다.

[본조신설 2010.5.20.]

제91조의11(진폐에 따른 사망원인의 확인 등)

① 분진작업에 종사하고 있거나 종사하였던 근로자의 사망원인을 알 수 없는 경우에 그 유족은 해당 근로자가 진폐 등으로 사망하였는지 여부에 대하여 확인하기 위하여 병리학 전문의가 있는 산재보험 의료기관 중에서 공단이 지정하는 의료기관에 전신해부에 대한 동의서를 첨부하여 해당 근로자의 시신에 대한 전신해부를 의뢰할 수 있다. 이 경우 그 의료기관은 「시체해부 및 보존에 관한 법률」 제2조에도 불구하고 전신해부를 할 수 있다.

② 공단은 제1항에 따라 전신해부를 실시한 의료기관 또는 유족에게 그 비용의 전부 또는 일부를 지원할 수 있다. 이 경우 비용의 지급기준 및 첨부서류 제출, 그 밖에 비용지원 절차에 관한 사항은 고용노동부령으로 정한다. <개정 2010.6.4.>

[본조신설 2010.5.20.]

제91조의11(진폐에 따른 사망원인의 확인 등)

① 분진작업에 종사하고 있거나 종사하였던 근로자의 사망원인을 알 수 없는 경우에 그 유족은 해당 근로자가 진폐 등으로 사망하였는지 여부에 대하여 확인하기 위하여 병리학 전문의가 있는 산재보험 의료기관 중에서 공단이 지정하는 의료기관에 전신해부에 대한 동의서를 첨부하여 해당 근로자의 시신에 대한 전신해부를 의뢰할 수 있다. 이 경우 그 의료기관은 「시체 해부 및 보존 등에 관한 법률」 제2조에도 불구하고 전신해부를 할 수 있다. <개정 2020.4.7.>

② 공단은 제1항에 따라 전신해부를 실시한 의료기관 또는 유족에게 그 비용의 전부 또는 일부를 지원할 수 있다. 이 경우 비용의 지급기준 및 첨부서류 제출, 그 밖에 비용지원 절차에 관한 사항은 고용노동부령으로 정한다. <개정 2010.6.4.>

[본조신설 2010.5.20.]
[시행일 : 2021.4.8.] 제91조의11

제4장 근로복지 사업

제92조(근로복지 사업)

① 고용노동부장관은 근로자의 복지 증진을 위한 다음 각 호의 사업을 한다. <개정 2010.6.4.>

　1. 업무상의 재해를 입은 근로자의 원활한 사회 복귀를 촉진하기 위한 다음 각 목의 보험시설의 설치·운영

　　가. 요양이나 외과 후 처치에 관한 시설

　　나. 의료재활이나 직업재활에 관한 시설

　2. 장학사업 등 재해근로자와 그 유족의 복지 증진을 위한 사업

　3. 그 밖에 근로자의 복지 증진을 위한 시설의 설치·운영 사업

② 고용노동부장관은 공단 또는 재해근로자의 복지 증진을 위하여 설립된 법인 중 고용노동부장관의 지정을 받은 법인(이하 "지정법인"이라 한다)에 제1항에 따른 사업을 하게 하거나 같은 항 제1호에 따른 보험시설의 운영을 위탁할 수 있다. <개정 2010.6.4.>

③ 지정법인의 지정 기준에 필요한 사항은 고용노동부령으로 정한다. <개정 2010.6.4.>

④ 고용노동부장관은 예산의 범위에서 지정법인의 사업에 필요한 비용의 일부를 보조할 수 있다. <개정 2010.6.4.>

제93조(국민건강보험 요양급여 비용의 본인 일부 부담금의 대부)

① 공단은 제37조제1항제2호에 따른 업무상 질병에 대하여 요양 신청을 한 경우로서 요양급여의 결정에 걸리는 기간 등을 고려하여 대통령령으로 정하는 사람에 대하여 「국민건강보험법」 제44조에 따른 요양급여 비용의 본인 일부 부담금에 대한 대부사업을 할 수 있다. <개정 2011.12.31., 2020.5.26.>

② 공단은 제1항에 따라 대부를 받은 사람에게 지급할 이 법에 따른 요양급여가 있으면 그 요양급여를 대부금의 상환에 충당할 수 있다. <개정 2020.5.26.>

③ 제1항에 따른 대부의 금액·조건 및 절차는 고용노동부장관의 승인을 받아 공단이 정한다. <개정 2010.6.4.>

④ 제2항에 따른 요양급여의 충당 한도 및 충당 절차는 대통령령으로
  정한다.

제94조(장해급여자의 고용 촉진)

고용노동부장관은 보험가입자에 대하여 장해급여 또는 진폐보상연금을
받은 사람을 그 적성에 맞는 업무에 고용하도록 권고할 수 있다. <개
정 2010.1.27., 2010.5.20., 2010.6.4., 2020.5.26.>

제5장 산업재해보상보험및예방기금

제95조(산업재해보상보험및예방기금의 설치 및 조성)

① 고용노동부장관은 보험사업, 산업재해 예방 사업에 필요한 재원을 확보하고, 보험급여에 충당하기 위하여 산업재해보상보험및예방기금(이하 "기금"이라 한다)을 설치한다. <개정 2010.6.4.>

② 기금은 보험료, 기금운용 수익금, 적립금, 기금의 결산상 잉여금, 정부 또는 정부 아닌 자의 출연금 및 기부금, 차입금, 그 밖의 수입금을 재원으로 하여 조성한다.

③ 정부는 산업재해 예방 사업을 수행하기 위하여 회계연도마다 기금지출예산 총액의 100분의 3의 범위에서 제2항에 따른 정부의 출연금으로 세출예산에 계상(計上)하여야 한다.

제96조(기금의 용도)

① 기금은 다음 각 호의 용도에 사용한다. <개정 2008.12.31., 2010.1.27., 2019.1.15.>

1. 보험급여의 지급 및 반환금의 반환
2. 차입금 및 이자의 상환
3. 공단에의 출연
4. 「산업안전보건법」 제12조에 따른 용도
5. 재해근로자의 복지 증진
6. 「한국산업안전보건공단법」에 따른 한국산업안전보건공단(이하 "한국산업안전보건공단"이라 한다)에 대한 출연
7. 보험료징수법 제4조에 따른 업무를 위탁받은 자에의 출연
8. 그 밖에 보험사업 및 기금의 관리와 운용

② 고용노동부장관은 회계연도마다 제1항 각 호에 해당하는 기금지출예산 총액의 100분의 8 이상을 제1항제4호 및 제6호에 따른 용도로 계상하여야 한다. <개정 2010.6.4.>

③ 제1항제7호에 따라 기금으로부터 「국민건강보험법」 제13조에 따른 국민건강보험공단에 출연하는 금액은 징수업무(고지·수납·체납 업무를 말한다)가 차지하는 비율 등을 기준으로 산정한다. <신설 2018.6.12.>

제97조(기금의 관리 · 운용)

① 기금은 고용노동부장관이 관리 · 운용한다. <개정 2010.6.4.>

② 고용노동부장관은 다음 각 호의 방법에 따라 기금을 관리 · 운용하여야 한다. <개정 2010.6.4.>

1. 금융기관 또는 체신관서에의 예입(預入) 및 금전신탁

2. 재정자금에의 예탁

3. 투자신탁 등의 수익증권 매입

4. 국가 · 지방자치단체 또는 금융기관이 직접 발행하거나 채무이행을 보증하는 유가증권의 매입

5. 그 밖에 기금 증식을 위하여 대통령령으로 정하는 사업

③ 고용노동부장관은 제2항에 따라 기금을 관리 · 운용할 때에는 그 수익이 대통령령으로 정하는 수준 이상이 되도록 하여야 한다. <개정 2010.6.4.>

④ 기금은 「국가회계법」 제11조에 따라 회계처리를 한다. <개정 2018.6.12.>

⑤ 고용노동부장관은 기금의 관리 · 운용에 관한 업무의 일부를 공단 또는 한국산업안전보건공단에 위탁할 수 있다. <개정 2008.12.31., 2010.6.4.>

제98조(기금의 운용계획)

고용노동부장관은 회계연도마다 위원회의 심의를 거쳐 기금운용계획을 세워야 한다. <개정 2010.6.4.>

제99조(책임준비금의 적립)

① 고용노동부장관은 보험급여에 충당하기 위하여 책임준비금을 적립하여야 한다. <개정 2010.6.4.>

② 고용노동부장관은 회계연도마다 책임준비금을 산정하여 적립금 보유액이 책임준비금의 금액을 초과하면 그 초과액을 장래의 보험급여 지급 재원으로 사용하고, 부족하면 그 부족액을 보험료 수입에서 적립하여야 한다. <개정 2010.6.4.>

③ 제1항에 따른 책임준비금의 산정 기준 및 적립에 필요한 사항은 대통령령으로 정한다.

제100조(잉여금과 손실금의 처리)

① 기금의 결산상 잉여금이 생기면 이를 적립금으로 적립하여야 한다.

② 기금의 결산상 손실금이 생기면 적립금을 사용할 수 있다.

제101조(차입금)

① 기금에 속하는 경비를 지급하기 위하여 필요하면 기금의 부담으로 차입할 수 있다.

② 기금에서 지급할 현금이 부족하면 기금의 부담으로 일시차입을 할 수 있다.

③ 제2항에 따른 일시차입금은 그 회계연도 안에 상환하여야 한다.

제102조(기금의 출납 등)

기금을 관리·운용을 할 때의 출납 절차 등에 관한 사항은 대통령령으로 정한다.

제6장 심사 청구 및 재심사 청구

제103조(심사 청구의 제기)

① 다음 각 호의 어느 하나에 해당하는 공단의 결정 등(이하 "보험급여 결정등"이라 한다)에 불복하는 자는 공단에 심사 청구를 할 수 있다. <개정 2010.5.20., 2018.6.12.>

1. 제3장 및 제3장의2에 따른 보험급여에 관한 결정
2. 제45조 및 제91조의6제4항에 따른 진료비에 관한 결정
3. 제46조에 따른 약제비에 관한 결정
4. 제47조제2항에 따른 진료계획 변경 조치등
5. 제76조에 따른 보험급여의 일시지급에 관한 결정
5의2. 제77조에 따른 합병증 등 예방관리에 관한 조치
6. 제84조에 따른 부당이득의 징수에 관한 결정
7. 제89조에 따른 수급권의 대위에 관한 결정

② 제1항에 따른 심사 청구는 그 보험급여 결정등을 한 공단의 소속 기관을 거쳐 공단에 제기하여야 한다.

③ 제1항에 따른 심사 청구는 보험급여 결정등이 있음을 안 날부터 90일 이내에 하여야 한다.

④ 제2항에 따라 심사 청구서를 받은 공단의 소속 기관은 5일 이내에 의견서를 첨부하여 공단에 보내야 한다.

⑤ 보험급여 결정등에 대하여는 「행정심판법」에 따른 행정심판을 제기할 수 없다.

제104조(산업재해보상보험심사위원회)

① 제103조에 따른 심사 청구를 심의하기 위하여 공단에 관계 전문가 등으로 구성되는 산업재해보상보험심사위원회(이하 "심사위원회"라 한다)를 둔다.

② 심사위원회 위원의 제척·기피·회피에 관하여는 제108조를 준용한다.

③ 심사위원회의 구성과 운영에 필요한 사항은 대통령령으로 정한다.

제105조(심사 청구에 대한 심리 · 결정)

① 공단은 제103조제4항에 따라 심사 청구서를 받은 날부터 60일 이내에 심사위원회의 심의를 거쳐 심사 청구에 대한 결정을 하여야 한다. 다만, 부득이한 사유로 그 기간 이내에 결정을 할 수 없으면 한 차례만 20일을 넘지 아니하는 범위에서 그 기간을 연장할 수 있다. <개정 2020.5.26.>

② 제1항 본문에도 불구하고 심사 청구 기간이 지난 후에 제기된 심사 청구 등 대통령령으로 정하는 사유에 해당하는 경우에는 심사위원회의 심의를 거치지 아니할 수 있다.

③ 제1항 단서에 따라 결정기간을 연장할 때에는 최초의 결정기간이 끝나기 7일 전까지 심사 청구인 및 보험급여 결정등을 한 공단의 소속 기관에 알려야 한다.

④ 공단은 심사 청구의 심리를 위하여 필요하면 청구인의 신청 또는 직권으로 다음 각 호의 행위를 할 수 있다.

1. 청구인 또는 관계인을 지정 장소에 출석하게 하여 질문하거나 의견을 진술하게 하는 것
2. 청구인 또는 관계인에게 증거가 될 수 있는 문서나 그 밖의 물건을 제출하게 하는 것
3. 전문적인 지식이나 경험을 가진 제3자에게 감정하게 하는 것
4. 소속 직원에게 사건에 관계가 있는 사업장이나 그 밖의 장소에 출입하여 사업주 · 근로자, 그 밖의 관계인에게 질문하게 하거나, 문서나 그 밖의 물건을 검사하게 하는 것
5. 심사 청구와 관계가 있는 근로자에게 공단이 지정하는 의사 · 치과의사 또는 한의사(이하 "의사등"이라 한다)의 진단을 받게 하는 것

⑤ 제4항제4호에 따른 질문이나 검사를 하는 공단의 소속 직원은 그 권한을 표시하는 증표를 지니고 이를 관계인에게 내보여야 한다.

제106조(재심사 청구의 제기)

① 제105조제1항에 따른 심사 청구에 대한 결정에 불복하는 자는 제107조에 따른 산업재해보상보험재심사위원회에 재심사 청구를 할 수 있다. 다만, 판정위원회의 심의를 거친 보험급여에 관한 결정에 불복하는 자는 제103조에 따른 심사 청구를 하지 아니하고 재심사 청구를 할 수 있다.

② 제1항에 따른 재심사 청구는 그 보험급여 결정등을 한 공단의 소속 기관을 거쳐 제107조에 따른 산업재해보상보험재심사위원회에 제기하여야 한다.

③ 제1항에 따른 재심사 청구는 심사 청구에 대한 결정이 있음을 안 날부터 90일 이내에 제기하여야 한다. 다만, 제1항 단서에 따라 심사 청구를 거치지 아니하고 재심사 청구를 하는 경우에는 보험급여에 관한 결정이 있음을 안 날부터 90일 이내에 제기하여야 한다.

④ 재심사 청구에 관하여는 제103조제4항을 준용한다. 이 경우 "심사 청구서"는 "재심사 청구서"로, "공단"은 "산업재해보상보험재심사위원회"로 본다.

제107조(산업재해보상보험재심사위원회)

① 제106조에 따른 재심사 청구를 심리·재결하기 위하여 고용노동부에 산업재해보상보험재심사위원회(이하 "재심사위원회"라 한다)를 둔다. <개정 2010.6.4.>

② 재심사위원회는 위원장 1명을 포함한 90명 이내의 위원으로 구성하되, 위원 중 2명은 상임위원으로, 1명은 당연직위원으로 한다. <개정 2018.6.12.>

③ 재심사위원회의 위원 중 5분의 2에 해당하는 위원은 제5항제2호부터 제5호까지에 해당하는 사람 중에서 근로자 단체 및 사용자 단체가 각각 추천하는 사람으로 구성한다. 이 경우 근로자 단체 및 사용자 단체가 추천한 사람은 같은 수로 하여야 한다. <개정 2010.1.27., 2020.5.26.>

④ 제3항에도 불구하고 근로자단체나 사용자단체가 각각 추천하는 사람이 위촉하려는 전체 위원 수의 5분의 1보다 적은 경우에는 제3항 후단을 적용하지 아니하고 근로자단체와 사용자단체가 추천하는 위원 수를 전체 위원 수의 5분의 2 미만으로 할 수 있다. <신설 2010.1.27.>

⑤ 재심사위원회의 위원장 및 위원은 다음 각 호의 어느 하나에 해당
하는 사람 중에서 고용노동부장관의 제청으로 대통령이 임명한다.
다만, 당연직위원은 고용노동부장관이 소속 3급의 일반직 공무원
또는 고위공무원단에 속하는 일반직 공무원 중에서 지명하는 사람
으로 한다. <개정 2010.1.27., 2010.6.4., 2020.5.26.>
  1. 3급 이상의 공무원 또는 고위공무원단에 속하는 일반직 공무원
     으로 재직하고 있거나 재직하였던 사람
  2. 판사·검사·변호사 또는 경력 10년 이상의 공인노무사
  3. 「고등교육법」 제2조에 따른 학교에서 부교수 이상으로 재직하
     고 있거나 재직하였던 사람
  4. 노동 관계 업무 또는 산업재해보상보험 관련 업무에 15년 이상
     종사한 사람
  5. 사회보험이나 산업의학에 관한 학식과 경험이 풍부한 사람
⑥ 다음 각 호의 어느 하나에 해당하는 사람은 위원에 임명될 수 없다.
  <개정 2010.1.27., 2015.1.20., 2020.5.26.>
  1. 피성년후견인·피한정후견인 또는 파산선고를 받고 복권되지 아
     니한 사람
  2. 금고 이상의 형을 선고받고 그 형의 집행이 종료되거나 집행을
     받지 아니하기로 확정된 후 3년이 지나지 아니한 사람
  3. 심신 상실자·심신 박약자
⑦ 재심사위원회 위원(당연직위원은 제외한다)의 임기는 3년으로 하되
연임할 수 있고, 위원장이나 위원의 임기가 끝난 경우 그 후임자가
임명될 때까지 그 직무를 수행한다. <개정 2010.1.27., 2018.6.12.>
⑧ 재심사위원회의 위원은 다음 각 호의 어느 하나에 해당하는 경우
외에는 그 의사에 반하여 면직되지 아니한다. <개정 2010.1.27.,
2018.6.12.>
  1. 금고 이상의 형을 선고받은 경우
  2. 오랜 심신 쇠약으로 직무를 수행할 수 없게 된 경우
  3. 직무와 관련된 비위사실이 있거나 재심사위원회 위원직을 유지
     하기에 적합하지 아니하다고 인정되는 비위사실이 있는 경우
⑨ 재심사위원회에 사무국을 둔다 <개정 2010.1.27.>
⑩ 재심사위원회의 조직·운영 등에 필요한 사항은 대통령령으로 정한
다. <개정 2010.1.27.>

제108조(위원의 제척·기피·회피)

① 재심사위원회의 위원은 다음 각 호의 어느 하나에 해당하는 경우에는 그 사건의 심리(審理)·재결(裁決)에서 제척(除斥)된다. <개정 2020.5.26.>

    1. 위원 또는 그 배우자나 배우자였던 사람이 그 사건의 당사자가 되거나 그 사건에 관하여 공동권리자 또는 의무자의 관계에 있는 경우

    2. 위원이 그 사건의 당사자와 「민법」 제777조에 따른 친족이거나 친족이었던 경우

    3. 위원이 그 사건에 관하여 증언이나 감정을 한 경우

    4. 위원이 그 사건에 관하여 당사자의 대리인으로서 관여하거나 관여하였던 경우

    5. 위원이 그 사건의 대상이 된 보험급여 결정등에 관여한 경우

② 당사자는 위원에게 심리·재결의 공정을 기대하기 어려운 사정이 있는 경우에는 기피신청을 할 수 있다.

③ 위원은 제1항이나 제2항의 사유에 해당하면 스스로 그 사건의 심리·재결을 회피할 수 있다.

④ 사건의 심리·재결에 관한 사무에 관여하는 위원 아닌 직원에게도 제1항부터 제3항까지의 규정을 준용한다.

제109조(재심사 청구에 대한 심리와 재결)

① 재심사 청구에 대한 심리·재결에 관하여는 제105조제1항 및 같은 조 제3항부터 제5항까지를 준용한다. 이 경우 "공단"은 "재심사위원회"로, "심사위원회의 심의를 거쳐 심사 청구"는 "재심사 청구"로, "결정"은 "재결"로, "소속 직원"은 "재심사위원회의 위원"으로 본다.

② 재심사위원회의 재결은 공단을 기속(羈束)한다.

제110조(심사 청구인 및 재심사 청구인의 지위 승계)

심사 청구인 또는 재심사 청구인이 사망한 경우 그 청구인이 보험급여의 수급권자이면 제62조제1항 또는 제81조에 따른 유족이, 그 밖의 자이면 상속인 또는 심사 청구나 재심사 청구의 대상인 보험급여에 관련된 권리·이익을 승계한 자가 각각 청구인의 지위를 승계한다.

제111조(다른 법률과의 관계)

① 제103조 및 제106조에 따른 심사 청구 및 재심사 청구의 제기는 시효의 중단에 관하여 「민법」 제168조에 따른 재판상의 청구로 본다.

② 제106조에 따른 재심사 청구에 대한 재결은 「행정소송법」 제18조를 적용할 때 행정심판에 대한 재결로 본다.

③ 제103조 및 제106조에 따른 심사 청구 및 재심사 청구에 관하여 이 법에서 정하고 있지 아니한 사항에 대하여는 「행정심판법」에 따른다.

제7장 보칙

제111조의2(불이익 처우의 금지)

사업주는 근로자가 보험급여를 신청한 것을 이유로 근로자를 해고하거나 그 밖에 근로자에게 불이익한 처우를 하여서는 아니 된다.
[본조신설 2016.12.27.]

제112조(시효)

① 다음 각 호의 권리는 3년간 행사하지 아니하면 시효로 말미암아 소멸한다. 다만, 제1호의 보험급여 중 장해급여, 유족급여, 장의비, 진폐보상연금 및 진폐유족연금을 받을 권리는 5년간 행사하지 아니하면 시효의 완성으로 소멸한다. <개정 2010.1.27., 2018.6.12.>

　1. 제36조제1항에 따른 보험급여를 받을 권리

　2. 제45조에 따른 산재보험 의료기관의 권리

　3. 제46조에 따른 약국의 권리

　4. 제89조에 따른 보험가입자의 권리

　5. 제90조제1항에 따른 국민건강보험공단등의 권리

② 제1항에 따른 소멸시효에 관하여는 이 법에 규정된 것 외에는 「민법」에 따른다.

제113조(시효의 중단)

제112조에 따른 소멸시효는 제36조제2항에 따른 청구로 중단된다. 이 경우 청구가 제5조제1호에 따른 업무상의 재해 여부의 판단이 필요한 최초의 청구인 경우에는 그 청구로 인한 시효중단의 효력은 제36조제1항에서 정한 다른 보험급여에도 미친다. <개정 2020.5.26.>

제114조(보고 등)

① 공단은 필요하다고 인정하면 대통령령으로 정하는 바에 따라 이 법의 적용을 받는 사업의 사업주 또는 그 사업에 종사하는 근로자 및 보험료징수법 제33조에 따른 보험사무대행기관(이하 "보험사무대행기관"이라 한다)에게 보험사업에 관하여 필요한 보고 또는 관계 서류의 제출을 요구할 수 있다.

② 장해보상연금, 유족보상연금, 진폐보상연금 또는 진폐유족연금을

받을 권리가 있는 사람은 보험급여 지급에 필요한 사항으로서 대통령령으로 정하는 사항을 공단에 신고하여야 한다. <개정 2010.5.20., 2020.5.26.>

③ 수급권자 및 수급권이 있었던 사람은 수급권의 변동과 관련된 사항으로서 대통령령으로 정하는 사항을 공단에 신고하여야 한다. <개정 2020.5.26.>

④ 수급권자가 사망하면 「가족관계의 등록 등에 관한 법률」 제85조에 따른 신고 의무자는 1개월 이내에 그 사망 사실을 공단에 신고하여야 한다.

제115조(연금 수급권자등의 출국신고 등)

① 대한민국 국민인 장해보상연금 수급권자, 유족보상연금 수급권자, 진폐보상연금 수급권자, 진폐유족연금 수급권자(이하 이 조에서 "장해보상연금 수급권자등"이라 한다) 또는 유족보상연금·진폐유족연금 수급자격자가 외국에서 거주하기 위하여 출국하는 경우에는 장해보상연금 수급권자등은 이를 공단에 신고하여야 한다. <개정 2010.5.20.>

② 장해보상연금 수급권자등과 유족보상연금·진폐유족연금 수급자격자가 외국에서 거주하는 기간에 장해보상연금, 유족보상연금, 진폐보상연금 또는 진폐유족연금을 받는 경우 장해보상연금 수급권자등은 그 수급권 또는 수급자격과 관련된 사항으로서 대통령령으로 정하는 사항을 매년 1회 이상 고용노동부령으로 정하는 바에 따라 공단에 신고하여야 한다. <개정 2010.5.20., 2010.6.4.>

[제목개정 2010.5.20.]

제116조(사업주의 조력)

① 보험급여를 받을 사람이 사고로 보험급여의 청구 등의 절차를 행하기 곤란하면 사업주는 이를 도와야 한다. <개정 2020.5.26.>

② 사업주는 보험급여를 받을 사람이 보험급여를 받는 데에 필요한 증명을 요구하면 그 증명을 하여야 한다. <개정 2020.5.26.>

③ 사업주의 행방불명, 그 밖의 부득이한 사유로 제2항에 따른 증명이 불가능하면 그 증명을 생략할 수 있다.

제117조(사업장 등에 대한 조사)

① 공단은 보험급여에 관한 결정, 심사 청구의 심리·결정 등을 위하여 확인이 필요하다고 인정하면 소속 직원에게 이 법의 적용을 받는 사업의 사무소 또는 사업장과 보험사무대행기관의 사무소에 출입하여 관계인에게 질문을 하게 하거나 관계 서류를 조사하게 할 수 있다.

② 제1항의 경우에 공단 직원은 그 권한을 표시하는 증표를 지니고 이를 관계인에게 내보여야 한다.

제118조(산재보험 의료기관에 대한 조사 등)

① 공단은 보험급여에 관하여 필요하다고 인정하면 대통령령으로 정하는 바에 따라 보험급여를 받는 근로자를 진료한 산재보험 의료기관(의사를 포함한다. 이하 이 조에서 같다)에 대하여 그 근로자의 진료에 관한 보고 또는 그 진료에 관한 서류나 물건의 제출을 요구하거나 소속 직원으로 하여금 그 관계인에게 질문을 하게 하거나 관계 서류나 물건을 조사하게 할 수 있다.

② 제1항의 조사에 관하여는 제117조제2항을 준용한다.

제119조(진찰 요구)

공단은 보험급여에 관하여 필요하다고 인정하면 대통령령으로 정하는 바에 따라 보험급여를 받은 사람 또는 이를 받으려는 사람에게 산재보험 의료기관에서 진찰을 받을 것을 요구할 수 있다. <개정 2020.5.26.>

제119조의2(포상금의 지급)

공단은 제84조제1항 및 같은 조 제3항에 따라 보험급여, 진료비 또는 약제비를 부당하게 지급받은 자를 신고한 사람에게 예산의 범위에서 고용노동부령으로 정하는 바에 따라 포상금을 지급할 수 있다.

<개정 2010.6.4.>

[본조신설 2010.5.20.]

제120조(보험급여의 일시 중지)

① 공단은 보험급여를 받고자 하는 사람이 다음 각 호의 어느 하나에 해당되면 보험급여의 지급을 일시 중지할 수 있다. <개정 2010.5.20., 2020.5.26.>

1. 요양 중인 근로자가 제48조제1항에 따른 공단의 전원 요양 지시를 정당한 사유 없이 따르지 아니하는 경우
2. 제59조에 따라 공단이 직권으로 실시하는 장해등급 또는 진폐장해등급 재판정 요구에 따르지 아니하는 경우
3. 제114조나 제115조에 따른 보고·서류제출 또는 신고를 하지 아니하는 경우
4. 제117조에 따른 질문이나 조사에 따르지 아니하는 경우
5. 제119조에 따른 진찰 요구에 따르지 아니하는 경우

② 제1항에 따른 일시 중지의 대상이 되는 보험급여의 종류, 일시 중지의 기간 및 일시 중지 절차는 대통령령으로 정한다.

제121조(국외의 사업에 대한 특례)

① 국외 근무 기간에 발생한 근로자의 재해를 보상하기 위하여 우리나라가 당사국이 된 사회 보장에 관한 조약이나 협정(이하 "사회보장관련조약"이라 한다)으로 정하는 국가나 지역에서의 사업에 대하여는 고용노동부장관이 금융위원회와 협의하여 지정하는 자(이하 "보험회사"라 한다)에게 이 법에 따른 보험사업을 자기의 계산으로 영위하게 할 수 있다. <개정 2008.2.29., 2010.1.27., 2010.6.4.>

② 보험회사는 「보험업법」에 따른 사업 방법에 따라 보험사업을 영위한다. 이 경우 보험회사가 지급하는 보험급여는 이 법에 따른 보험급여보다 근로자에게 불이익하여서는 아니 된다.

③ 제1항에 따라 보험사업을 영위하는 보험회사는 이 법과 근로자를 위한 사회보장관련조약에서 정부가 부담하는 모든 책임을 성실히 이행하여야 한다.

④ 제1항에 따른 국외의 사업과 이를 대상으로 하는 보험사업에 대하여는 제2조, 제3조제1항, 제6조 단서, 제8조, 제82조제1항과 제5장 및 제6장을 적용하지 아니한다. <개정 2018.6.12.>

⑤ 보험회사는 제1항에 따른 보험사업을 영위할 때 이 법에 따른 공단의 권한을 행사할 수 있다.

제122조(해외파견자에 대한 특례)

① 보험료징수법 제5조제3항 및 제4항에 따른 보험가입자가 대한민국 밖의 지역(고용노동부령으로 정하는 지역은 제외한다)에서 하는 사업에 근로시키기 위하여 파견하는 사람(이하 "해외파견자"라 한다)에 대하여 공단에 보험 가입 신청을 하여 승인을 받으면 해외파견자를 그 가입자의 대한민국 영역 안의 사업(2개 이상의 사업이 있는 경우에는 주된 사업을 말한다)에 사용하는 근로자로 보아 이 법을 적용할 수 있다. <개정 2010.6.4., 2020.5.26.>

② 해외파견자의 보험급여의 기초가 되는 임금액은 그 사업에 사용되는 같은 직종 근로자의 임금액 및 그 밖의 사정을 고려하여 고용노동부장관이 정하여 고시하는 금액으로 한다. <개정 2010.6.4.>

③ 해외파견자에 대한 보험급여의 지급 등에 필요한 사항은 고용노동부령으로 정한다. <개정 2010.6.4.>

④ 제1항에 따라 이 법의 적용을 받는 해외파견자의 보험료 산정, 보험 가입의 신청 및 승인, 보험료의 신고 및 납부, 보험 관계의 소멸, 그 밖에 필요한 사항은 보험료징수법으로 정하는 바에 따른다.

제123조(현장실습생에 대한 특례)

① 이 법이 적용되는 사업에서 현장 실습을 하고 있는 학생 및 직업훈련생(이하 "현장실습생"이라 한다) 중 고용노동부장관이 정하는 현장실습생은 제5조제2호에도 불구하고 이 법을 적용할 때는 그 사업에 사용되는 근로자로 본다. <개정 2010.6.4.>

② 현장실습생이 실습과 관련하여 입은 재해는 업무상의 재해로 보아 제36조제1항에 따른 보험급여를 지급한다. <개정 2010.5.20.>

③ 현장실습생에 대한 보험급여의 기초가 되는 임금액은 현장실습생이 지급받는 훈련수당 등 모든 금품으로 하되, 이를 적용하는 것이 현장실습생의 재해보상에 적절하지 아니하다고 인정되면 고용노동부장관이 정하여 고시하는 금액으로 할 수 있다. <개정 2010.6.4.>

④ 현장실습생에 대한 보험급여의 지급 등에 필요한 사항은 대통령령으로 정한다.

⑤ 현장실습생에 대한 보험료의 산정·신고 및 납부 등에 관한 사항은 보험료징수법으로 정하는 바에 따른다.

제124조(중·소기업 사업주에 대한 특례)

① 대통령령으로 정하는 중·소기업 사업주(근로자를 사용하지 아니하는 자를 포함한다. 이하 이 조에서 같다)는 공단의 승인을 받아 자기 또는 유족을 보험급여를 받을 수 있는 사람으로 하여 보험에 가입할 수 있다. 이 경우 제5조제2호에도 불구하고 그 사업주는 이 법을 적용할 때 근로자로 본다. <개정 2020.5.26.>

② 제1항에 따른 중·소기업 사업주에 대한 보험급여의 지급 사유인 업무상의 재해의 인정 범위는 대통령령으로 정한다.

③ 제1항에 따른 중·소기업 사업주에 대한 보험급여의 산정 기준이 되는 평균임금은 고용노동부장관이 정하여 고시하는 금액으로 한다. <개정 2010.6.4.>

④ 제2항에 따른 업무상의 재해가 보험료의 체납 기간에 발생하면 대통령령으로 정하는 바에 따라 그 재해에 대한 보험급여의 전부 또는 일부를 지급하지 아니할 수 있다.

⑤ 중·소기업 사업주에 대한 보험급여의 지급 등에 필요한 사항은 고용노동부령으로 정한다. <개정 2010.6.4.>

⑥ 제1항에 따라 이 법의 적용을 받는 중·소기업 사업주의 보험료의 산정, 보험 가입의 신청 및 승인, 보험료의 신고 및 납부, 보험관계의 소멸, 그 밖에 필요한 사항은 보험료징수법으로 정하는 바에 따른다.

제125조(특수형태근로종사자에 대한 특례)

① 계약의 형식과 관계없이 근로자와 유사하게 노무를 제공함에도 「근로기준법」 등이 적용되지 아니하여 업무상의 재해로부터 보호할 필요가 있는 사람으로서 다음 각 호의 모두에 해당하는 사람 중 대통령령으로 정하는 직종에 종사하는 사람(이하 이 조에서 "특수형태근로종사자"라 한다)의 노무(勞務)를 제공받는 사업은 제6조에도 불구하고 이 법의 적용을 받는 사업으로 본다. <개정 2010.1.27., 2020.5.26.>

1. 주로 하나의 사업에 그 운영에 필요한 노무를 상시적으로 제공하고 보수를 받아 생활할 것
2. 노무를 제공할 때 타인을 사용하지 아니할 것

② 특수형태근로종사자는 제5조제2호에도 불구하고 이 법을 적용할 때에는 그 사업의 근로자로 본다. 다만, 특수형태근로종사자가 제4항에 따라 이 법의 적용 제외를 신청한 경우에는 근로자로 보지 아니한다. <개정 2010.1.27.>

③ 사업주는 특수형태근로종사자로부터 노무를 제공받거나 제공받지 아니하게 된 경우에는 이를 대통령령으로 정하는 바에 따라 공단에 신고하여야 한다.

④ 특수형태근로종사자는 이 법의 적용을 원하지 아니하는 경우 보험료징수법으로 정하는 바에 따라 공단에 이 법의 적용 제외를 신청할 수 있다. 다만, 사업주가 보험료를 전액 부담하는 특수형태근로종사자의 경우에는 그러하지 아니하다.

⑤ 제4항에 따라 이 법의 적용 제외를 신청한 경우에는 신청한 날의 다음 날부터 이 법을 적용하지 아니한다. 다만, 처음 이 법의 적용을 받은 날부터 70일 이내에 이 법의 적용 제외를 신청한 경우에는 처음 이 법의 적용을 받은 날로 소급하여 이 법을 적용하지 아니한다.

⑥ 제4항과 제5항에 따라 이 법의 적용을 받지 아니하는 사람이 다시 이 법의 적용을 받기 위하여 공단에 신청하는 경우에는 다음 보험연도부터 이 법을 적용한다. <개정 2020.5.26.>

⑦ 제1항에 따라 이 법의 적용을 받는 특수형태근로종사자에 대한 보험관계의 성립·소멸 및 변경, 법 적용 제외 및 재적용의 신청, 보험료의 산정·신고·납부, 보험료나 그 밖의 징수금의 징수에 필요한 사항은 보험료징수법에서 정하는 바에 따른다.

⑧ 특수형태근로종사자에 대한 보험급여의 산정 기준이 되는 평균임금은 고용노동부장관이 고시하는 금액으로 한다. <개정 2010.6.4.>

⑨ 특수형태근로종사자에 대한 보험급여 지급사유인 업무상의 재해의 인정 기준은 대통령령으로 정한다.

⑩ 제9항에 따른 업무상의 재해가 보험료 체납기간 중에 발생한 경우에는 대통령령으로 정하는 바에 따라 그 업무상의 재해에 따른 보험급여의 전부 또는 일부를 지급하지 아니할 수 있다.

⑪ 특수형태근로종사자에 대한 보험급여의 지급 등에 필요한 사항은 고용노동부령으로 정한다. <신설 2010.1.27., 2010.6.4.>

제126조(「국민기초생활 보장법」상의 수급자에 대한 특례)

① 제5조제2호에 따른 근로자가 아닌 사람으로서 「국민기초생활 보장법」 제15조에 따른 자활급여 수급자 중 고용노동부장관이 정하여 고시하는 사업에 종사하는 사람은 제5조제2호에도 불구하고 이 법의 적용을 받는 근로자로 본다. <개정 2010.6.4., 2020.5.26.>

② 자활급여 수급자의 보험료 산정 및 보험급여의 기초가 되는 임금액은 자활급여 수급자가 제1항의 사업에 참여하여 받는 자활급여로 한다.

제126조의2(벌칙 적용에서 공무원 의제)

재심사위원회 위원 중 공무원이 아닌 위원은 「형법」 제129조부터 제132조까지의 규정을 적용할 때에는 공무원으로 본다.

[본조신설 2018.6.12.]

제8장 벌칙

제127조(벌칙)

① 산재보험 의료기관이나 제46조제1항에 따른 약국의 종사자로서 거짓이나 그 밖의 부정한 방법으로 진료비나 약제비를 지급받은 자는 3년 이하의 징역 또는 3천만원 이하의 벌금에 처한다.

② 다음 각 호의 어느 하나에 해당하는 자는 2년 이하의 징역 또는 2천만원 이하의 벌금에 처한다. <개정 2016.12.27., 2018.6.12.>

  1. 거짓이나 그 밖의 부정한 방법으로 보험급여를 받은 자

  2. 거짓이나 그 밖의 부정한 방법으로 보험급여를 받도록 시키거나 도와준 자

  3. 제111조의2를 위반하여 근로자를 해고하거나 그 밖에 근로자에게 불이익한 처우를 한 사업주

③ 제21조제3항을 위반하여 비밀을 누설한 자는 2년 이하의 징역 또는 1천만원 이하의 벌금에 처한다. <개정 2010.1.27.>

제128조(양벌규정)

법인의 대표자나 법인 또는 개인의 대리인, 사용인, 그 밖의 종업원이 그 법인 또는 개인의 업무에 관하여 제127조제1항의 위반행위를 하면 그 행위자를 벌하는 외에 그 법인 또는 개인에게도 해당 조문의 벌금형을 과(科)한다. 다만, 법인 또는 개인이 그 위반행위를 방지하기 위하여 해당 업무에 관하여 상당한 주의와 감독을 게을리하지 아니한 경우에는 그러하지 아니하다.

[전문개정 2009.1.7.]

제129조(과태료)

① 다음 각 호의 어느 하나에 해당하는 자에게는 200만원 이하의 과태료를 부과한다. <개정 2010.1.27.>

  1. 제34조를 위반하여 근로복지공단 또는 이와 비슷한 명칭을 사용한 자

  2. 제45조제1항을 위반하여 공단이 아닌 자에게 진료비를 청구한 자

② 다음 각 호의 어느 하나에 해당하는 자에게는 100만원 이하의 과 태료를 부과한다.

1. 제47조제1항에 따른 진료계획을 정당한 사유 없이 제출하지 아 니하는 자

2. 제105조제4항(제109조제1항에서 준용하는 경우를 포함한다)에 따른 질문에 답변하지 아니하거나 거짓된 답변을 하거나 검사 를 거부·방해 또는 기피한 자

3. 제114조제1항 또는 제118조에 따른 보고를 하지 아니하거나 거 짓된 보고를 한 자 또는 서류나 물건의 제출 명령에 따르지 아 니한 자

4. 제117조 또는 제118조에 따른 공단의 소속 직원의 질문에 답변 을 거부하거나 조사를 거부·방해 또는 기피한 자

5. 제125조제3항에 따른 신고를 하지 아니한 자

③ 제1항 또는 제2항에 따른 과태료는 대통령령으로 정하는 바에 따 라 고용노동부장관이 부과·징수한다. <개정 2010.6.4.>

④ 삭제 <2010.1.27.>

⑤ 삭제 <2010.1.27.>

⑥ 삭제 <2010.1.27.>

부칙 〈제17434호, 2020.6.9.〉

이 법은 공포한 날부터 시행한다.

◨ 편저 김 종 석 ◨

▎대한실무법률편찬연구회 회장

▎저서 : 소법전
　　　계약서작성 처음부터 끝까지(공저)
　　　이것도 모르면 대부업체 이용하지마세요
　　　민법지식법전
　　　불법행위와 손해배상
　　　산업재해 이렇게 해결하라
　　　근로자인 당신 이것만이라도 꼭 알아 둡시다.
　　　계약서 작성방법, 여기 다 있습니다.
　　　생활법률백과

직장인이 꼭 알아야 할!
필수 산업재해 보상법　　　　정가 24,000원

2021年　3月　05日　인쇄
2021年　3月　10日　발행
　　편　저 : 김 종 석
　　발행인 : 김 현 호
　　발행처 : 법문 북스
　　공급처 : 법률미디어

1 5 2 - 0 5 0
서울 구로구 경인로 54길4
TEL : 2636-2911~2, FAX : 2636-3012
등록 : 1979년 8월 27일 제5-22호
Home : www.lawb.co.kr

▎ISBN 978-89-7535-929-3 [13360]
▎파본은 교환해 드립니다.
▎이 책의 내용을 무단으로 전재 또는 복제할 경우 저작권법 제136조에 의해 5년
　이하의 징역 또는 5,000만원 이하의 벌금에 처하거나 이를 병과할 수 있습니다.

산업재해는 미리 예방하는 것이 최우선이지만
부득이하게 발생하는 경우가 비일비재합니다.
나라에서 이제도를 제정한 것은 재해예방과 그 밖에 근로자의
복지 증진을 위한 사업을 시행하여 근로자 보호에 이바지 하기 위한
것이며, 이를 구체적으로 실천하고자함입니다.

13360

9 788975 359293
ISBN 978-89-7535-929-3

24,000원